멋대로 세상공부

멋대로 세상공부

장복남 지음

언젠가는 끝나고 다시 시작한다
지금 하고 싶은 일을 하자

좋은땅

들어가기

2024년 11월 27일, 눈이 오후에 접어들면서 더욱 거세지는 하루였다. 몇십 년에 한 번 정도 있을 만한 큰 눈으로 인해 대설 주의보가 경보로 바뀌면서 반복적으로 경고 메시지가 전해졌다. 이날은 인사 발표가 있는 날이었다. 임원 인사 발표가 있을 즈음이 임원들의 업무가 가장 적은 시기이다. J 상무는 평소와 다름없이 회의를 주재하고 자료를 보면서 임원 인사 발표를 기다리고 있었다. 오후 4시 대표이사실로부터의 호출이 있어 설마 하는 심정으로 달려간 대표이사 집무실에서 퇴임 통보를 받았다. 인사팀으로부터 다음 날 오후 2시에 출근해서 퇴임 절차에 대하여 소개를 받고 개인 물품을 정리해 달라는 당부가 이어졌다.

이로써 33년의 직장생활이 종결되는 순간이었다. 퇴임 통보를 받으면 말로 겉으로 표현하든 마음속으로 이야기하든 "제가 왜요?"라고 하면서 모두들 충격을 받는다고 하였으나, J 상무는 순수하게 받아들이면서 "그동안 감사했습니다."라고 간결하게 대답하였지만 초연하기보다는 당황스러운 표정을 지었던 것 같다.

J 상무는 본인이 항상 운이 좋다고 생각했다. 12년간 임원 생활을 유지할 수 있었던 것 자체만으로도 충분히 주위에 감사함을 느꼈다. 지난 33년간의 회사 생활 순간순간이 주마등처럼 지나갔다. 1992년 호기 있게 입사한 초년 시절, 1993년 연구원 시절에 연구실 실험대 바로 뒤 오븐이 폭발하는 순간 우연히 실수를 정리하고자 실험대를 벗어나 있어 위험 상황

을 모면했던 장면, 1997년 IMF 위기로 인해 늦어진 2001년의 미국 유학길, 2012년 말 임원 승진 후 신입사원 시절의 목표였던 연구소장 직위에 오르게 된 일, 2018년 일본 법인장으로 5년간 근무 후 무사히 돌아와 2년간의 본사 생활을 보낸 생활이 머릿속에서 빠르게 지나갔다.

퇴임 통보를 받은 시점에 함박눈은 여전히 그칠 줄 모르고 흩뿌리고 있었다. "이렇게 1992년에 선택한 직장을 33년 만에 끝내는군."이라고 J 상무는 몇 번이고 되뇌면서 창가에 서서 눈 내리는 하늘과 바깥 풍경을 바라보고 있었다. 시원섭섭하다는 표현이 가장 적절하였다. 퇴임 당일에는 누구에게도 인사 내용을 발설하지 말라는 인사팀의 당부가 있었으나 직속 임원 두 분에게는 이야기하지 않을 수가 없었다.

즉석에서 저녁을 같이하자는 두 분의 제안을 받아들여 함박눈을 뚫고 기울인 소주 한잔은 이전 어느 때보다 감칠맛이 있었다. 애써 초연해 보이려고 노력했지만 오랜 직장생활을 마무리하는 시점에서 허전함과 아쉬움의 기분이 드는 것은 어쩔 수 없었다. 우리 조직과 회사를 잘 부탁한다는 말을 몇 번이고 반복하여 당부하였다. 눈 범벅인 귀갓길의 불편함을 마다하지 않고 J 상무의 회사 직원으로서 마지막 날 저녁 일정을 같이해 준 두 상무들께 심심한 감사의 마음을 보낸다.

이날 저녁은 아주 길었다. 눈은 기세를 꺾지 않고 아침까지 줄기차게 흩뿌리면서 출근 시간을 아주 어렵게 만든 아침이었다. 돌이켜 보니 J 상무는 정식 사원이 된 후 한 번도 출근시간을 어긴 날이 없었다. 모두들 눈 범벅인 길에서의 출근전쟁으로 평상시 대비 많은 시간을 도로에서 보내는 사이에 J 상무는 입사 후 처음으로 통상의 출근시간에 여유 있게 내리는 눈을 맞으며 흠뻑 쌓인 눈길을 산책하며 오전을 보냈다. 오후가 되면서 눈이 잦아들었고 인사팀에서 당부했던 오후 2시에 출근하여 필요한 퇴직 절차 설명을 듣고 자리에서 개인 물품을 정리하는 사이에 여러 지인들이 찾아와 위로와 격려의 말을 해 주었다. J 상무는 직장생활을 잘 보낸 편이라고 스스로를 위안하면서 SNS와 전화 등으로 전해지는 여러 지인들의 메시지에 일일이 '여러분들 덕분에 본인의 능력보다 오래 근무한 것 같습니다. 감사합니다.'라고 답변하면서 퇴임을 새삼 실감하였다.

J 상무는 이전부터 언젠가는 책을 쓰고 싶다는 생각을 막연히 했었다. 퇴임 통보 직후 '이제부터 하고 싶은 것을 해야 하는데 무엇부터 하지?'라는 스스로의 질문에 머릿속에서 여러 가지 생각을 해 보다 책을 쓰는 것을 바로 실행하기로 결정한다. '일본 도쿄 주재원 생활 5년과 본사 귀임 후 2년간의 에피소드와 경험, 그리고 J 상무가 배운 내용을 서적으로 남기는 것은 어떨까?'라고 마음먹은 것이 이 책이 나온 배경이다.

단신으로 일본에서 생활했던 5년 중에 2020년 초부터 22년 상반기까지 2년 6개월은 코로나가 맹위를 떨치는 시기였기 때문에 정상적인 생활이 어려웠던 기간이 도쿄 주재원 생활의 정확히 절반이다. 정상과 정상적이지 않은 생활을 겪으면서 경험한 여러 이벤트와 에피소드, 여러 상황에서 몸으로 직접 느낀 일본에서의 삶과 지식, 그리고 귀임 이후 주재원 생활에서의 경험을 기본으로 한국 본사에서의 2년 동안의 일상을, 졸필이지만 글로써 본 서적을 통하여 공유하고자 한다.

목차

	005	들어가기

제1장	012	도쿄로
적응 & 배움	016	일본 생활 시작
	021	현실 생활과 문화 충격
	028	좌측 운전과 신호등
	031	첫 번째 일본인 친구
	036	두 번째 일본인 친구
	040	일본어 실력에 대한 실망
	044	드라마를 통한 어학 공부
	049	언어에 대한 현실
	053	주말 등산
	058	2018년 송년회
	061	TV 프로그램
	065	47개 도도부현(都道府県) 돌아보기
	068	돌아보기 1
	074	돌아보기 2
	080	돌아보기 3
	092	돌아보기 4
	104	돌아보기 5

제2장

코로나와 철학

112	새로운 루틴 만들기
118	주말 일상
122	비 오는 날의 공원
125	걷기 마라톤
131	무사시코야마로 가는 할머니
135	올림픽 스토리
138	I care, I do not care
143	일본인의 특성을 나타내는 한자 구(拘)와 혼(魂)
147	시종일관(始終一貫) 종시일관(終始一貫)
150	독서와 한자 공부
153	이나모리 가즈오(稲盛和夫)의 『삶의 태도(生き方)』
158	성공 스토리와 경영 철학
163	한자 공부와 친구
168	울(鬱) 자를 활용한 영업
171	J 상무의 일상 루틴 2개 소실
175	지진과 태풍 경험

	180	직장생활 초년 시절의 목표 달성
	184	불미스러운 일
	187	2년 6개월 만의 한국 방문과 코로나
	195	철학과의 만남
	200	도쿄 생활 정리
	203	주재원 생활 일본에서의 마지막 운전

제3장
귀환 그리고 준비

	208	한국 생활
	213	멋대로의 우주, 뇌, 철학사 요약
	229	W 박사님과의 만남
	239	퇴임 준비
	244	퇴임, 송별회 그리고 가족여행
	252	미완의 47개 도도부현(都道府県) 돌아보기 재시동
	255	13개 현 돌아보기 실행
	289	도쿄에서 지인과의 만남
	292	후기

제1장

적응 & 배움

도쿄로

  J 상무는 1992년 2월 입사 후 줄곧 연구, 개발, 공정 개선 등의 기술 관련 업무를 수행하며 2012년 말 임원으로 승진하는 영예를 얻었고 2013년 부터는 기술총괄 및 연구소장 역할로 회사 전체의 연구 개발을 주도하였다. 당시 매출과 영업이익의 기반이 되는 원가 경쟁력을 지속적으로 확보하여 제공하였고 품질 측면에서도 차별화 제품들을 순차적으로 개발하며 회사의 경쟁력을 높이는 것에도 일조하였다. 연구원들이 열심히 업무를 수행하고 있고 시스템도 잘 돌아가고 있어서 방향성만 잘 유지하면 되기에 업무 로드가 그렇게 크지 않은 상황이었다.

  J 상무는 연구 개발에 필요한 기본 기술 지식을 정리하여 연구원 후배들과 관련 인력들에게도 공유하면서 후배들의 전체 기술 역량을 높이는 것에도 관심을 갖고 있었다. 5년 동안 기술 임원 및 연구소장을 역임하면서 스스로 매너리즘에 빠지면 안된다고 지속적으로 자신을 단련하며 새로운 기술에 대한 열정을 잃지 않도록 마음가짐을 단단히 하였다.

  소재 관련 기술은 일본이 앞서 있는 부분이 상당 부분 있기 때문에 일본 출장이 비교적 잦은 편이었다. 따라서 일본 기술자와의 교류도 활발하여 일본어로 회의 및 간단한 대화를 할 정도의 일본어 실력을 J 상무는 갖추고 있었다. 일본 문화와 자연스럽게 접하면서 '언젠가 일본에서 생활하는 것도 괜찮겠다'라는 막연한 동경심을 갖고 있었다. 긴급한 상황이 발생하면 단신으로 일본 출장을 무리 없이 수행할 수 있는 언어 감각도 있어 일본어에 대해서는 어느 정도 자신이 있었다.

그러던 중 2018년 1월 중순 오후, 대표이사실에서 J 상무에게 호출이 왔다. J 상무는 CEO 집무실로 가서 대표이사와 면담을 나눈다.

"J 상무, 다음 주에 도쿄에 가게나."

"네 알겠습니다. 다음 주 일정이 특별한 것은 없으니 바로 진행할 수 있습니다. 그런데 어떤 용건으로 출장을 가게 되는 것인가요?"

"출장이 아니라 가서 근무하는 것이네. 일본 법인장으로."

"예? 대표님 저는 연구원이고 26년간 줄곧 기술과 개발 관련 업무만 수행했습니다. 그런데 일본 법인장이라면 영업이 주요 업무인데 일본 관련 영업을 하라는 말씀입니까?"

"맞네. 내가 보기엔 J 상무는 영업도 잘할 거라는 생각이 드네. 적임자야."

임원에게 있어 발령은 받는 즉시 실행이다. 바로 가족에게 연락하여 일본 법인장 근무를 알렸다. 집사람은 J 상무가 미국 생활 경험이 있어 해외 법인 근무를 한다면 영어권에서 할 줄 알았는지 많이 놀라는 표정이었다. 딸아이가 대학교를 갓 입학하는 신입생으로, 집사람이 한국을 떠날 수가 없기 때문에 J 상무는 일단 단신으로 가기로 결정하였다. 혼자 갈 수밖에 없는 상황이 아쉬웠지만 어쩔 수 없었다. 딸아이가 대학교 고학년이 되면 일본 대학과 한국 대학의 교환 학생의 길이 열려 있어 이를 활용하여 다시 도쿄에서 모일 수 있도록 집은 세 식구가 충분히 생활할 수 있는 크기로 구하기로 했다.

　J 상무의 후임자도 동시에 결정되어 공지되었다. 연구원들에게 발령 사실을 알리고 당일 작별인사를 하고 며칠 후 J 상무의 송별회까지 일사천리로 진행되며 상황은 며칠 만에 정말 빠르게 정리되었다. 그동안 모았던 서적을 후배들에게 물려주고 일본법인에 보낼 사무용 물품 등을 정리하여 일본 도쿄 사무실로 송부하였다.

　귀가 후 바로 갖고 갈 짐을 정리하면서 일본으로 보낼 의류와 침구, 식기 등의 기본 살림살이 용품은 집사람이 정리하여 항공편으로 따로 송부하기로 하였고, J 상무는 장기 근무를 위한 의복, 신발, 기타 필요한 생활용품을 큰 가방 2개에 구겨 넣고 다음 날 도쿄행 비행기에 몸을 실었다.

　여러 해외 지역 중에 일본으로 출장을 가장 많이 가 보았지만 직장생활 중 처음으로 편도 비행기 티켓만으로 가는 여정이었다. 두 시간 남짓의 비행으로 간단히 하네다 공항에 도착하니 법인 직원이 마중나와 있었다. "환영합니다. 법인장님."이라는 현지 직원의 환영 인사로 시작하여 일본 열도에서의 생활이 시작되었다.

　일본법인에서 마련한 임시 숙소인 장기 투숙 호텔의 1602호실에 짐을 풀어 놓고 바로 도쿄 사무소로 향했다. 우연이겠지만 도쿄 일본법인의 사무실 방 번호도 1602호실이었다. J 상무는 혼자 피식 웃으며 앞으로 5년간의 일본 생활이 본인 인생에 있어 아주 재미있고 의미 있는 생활이 될 것 같은 좋은 예감이 들었다. 퇴근 시각 직전에 도착한 일본법인은 60평 정도 되는 공간에 16명이 근무하고 있었으며, 해외 판매 법인 중에 가장 규모는 작았지만 적은 인원이 비교적 넓은 공간에 근무하고 있어 근무환경은 쾌적한 편이었다.

일본법인 전 직원들과 한 분씩 밝은 얼굴로 인사를 하고 "내일부터 정식 근무 시작합니다. 잘 부탁드립니다."라고 말하고 당일은 현지 한국인 직원들과 저녁식사를 하기 위해 사무실을 나섰다. 도쿄 사무실은 도쿄의 명물 도쿄타워가 잘 보이는 곳에 위치해 있다. 야간에 조명으로 번쩍이는 도쿄타워의 화려한 모습을 보면서 앞으로 어떤 일본 생활이 펼쳐질 것인지 상상하며 가슴이 뜨거워지는 것을 느꼈다. 지난 26년간 연구원 생활을 해 왔고 이후에도 연구원으로 직장생활을 끝낼 것으로 생각했던 J 상무는 경력을 전환하며 판매 법인장으로 영업을 처음 하게 되는 설렘으로 신입사원과 같은 열정이 솟아오름을 느끼며 마음먹는다.

"자, 일본 생활 멋지고 재미있게 보내자!"

일본 생활 시작

 갑작스러운 일본 생활이고 가족과 같이 오는 것이 아닌 단신으로 당분간 지내야 하기 때문에 J 상무는 가구와 가전용품 등의 살림살이 일체를 대부분 새로 장만해야 했다. 한 달 단위로 계약해야 하는 장기 호텔의 계약기간에 맞춰 주거할 아파트를 알아보기로 했다. J 상무는 가능한 한 빨리 본인만의 공간을 확보하고 싶었다. 이전에도 출장이 잦았던 편이어서 호텔 생활이 낯설지는 않았지만 이렇게 한 달 정도를 같은 호텔방에서 지낸 것은 처음이었고 청소를 주기적으로 해 주기 때문에 본인이 특정 장소에 놓아둔 물건이 다른 위치로 바뀌어 놓여 있는 것이 마음에 들지 않았기 때문이었다.

 직원들과 부동산 업자의 소개로 몇 군데 후보 장소를 정하고 날짜를 맞춰 집사람을 도쿄로 불러서 아파트를 같이 둘러보고 결정하기로 했다. 주위에서 말해 준 "부인과 같이 결정하지 않으면 두고두고 잔소리를 들을 겁니다."라는 충고를 적극적으로 수용하였다.

 회사에서 법인 명의로 자가용 차량을 지원하지만 도쿄에서 자가 차량으로 출퇴근하는 것이 여러 가지로 만만치 않았다. 첫째로 도쿄는 전용 주차장을 확보해야만 차량을 사거나 장기 렌트를 받을 수 있는 점, 둘째로 아파트 주차장 비용이 월 5만 엔 내외, 회사 건물 내 전용 주차장 확보 비용이 월 8만 엔 정도로 비용이 상당히 많이 드는 점, 셋째로 회식 후 귀가 시에 한국처럼 대리운전이 실속 있는 가격도 아니고 또한 최소한 몇 시간 전에 예약하지 않으면 하염없이 기다리는 불편함이 있었다. 이런 사정 때문에 일본 기업들은 임원에게 차량을 제공한다면 운전기사가 있는 차량을 제공한다. 따라서 대표이사와 같은 고위임원이 아니면 차량을 제공받기가 어렵다.

J 상무는 여러 불편함을 감안하여 차량을 출퇴근용으로는 사용하지 않고 회사 사무실에서 가까운 곳을 거주 아파트로 정하여 대중교통으로 출근할 수 있도록 하는 것이 좋겠다고 생각했다. 회사 건물 내 전용 주차장 확보에만 연간 96만 엔, 한국 화폐로 1000만 원 상당 금액을 지출하는 것이 효율적으로 보이지 않았다.

집사람이 도쿄에 도착하자마자 미리 알아본 아파트를 부동산 소개업자와 함께 돌아보았다. 전철과 도보를 포함하여 통근시간이 40분 이내로 소요되는 야마노테센 전철역인 에비스, 고탄다, 시나가와, 타마치 각각의 역 주변의 아파트 네 곳을 둘러보았다. 법인장인 지위도 있고 회사의 지원도 충분한 편이어서 도쿄에서 비교적 괜찮은 주거 지역에서 방 3개가 있는 25평의 아파트를 적정한 가격에 임대하는 것이 가능하였다. 4곳 모두 괜찮은 아파트였지만 이중에서 가능한 한 입주 날짜가 빠르고, 통근 시간이 가장 짧을 것으로 예상되는 타마치역 주변 시바우라에 있는 아파트를 선택하기로 결정하고 집사람을 한국으로 돌려보냈다. 그 다음 주에 집주인과 계약하기로 약속하고 집사람이 작성해 준 새로 구매할 살림살이 목록을 확인하면서 계약일을 기다리고 있었다.

그런데 부동산 중개업자와 계약을 약속하였던 아파트 집주인이 입주하는 계약 당사자가 개인이 아닌 법인이기 때문에 계약을 할 수 없다는 통보를 하면서 계약 자체가 무산되었다. 집주인이 세금 문제가 발생한다는 등 이해할 수 없는 이유를 대면서 계약할 수 없다고 계약 당일 일방적으로 통보를 한 것이다. 일반적으로 개인보다 더 재정적으로 믿음이 가는 법인과의 임대 계약을 선호하는 것이 대부분이기 때문에 부동산 중개업자도 본인도 처음 겪는 이해하기 어려운 상황이라고 하였다.

J 상무는 낙담하였다. 집사람과 같이 합의해서 결정한 아파트를 계약하지 못한 것은 물론이고 둘러본 다른 아파트들도 일주일 사이에 모두 계약자들이 정해졌다고 연락을 받은 것이다. 다시 아파트를 알아본다고 생각하니 눈앞이 깜깜해졌다. J 상무는 쇼핑하는 것에 시간을 소비하는 것을 별로 좋아하지 않는 타입이다. 그런데 다시 아파트를 처음부터 다시 알아본다고 생각하니 가슴이 답답해졌다. 더구나 집사람 없이 혼자서 돌아본다고 생각하니 망연자실해질 뿐이었다. 바로 전주에 아파트를 결정하기 위하여 집사람이 며칠 도쿄를 다녀갔었는데 2주 만에 다시 오라고 할 수도 없는 노릇이었다.

어쩔 수 없이 혼자서 부동산 업자가 소개해 주는 아파트를 보러 다닐 수밖에 없었다. 2개월째 이어지는 호텔 생활이 너무나 피곤했다. 아침식사는 제공되었는데 메뉴가 거의 바뀌지 않고 맛도 없고 너무 식상해진 것도 있어서 하루라도 빨리 본인만의 공간을 확보하고 싶었다. 부동산 업자에게 가능한 한 신속히 아파트를 알아봐 줄 것을 간곡히 부탁한 며칠 후 한 곳의 아파트를 소개받았다. 이전에 계약하려고 했던 아파트에서 멀지 않고 같은 시바우라 지역에 있는 아파트였다. 웬만하면 결정하자고 마음먹고 아파트를 보러 간 순간 첫눈에 아파트가 아주 마음에 들었다.

아파트가 23층에 위치해 있어 조망도 좋았고 남향인 것이 무척 만족스러웠으며 햇볕도 잘 들었다. '오다이바' 앞바다가 한눈에 들어오는 전망 좋은 곳이었다. 다음 사진을 참고하면 적색 조명으로 장식된 다리가 도쿄의 명물 중의 하나인 '레인보우 브리지'이며 그 아래 바다가 도쿄만이라고 불리우는 해협이다. 오른쪽 노란 불빛이 도쿄 하네다 국제공항으로, 10km 거리에 위치에 있어서 멀리서 비행기가 이착륙하는 것이 보였다. 야경이 멋졌다. 아파트 베란다의 우측으로 날씨가 좋은 날에는 100km 거리의 후지산도 보였다.

J 상무의 시바우라 아파트 베란다에서 본 야경

특히 마음에 드는 것은 걸어서 출근할 수 있다는 것이었다. 본래 사람이 많은 곳을 좋아하지 않았던 J 상무는 통근 시간에 붐비는 만원 전철을 이용하는 것을 달가워하고 있지 않던 참이었다. 그도 그럴 것이 J 상무의 입사 후 근무 지역이 서울에 위치한 적이 없었기 때문에 줄곧 자가용으로 통근하여 대중교통에 익숙하지 않은 측면도 있었다. 사무실로부터 2km 남짓한 거리였기에 도보로 25분 정도면 출근이 가능하였다. 정작 계약하려고 했던 아파트보다 훨씬 마음에 드는 아파트를 얻게 되어 이전 아파트 계약이 무산된 것이 오히려 다행이라고 생각했다. 언제나 그렇듯이 J 상무는 운이 너무 좋다.

바로 이사 날짜에 맞춰 가족 3인 생활이 가능한 크기의 냉장고와 세탁기 등의 가전제품과 침대, 식탁, 소파 등의 가구를 전광석화와 같은 속도로 구매 완료하였다. 전자기기와 가구 매장 직원이 오히려 어안이 벙벙한 표정을 지었다. 가격 협상도 없이 바로 구매를 결정한 이후 할인되는 부분이 있는지 거꾸로 확인하는 것을 그들은 처음 경험한 모양이었다. 살림살이가 아파트에 구비되자마자 J 상무는 과거 대학 시절의 자취 경험을 되살려 식사도 집에서 직접 해 먹기로 마음먹고 신주쿠 신오쿠보 한인 시장에 가서 밑반찬도 잔뜩 구매하여 냉장고를 가득 채워 놓았다.

"자 모든 것이 준비되었다. 멋지게 잘 살아 보자!"

현실 생활과 문화 충격

　J 상무가 아파트에 입주하고 초기 몇 주는 의욕으로 충만하여 계획한 대로 충실하게 생활하였다. 오사카, 교토, 나고야 지역으로의 출장도 잦았다. 아침 일찍 일어나서 간단히 아침밥을 해 먹고 출근해서 업무를 보고 점심은 회사 직원들과 근처 식당에서 메뉴를 골라 가면서 맛집을 찾아다니며 해결하였다. 저녁은 거래선 고객들 또는 직원들과 같이하였고 저녁 약속이 없으면 집에 와서 간단한 요리를 준비해 먹었다. 식사 후 멋진 야경을 보면서 차 한잔 하는 것도 운치가 있었다. J 상무는 나름대로 만족감을 느끼며 초기 생활에 적응해 가고 있었다.

　그런데 그 멋진 야경도, 혼자만의 격조 있고 운치 있는 식사도 그렇게 오래가지 못했다. 특히 야경은 일주일정도 지나고 나니 바로 덤덤해졌고 혼자 먹는 식사의 쓸쓸함까지 더해지면서 어떤 것을 먹어도 맛있다고 느끼지 못하고 식욕은 떨어져 가고 몸무게는 조금씩 줄어들었다.

　주재원 이전 시절에 일본으로 출장을 와서 맛있게 먹었던 라멘도 전반적으로 맛의 느낌이 달랐다. 일본은 지역에 따라 차이는 있지만 진한 국물을 내는 것이 일반적이며 라멘의 종류도 돼지뼈로 국물을 내는 돈코츠

(豚骨)라멘을 기본으로 해서 돼지고기 또는 닭고기의 육수에 일본 된장인 미소, 간장, 소금으로 기본 양념을 하면서 미소라멘, 간장라멘, 소금라멘으로 분류된다. 여기에 토핑을 무엇으로 하는가에 따라 종류가 추가된다. 따라서 라멘 하나만으로도 식당마다 메뉴가 매우 다양하였다.

초기에는 '여러 가지를 시험해 볼 수 있어서 좋겠다'라고 생각했는데 문제는 국물이 너무 진하고 간이 대부분 짜다는 것이었다. 대체적으로 오사카가 있는 관서 지역은 간이 그렇게 강한 편이 아니었는데 도쿄를 중심으로 한 관동 지역은 간이 많이 세서 대부분 입맛에 맞지 않았다. J 상무 본인이 평소에 맑은 국과 담백한 것을 좋아한다는 것을 일본에 주재하면서 처음 알게 되었다.

한국에 있었을 때 '일본인의 소식을 하고 싱겁게 먹는 식습관이 일본이 장수 국가가 된 이유 중의 하나다'라는 말을 종종 들어서 상식처럼 알고 있었다. 그런데 어디서 먹어 봐도 일본 라멘은 전반적으로 너무 짜서 정말로 일본인들이 싱겁게 먹는지 의문이 들었다. 라멘뿐만 아니라 생선 초밥을 제외한 거의 모든 음식이 간이 센 편이었다. 심지어는 도쿄에 있는 한국 식당의 한국 음식도 간이 강하였다. 이후 먹는 모든 음식이 짜게 느껴지는 부작용도 있었다.

적게 먹는 소식 문화도 마찬가지로 곡해된 부분이 있는 것으로 보였다. 물론 소식하는 문화가 있는 것으로 일견 보이지만 J 상무가 만난 누구도 소식과는 관계가 먼 사람들 일색이었고 J 상무의 눈에는 모두들 대식가처럼 보였다. 들은 이야기이지만 일본의 물가가 비싸서 회사에서 회식할 때 실컷 먹는 부분도 있다고 한다.

일본의 음식 문화에 있어 본받아야 할 좋은 점은 집에서도 식당에서도 본인에게 할당된 음식은 가능한 한 밥알 한 톨 남기지 않고 먹는 음식 문화이다. 그렇기 때문에 본인의 적정 음식량에 맞춰 음식을 덜어서 남김없이 깨끗이 먹는다. 어린 시절부터 가정 교육에서 시작되어 습관이 된 것도 있고 자연 재해가 많은 일본이기 때문에 적정량의 음식량을 유지하는 것이 자연스럽게 몸에 밴 부분도 있을 것이다. 아마도 이와 같은 습성이 '소식 문화'로 비춰졌을 것 같다.

J 상무 본인이 조리한 한국 라면조차도 짜게 느껴지면서, J 상무는 집에서 음식을 직접 해 먹지 않기로 결정한다. 아깝지만 초기에 준비한 밑반찬들을 모두 버리고 아침식사는 일주일 먹을 분량을 근처 슈퍼나 편의점에서 일괄 준비하든지 아니면 편의점에서 전날 밤 간편식을 사서 냉장고에 넣어 놓고 해결하는 것으로 하였다. 주중 점심과 저녁은 직원들 또는 고객들과 하고 만약 저녁 약속이 없는 날이면 근처 식당에서 간이 강하지 않은 식사를 찾아서 혼밥을 하였다. 주말도 마찬가지로 아침은 간단히 즉석요리나 샌드위치로 해결하고 점심과 저녁은 사 먹는 것으로 하였다.

법인장으로 부임한 지 일주일 정도 지나 환영 회식이 있어 처음으로 일본인 직원들과 회식을 하는 기회를 갖게 되어 설레는 마음으로 회식 장소로 향했다. 사실 연구소장 시절 일본 기술선과의 회식 경험도 많이 있어 '한국과 크게 차이가 없겠지'라고 생각하였다.

일본은 통상 회식을 하면 정해진 코스 요리와 주류는 무제한으로 마실 수 있는 회식이 요리 종류에 따라 1인당 5,000엔에서 10,000엔의 가격으로 해결할 수 있는 경우가 많았다. 금번도 그런 경우이다. 16명이 모이는 회식이었는데 본사에서 파견된 법인장 포함 2명의 한국인, 재일교포 직원

2명, 일본인 12명의 구성으로 4개 테이블에 앉아 회식을 시작하였다. 한국과 같이 떠들썩한 분위기에서 시작되었고 4개의 테이블에서 각각 지방방송이 끊이지 않고 때로는 자리를 서로 바꾸며 대화 상대를 바꿔 가면서 쾌활한 분위기에서 회식이 이어졌다.

시간이 흐르면서 J 상무는 조금 당황하기 시작한다. 한국 같으면 분위기가 무르익으면 법인장이 처음 부임하여 진행되는 회식이기에 누군가 나서서 "법인장님 자기 소개 등 한 말씀 들어 보겠습니다."라는 얘기를 꺼낼 줄 알고 기다리고 있었는데 도통 나오질 않고 이대로 회식은 끝나는 분위기가 될 것 같았다.

J 상무는 기다리지 못하고 본인이 직접 나서야겠다고 생각하고 조금 큰 소리로 "주목하세요. 저는 26년간 연구원 생활만 하다가 처음으로 여러분들과 영업을 같이 하게 되었으니 많이 배우고 열심히 하겠습니다. 잘 부탁드립니다."라고 얘기했다. 그러면 '여러 코멘트들이 나오고 전체적으로 대화할 분위기가 되겠지'라고 기대했는데, 모두들 '누가 물어봤어?'와 같은 표정으로 눈을 동그랗게 뜨고 J 상무를 바라보면서 아무 말도 하지 않는 싸늘한 분위기가 이어졌다. 일본인들은 친해지기 전에는 보통 개인 신상에 대해서 잘 물어보지 않고 회식에서 전체적으로 얘기하는 분위기가 별로 없으며 그냥 먹고 마시고 이야기하고 지방방송만으로 끝내는 경우가 많다는 것을 추후 이해하게 되었다.

휴대폰과 법인카드도 받고 출장용 신칸센 예약 카드도 받아 이제 비용 결제도 가능하니 든든하였다. 일본인 비서가 비용 정산시에 영수증을 반드시 첨부하여야 한다고 단단히 당부하여 '당연히 그런 것 아닌가'라고 생각하며 그러겠다고 대답하였다. 얼마 지나지 않아 고객사와 저녁식사할 기회가 있어 회식을 하고 나서 J 상무의 법인카드로 결제하고 카드 명세서를 챙겨 오는 것을 잊지 않았다.

다음 날 비서한테 카드 결제 명세서를 주면서 정산을 부탁하니 비서의 얼굴이 굳어지며 이것으로는 정산이 안 된다는 것이다. J 상무는 당황하며 카드 영수증을 잘 받아 왔는데 무슨 소리인가 싶었다. 비서의 말은 '명세서'가 아니라 '영수증'이라는 것이다. 카드 결제 후 자동으로 프린트되는 명세서가 아니라 식당에서 제공하는 영수증을 따로 받아 와야 한다는 것이다. 비서는 카드 명세서로는 정산이 안 된다는 것을 다시 한 번 J 상무에게 확인시켜 주었다. 제목에 영수증이라고 쓰여 있지는 않았으나 사용 내역도 확실한데 정산이 안 된다고 하니 내심 화가 나기도 했지만 '여기는 일본이지'라고 애써 이해하려고 노력했다.

그 다음 날 같은 식당에 가서 직원에게 카드 명세서를 내밀면서 영수증 발행을 부탁하여 제대로 된 영수증을 받았다. 제목에 영수증(領収書)이라고 쓰여 있든지, 해외에서 사용된 경우 영어로 Receipt라고 적혀 있는 것만 정산이 된다는 것이다. 사무실에서 그렇게 멀지 않은 장소였기에 다행이지 출장지에서 발생했으면 정산이 아주 번거로울 수도 있을 뻔했다. '일본은 정말 규정대로만 하는 문화를 갖고 있구나'라고 느꼈다.

직장에서의 인사 문화도 한국과 차이가 있었다. 한국에서는 출근 시에 직접적으로 마주치는 사원들에게만 간단히 목례만 하든지 작은 목소리로 "안녕하세요?"라고 하는 문화인데 일본 직원들은 출근 시 사무실에 들어오면서 "오하요우고자이마스(안녕하세요)"라고 모두에게 들릴 만한 소리로 인사를 하면서 자리에 앉는다. 출장이나 외출할 때도 "잇테키마스(다녀오겠습니다)"라고 인사하면서 회사를 나선다. 그러면 사무실에 있는 직원들이 "잇테이랐샤이(다녀오세요)"라고 거의 반사적으로 인사한다. J 상무는 이러한 인사 문화를 보면서 이와 같은 분위기도 괜찮다고 느꼈다.

어느 날 J 상무는 법인 운영현황을 파악하기 위하여 재무를 담당하고 있는 S 차장에게 첫 업무를 지시한다.

"법인 매출 현황, 고정비 등 제반 비용, 경비 사용 현황 관련하여 월별로 정리한 자료 준비 부탁합니다."

"네 알겠습니다. 지금 월말이라서 마감하는 것이 우선이라 매출 마감을 먼저 처리하고 나서 바로 자료 준비하도록 하겠습니다."

J 상무는 빨리 확인하고 싶었지만 재무 담당의 현안이 우선이니 기다릴 수밖에 없었다. 그런데 월말이 지나고 월초도 넘어서 2주 정도 되는 시간이 지나도 관련하여 보고를 하지 않는다. 일본인들은 수명 업무를 철저히 수행한다고 들어 왔던 J 상무는 고개를 갸우뚱하면서 더 이상 기다릴 수 없어 S 차장을 불러서 확인한다.

"제가 2주 전에 법인 운영 현황 자료를 정리해 달라고 부탁했는데 아직 준비되지 않았나요?

"법인장님, 지난주 초에 이미 말씀하신 자료 준비를 완료했는데 보고하라는 지시를 주시지 않아서 여태 갖고 있었습니다."

J 상무는 충격을 받았다. 한국 직장 같으면 준비되는 대로 자료를 갖고 와서 보고하였을 텐데 여기 일본에서는 준비하라고 한 것까지만 하고 다음 지시를 기다리고 있었다고 한다. 정말로 당황스러운 상황이었다. 개인적으로 가까워진 고객 회사 지인한데 이 에피소드를 말해 주니 껄껄 웃으

면서 오히려 J 상무의 지시가 명확하지 않았다는 충고를 해 주었다. 역시 일본은 매뉴얼과 규정의 나라라는 것을 확인해 주는 또 하나의 일례였다.

연구원 생활 26년 동안 일 년에 3, 4회 정도로 일본 출장이 잦은 편이었고 일본 기술선과의 미팅과 회식 등으로 문화를 자주 접해서 J 상무는 나름대로 일본 문화를 많이 이해하고 있다고 생각했는데 그게 아니었던 것이다. 음식 문화, 음주와 회식 문화, 직장 문화가 한국과 많은 차이가 있음을 일본에 주재원으로서 처음으로 직접 생활하면서 몸으로 느꼈다. 들었던 것, 알았던 것, 표면적으로 보이는 것이 직접 체험함에 따라 내면의 실상과 많은 차이가 있음을 실감하였다. J 상무는 다짐한다.

"그래! 이왕 시작하는 일본 생활인데 철저히 일본에 대해서 제대로 배우고 이해하고 활용해 보자. 자! 이제 세일즈맨이다."

좌측 운전과 신호등

　일본은 자동차가 왼쪽 차선으로 다닌다. J 상무는 도쿄에 주재하기 이전에는 좌측 차선으로 운전을 해 본 적이 없다. 회사에서 자가용 차량이 제공되어 한도 금액 내에서 차량을 선택하라고 해서 토요타 렉서스가 어떨지 문의하니 렉서스는 조금 내세우고 싶어하는 사람들이 많이 이용하는 경향이 있다고 하여 기업가에게 무난한 크라운을 선택하였고 검정 색상을 골랐다.

　얼마 지나지 않아 차량이 회사로 퇴근 시간에 맞춰 인도되어 J 상무는 난생 처음으로 시바우라 아파트 주차장까지 3km 정도를 좌측 차선 운전을 하게 되었다. 일본에서 처음으로 하는 운전을 복잡한 도쿄 중심가에서 하는 만큼 당황하지 않도록 차량 동선을 직접 도보로 재차 확인하면서 준비했기 때문에 차분하게 아파트 주차장까지 차를 문제없이 주차할 수 있었다. 차량 오른쪽 운전좌석에서 처음으로 좌측 차선을 운전하는 어색함이 있었지만 시뮬레이션을 여러 번 했고 GPS 네비가 알려 주는 대로 무리 없이 회사에서 집까지 10분 정도의 운전을 무난히 마쳤다.

　J 상무는 평일에는 걸어서 출근하기 때문에 차량을 이용할 일이 거의

없고 출장도 대부분 대중교통을 이용하기 때문에 차량은 주말에만 주로 이용하는 상황이었다. 좌측통행 운전에 익숙해질 필요가 있어 주위에 문의하여 1시간 남짓한 운전 거리의 적당한 장소로 카나가와현에 있는 '에노시마'를 추천받아 에노시마까지 처음으로 장시간 운전을 하였다.

시뮬레이션 없이 좌측통행을 처음 하는 J 상무는 바짝 긴장하고 좌측통행, 좌측통행을 머릿속으로 반복하여 되뇌면서 운전하였다. 앞차를 따라가며 운전하면서 몇 분 지나고 나니 바로 익숙해지는 느낌이었다. 좌측통행도 그렇고 우측통행도 그렇고 운전대에서 가까운 쪽에 중앙선이 있는 것은 동일하였다. J 상무는 혼잣말로 '아하 별거 아니네, 중앙선이 어느 쪽에 있는지 잘 살피면 되겠다'라고 속으로 생각하며 운전을 계속하였다.

앞차를 따라가면서 운전할 때는 특별한 어려움은 없었는데 앞차 없이 맨 앞에서 우회전 신호를 기다리는 상황이 발생하였다. J 상무는 우회전 깜빡이를 켜고 신호를 기다리고 있었다. 전방에 파란색 신호등이 들어왔다. J 상무는 우회전 신호를 기다리면서 대기하고 있었는데 뒤 차량이 짧은 경적을 울리는 것이었다. 빨리 가라고 하는 것이다. J 상무는 영문도 모르고 '일본에서는 경적을 잘 울리지 않는다고 들었는데 이게 뭐지?'라고 생각하면서 무시하고 우회전 신호를 기다리고 있었다. 뒤차가 참을 수 없었는지 차선을 바꾸며 J 상무 차의 왼쪽으로 앞질러 우회전하면서 운전자가 운전석 창문을 열고 J 상무에게 손가락으로 신호등을 가리키는 것이었다. '우리나라의 비보호 좌회전과 같이 일본도 비보호 우회전이 되는 모양인가?'라고 생각하면서 뒤차가 J 상무 차를 앞지르는 것을 따라가면서 J 상무도 우회전하였다. 일본어에 익숙하지 않아 한국의 비보호 좌회전 표지판과 같이 '비보호 우회전 메시지가 있었는데 놓친 것인가?'라고 J 상무는 생각하였다.

　나중에 알아보니 일본 교통 신호는 기본적으로 파란불이 들어오면 직진이 우선이고 교통 상황에 따라 좌회전이든 우회전이든 방해가 되지 않는 선에서 할 수 있다는 것이다. 좌회전이나 우회전을 제한할 필요가 있을 경우 빨강 노랑 파랑 신호등 이외로 화살표 신호를 추가로 설치하여 우회전 좌회전을 제어한다고 한다.

　운전 경력 30년의 J 상무가 무사히 1시간을 운전하여 '에노시마'에 도착하여 철골 주차장에 후진으로 주차를 하고자 후진 기어로 바꾸고 주차면에 주차를 시도하였다. 그런데 이게 웬일인가? 우측 운전석 차량으로 처음으로 후진으로 주차를 하는데 도무지 차량 폭도 잘 모르겠고 회전 반경도 이해가 안 되고 사이드 미러로 보는 방향과 각도도 영 이상한 것이었다. 좌우 방향이 반대이니 후진 운전과 회전에 어색한 상황이 계속 이어지면서 쩔쩔매면서 겨우 주차를 할 수 있었다. 시간이 어느 정도 걸렸는지 가늠이 되지 않았지만 대략 10번 정도는 앞뒤로 차를 왔다 갔다 한 것 같았다. 주차를 마치고 나서 보니 J 상무의 차가 통행로를 막고 있어서 다른 3대의 차량이 기다리며 J 상무가 후진 주차하는 것을 지켜보고 있었다. 경적까지는 울리지 않았지만 지나가면서 운전자들이 J 상무 차량을 흘끔 쳐다보는 것이 보였다.

　J 상무는 다음 날 바로 집 근처의 한적한 공원 주차장을 찾아가서 후진 주차 연습을 하였다. 10분 정도 연습하니 후면 주차도 익숙해지는 느낌이 바로 들었다.

"자! 주행과 주차 모두 문제없으니 이제는 어디든 운전해서 가면 되겠다."

첫 번째 일본인 친구

    법인장으로 부임 인사를 겸해서 일본 고객사별로 담당 직원과 함께 분주히 고객사를 돌아다녔다. 특히 일본은 한번 고객과의 관계를 잘 맺어 놓으면 거래 관계가 단기간의 이해관계에 따라 물량이 크게 흔들리지 않고 꾸준히 유지되는 시장 특성을 갖고 있다. 반면에 그러한 관계로 이어지기까지 시간과 노력이 아주 많이 필요한 시장이기도 하다.

    일본인 거래선들과 인사와 미팅을 진행하면서 한국에서 일본인 관계자들과 인사할 때와 다르다고 느낀 점은 악수를 거의 하지 않는다는 것이었다. 한국에서는 명함 교환을 하고 나서 거의 의례적으로 악수를 하였는데 일본 내에서는 악수는 하지 않고 목례만 다시 하는 것이 달랐다. 왜 그런지 부하 직원에게 물어보니 이제까지 그냥 해 온 몸에 밴 것이라 잘 모르겠다고 하면서 악수는 서양식 인사라고 조그만 목소리로 말해 주었다.

    2018년 3월 도쿄에서 전철로 한 시간 조금 넘게 걸리는 거리인 에비나(海老名)에 위치한 OA기기 제조업체 F社의 구매 본부장인 F씨를 만나 보기 위한 방문이 마련되었다. 미팅 시간은 10시부터 30분간이라고 하였다. 접견실에 조금 일찍 도착하여 미팅을 기다리고 있는데 정확히 10시 정각에 그가 들어와서 명함을 교환하고 미팅을 시작하였다. 키가 180cm 정도의 덩치가 좋은 호남형의 인물이었고 목소리도 우렁찼다.

이날은 J 상무가 뭔가 기분이 달랐는지 형식적으로 얘기하는 통상의 화제인 날씨 얘기로 미팅을 시작하지 않았다. 그가 "일본 생활은 이제 많이 익숙해졌습니까?"라고 질문하여 J 상무는 좌충우돌 일본 생활 적응기를 바로 이야기해 주었다. 회사 관련 이야기는 한마디도 하지 않았다. 그도 재미있는지 본인의 에피소드를 들려주었다. 추가로 J 상무의 한국에 있는 가족들이 일본으로 같이 오지 않은 이유를 약간의 과장을 곁들여서 말해주니 더욱 흥미 있었던 모양이다. 아마도 서툰 일본어로 애써 설명하는 한국인 J 상무의 모습이 재미있었을 수도 있을 것 같다. 고객 업체와의 미팅이 회의 분위기가 아니라 시끌벅적한 회식 분위기처럼 되어 버렸다.

이야기를 하다 보니 미팅을 마치는 시간인 10시 30분을 훌쩍 넘어서 10시 40분이 되었다. F씨가 연신 시계를 보다가 J 상무에게 조금 전 주었던 본인의 명함을 다시 달라고 했다. 영문을 모르는 J 상무는 '이런 경우는 처음인데 뭐지?'라고 생각하면서 그의 명함을 다시 건넸다. F씨는 본인의 명함을 받더니 명함에 전화번호를 적으면서 그 번호로 시간 날 때 전화를 한번 달라고 하면서 도쿄에 자주 가니 도쿄에서 한번 보자고 하였다. J 상무는 그러겠다고 하고 10시 45분경 부임 인사 겸 미팅을 마쳤다.

참고로 일본 회사의 경영 임원들의 명함에는 휴대전화 번호를 넣지 않는다. 대표 전화와 이메일 주소만 넣는다고 한다. J 상무의 일본 명함에도 휴대전화 번호가 들어가 있지 않았다. 휴대전화 번호는 영업 담당자들만 주로 넣는다고 한다. 아마도 격이 떨어진다고 생각하는 모양이다. J 상무는 방금 전 F씨로부터 받은 명함을 다시 보았다. 그가 펜으로 적어준 번호는 F씨 본인의 휴대전화 번호였다. 함께 F社를 방문한 담당 직원도 이런 경우는 처음이고 첫 만남에서 휴대전화 번호를 알려 주는 경우는 거의 볼 수 없다고 했다. 사실은 F씨가 10시 30분에 다른 업무 미팅이 있었을 텐데 15분을 넘기면서까지 미팅을 진행한 것도 의외라고 하였다.

주위에서 그에게 바로 연락하면 조금 품격이 떨어져 보인다고 하여 J 상무는 일주일 정도 있다가 그의 휴대전화로 전화를 걸었다. F씨는 그 다음 주에 도쿄 롯폰기에 위치한 사무실로 출근할 예정이라고 해서 그날로 저녁 약속 날짜를 잡고 아카사카에 있는 한국 식당에서 만나기로 했다.

당일 저녁 그와 둘이서 만났다. F씨는 정말 이야기하는 것을 좋아하는 분이고 한국 음식도 좋아한다. J 상무도 이야기하는 것을 아주 좋아한다. 재담꾼 둘이 만났으니 이야깃거리가 끊이질 않았다. 다만 아쉬웠던 점은 F씨가 술을 전혀 못 마시는 것이었다. 술잔이 비면 자작하는 것도 조금 어색해 보이고 서로 술을 따르는 분위기가 없으니 뭔가 빠진 것 같았다.

J 상무는 식당 직원에게 주전자 두 개를 준비해 달라고 부탁했다. 주전자 한 개에는 소주를 채우고 F씨 앞에 놓고, 다른 주전자에는 우롱차를 채워 놓고 J 상무 앞에 놓았다. 그리고 소주잔을 추가로 준비하여 같이 건배 후 상대방 잔이 비워지면 서로 채워 주면서 마셨다. J 상무는 소주에 취기가 올라가고 F씨는 이렇게 마시는 것이 난생 처음이라며 분위기에 취했다. F씨와 J 상무는 분기 또는 최소한 반년에 한 번씩은 이렇게 만나자고 약속하였다.

F씨와의 친분 관계가 알려지면서 소재를 중개하는 상사로부터 연락이 왔다. F씨는 구매의 전권을 쥐고 있는 분이니 친분을 잘 유지해 달라는 부탁이었다. 영업 업무로 관계를 잘 유지해야 하는 것도 있지만 J 상무는 개

인적으로도 F씨에게 호감을 갖게 되어 J 상무와 F씨는 주기적으로 식사를 하는 사이가 되었다. 물론 주전자 두 개는 변함없이 준비하였다.

일본의 대기업들은 연초에 호텔 연회장으로 협력 파트너사들을 초청하여 신년하례식을 하는 것이 통례이다. 2019년 초 J 상무도 F社의 초청장을 받아 부하 담당 직원과 함께 F社의 신년하례식에 참석하였다. 개회를 하고 회사 운영 방침과 향후 구매 방침을 설명하고 미래 비전도 선포한다. 하례식이 끝나면 F社 임원진들과 초청받은 협력사 참석자들과 명함을 교환하는 시간이 주어진다. F社 임원진들이 간격을 두고 횡으로 줄을 서면 그 앞으로 협력사 관계자들이 종으로 줄을 서서 기다렸다가 차례가 되면 인사하고 명함을 교환한다. 대표이사 사장 명함을 받을 수 있는 거의 유일한 기회일 수 있기 때문에 대표이사 앞의 줄이 가장 길다. 그리고 구매 본부장 앞의 줄이 대표이사 줄 못지않게 길다.

J 상무도 줄을 서서 기다려서 F社의 대표이사와 명함 교환을 하고 구매 본부장 F씨 앞의 줄로 옮겨서 F씨와의 인사를 기다렸다. 서로 잘 알고 있는 사이였지만 당일 참석했다는 얼굴도장을 찍기 위해서 순번을 기다리고 있었다. J 상무의 차례가 되어 반가운 얼굴로 F씨에게 인사하니 F씨는 환한 표정을 지으며 큰 소리로 주위에 있는 부하 몇 명을 불러서 "바로 이 분이야 이분"이라고 하면서 J 상무를 직속 부하들에게 알려 주는 것이었다. F씨는 줄 서서 기다리고 있는 다른 협력사 관계자들과 인사를 하여야 하기 때문에 바빠서 J 상무에게는 다음에 또 만나자고 하면서 간단히 인사를 나누고 다른 분들과 명함 교환을 계속 하였다.

J 상무는 명함 교환과 인사도 마쳤으니 회사로 돌아가려고 회의장을 빠져나가려고 하는데, J 상무 앞으로 몇 명이 줄을 서는 것이다. F씨의 부하

직원들이었다. 그들과 명함 교환을 하고 간단한 인사를 한 명씩 하는데 줄이 계속 길어지는 느낌이다. 처음 5명 정도는 F社 명함이었는데 그 뒤로부터 모르는 회사의 명함을 들고 있는 것이었다. 아마도 그들은 J 상무를 F社의 임원진으로 착각하여 엉겁결에 줄을 선 모양이었다. 그분들에게 "죄송합니다. 저는 F社 임원이 아닙니다."라고 말하고 도망치듯 회의장을 빠져나왔다.

"인맥 관리는 영업활동의 기본이다."

두 번째 일본인 친구

　월요일, 법인 전체회의를 끝내고 J 상무는 자리로 돌아온다. 그동안 좌충우돌하면서 적응하며 배우기에 여념이 없었는데 이날은 여유가 좀 있어 자리에 앉아 기지개를 하고 전후좌우를 둘러보니 J 상무의 주위에 서랍장들이 꽤 있다. 한 번도 열어 본 적이 없어 무엇이 있는지 궁금해서 하나씩 열어 보았다. 사무실 어디나 마찬가지로 서류와 비품으로 채워져 있었고 지진 등의 재해 대비 용품도 있었다. 맨 아래 서랍장을 당겨 보니 묵직하게 열린다. 안에는 포장도 뜯지 않은 박스를 포함하여 위스키와 술병들로 가득 채워져 있는 것이었다. 직원을 불러서 물어보니 방문 고객들이나 출장자들이 선물로 들고 온 것들이 모아져서 그런 것이라고 한다. J 상무는 비서에게 계속 쌓아 놓기만 하면 아까우니 향후 고객 방문할 때 하나씩 활용하겠다고 얘기하고 내용물이 무엇인지는 알아야 하니까 모두 포장을 제거해 놓으라고 했다. 맥캘란, 조니워커, 발렌타인 등 대부분 위스키였다. 일본 술(日本酒)도 몇 병 있어서 원하는 직원들에게 가져가라고 하니 직원 몇 명이 얼른 집어 든다.

　교토에 있는 N社의 구매 본부장인 S씨에게 부임 인사 겸 미팅 일정이 잡혔고, 시간이 된다고 하여 저녁식사까지 하기로 하였다. N社 담당 직원에게 문의해 보니 S씨가 위스키를 좋아한다고 한다. 마침 잘 되었다고 생각하고 직원에게 맥캘란 1병을 포장해 달라고 부탁하여 S씨에게 방문 선물로 주기로 한다.

N社 직원들과 명함을 교환하고 업무 미팅을 하는데 S씨 말을 알아듣기가 너무 힘들었다. 내용은 대강 이해하겠는데 말을 얼버무리는 것 같고 중간중간 모르는 단어를 많이 사용하여 당황스러웠다. 미팅이 끝나고 그가 좋아한다고 하는 위스키를 선물로 주고 나서 식사 장소로 이동할 때 부하 직원한테 S씨가 하는 말을 잘 못 알아듣겠다고 하니까 그도 J 상무가 알아듣기 어려웠을 것으로 생각했다고 한다. S씨가 오사카 교토지역의 관서 지방 사투리도 종종 쓰고 말끝을 약간 흐리는 것 같다고 한다.

식사를 하고 약간의 취기가 올랐을 때 S씨가 기분이 좋았는지 2차를 가자고 한다. S씨의 단골집인 스낵바에서 그와 둘이서만 이야기할 기회가 생겨 그에게 골프를 권했더니 좋다고 한다. 성질 급한 J 상무는 S씨에게 휴대폰을 꺼내라고 부탁하여 서로의 일정을 확인하여 즉석에서 약속 날짜를 잡았다.

이어서 건강해 보이는 S씨에게 건강 유지 비결을 물어보았더니 고등학교 시절부터 시작해서 지금까지도 먹는 건강식품이 있다고 알려 주는 것이다. J 상무는 그런 좋은 것이 있다면 지금 당장 구매하여 복용하고 싶다고 얘기했다. S씨는 잠깐 J 상무를 바라보다가 주소를 적어 달라고 한다. 명함에 있는 회사 주소로 받는 것이 좋겠다고 대답하니 S씨가 본인이 복용하고 있는 건강식품을 보내 주겠다고 한다. 무료로 주는 것은 아니고 물품 수령 후에 동봉한 은행 계좌로 대금을 송금하면 된다고 했다. J 상무는 이런 친절이 있나 싶어서 여러 번 사례의 말을 했다.

　나중에 '미키푸룬'이라는 건강 보조 식품을 송부받아 열어 보니 편지 한 통이 같이 동봉되어 있었다. 편지에는 은행 계좌번호와 함께 사례의 말이 적혀 있었는데 읽어 보니 S씨의 부인이 편지를 쓴 것으로, 부업으로 '미키푸룬' 대리점을 한다는 것이다. 이후에도 J 상무는 S씨 부인으로부터 정기적으로 건강 보조 식품을 구매하였다. 이것도 S씨와 친밀감이 강화된 이유 중의 하나인 것 같다.

　첫 미팅 며칠 후 소재를 중개하는 N 상사에게 S씨와의 골프 일정에 대해 말했더니 어떻게 일정을 잡았냐고 하면서 S씨와 같이 골프를 같이 하는 것에 대하여 반색을 하는 것이었다. 교토지역에서의 골프장 물색은 본인들이 할 것이니 J 상무에게는 주기적으로 일정을 잡아 달라고 부탁을 하는 것이다. N社의 S씨는 그동안 고객사와 골프를 잘 하지 않았다는 말도 덧붙였다. 이후 매년 봄과 가을로 2회 골프를 주기적으로 같이 했다. S씨와는 동반라운드와 가끔 저녁식사를 같이 하면서 친분이 조금씩 쌓였다. 3회째 라운드를 하는 날에도 골프를 끝낸 후 위스키를 선물로 주고 오늘도 재미있었다고 하면서 헤어졌다.

　교토에서 신칸센을 타고 도쿄 집으로 돌아오니 토요일 저녁 7시 30분쯤 되었다. 소파에 앉아 한숨 돌리고 있을 때 J 상무의 휴대폰이 울린다. S씨로부터 걸려 온 것으로 선물로 준 위스키를 어디서 구매했는지를 물어보는 것이다. 영문을 모르는 J 상무는 몇 달 전에 사서 사무실에 보관하고 있다가 드린 것이라고 얼버무렸다. S씨는 곤혹스러운 목소리로 위스키가 절반밖에 들어 있지 않다고 말하는 것이다. 그 순간 J 상무는 번쩍 생각이 났다. 한 달쯤 전에 본사서 출장 온 임원이 위스키를 선물로 들고 온 날 마침

법인 저녁 회식이 있어서 "좋은 위스키 한번 맛이나 보자"라고 하면서 들고 온 위스키 일부를 마시고 그대로 박스에 넣어 사무실에 놓아 둔 것이 생각났다.

비서에게 위스키 한 병 포장해 달라고 했을 때 내용물을 제대로 확인하지 않고 절반밖에 들어 있지 않은 위스키를 포장한 것이 분명했다. 어쩐지 술을 들고 갈 때 좀 가벼운 느낌이 있었다. S씨에게 자초지종을 설명하고 유감의 말을 여러 번 했더니 S씨가 하하하 웃어 줘서 좋은 분위기에서 전화를 끊었다.

이 사건이 S씨와 더욱 친밀해지는 계기가 되었다. 이후 만남이 있을 때 그가 간혹 이 에피소드를 꺼내서 회의 분위기를 부드럽게 만들었다. N社의 구매 본부장이 J 상무의 회사에 호감을 갖고 있는 것도 영향을 미쳐서 N社와의 거래 물량은 조금씩 늘어났다. J 상무가 일본에 주재한 기간 줄곧 실적은 우상향 커브를 그릴 수 있었다.

"영업은 들이대야 한다. 들이대는 자에게 기회가 주어진다!"

일본어 실력에 대한 실망

　J 상무는 연구소장 시절 일본 소재 기술자들과 기술 미팅에서 소통 문제가 전혀 없었기 때문에 일본어에 대하여 어느 정도 자신감을 갖고 있었다. 부임 초기부터 본인 의사를 확실히 표현하는 것에도 문제가 없었고 일본 현지 직원들과 의사소통도 원활히 진행하고 있는 것처럼 생각했었다.

　그런데 기술 미팅할 시에 사용하는 일본어와 일본 현지 생활 생존 일본어는 차원이 달랐다. 연구원 시절 기술 미팅 시에는 상대가 J 상무처럼 소재 관련 지식을 어느 정도 보유하고 있기에 일본어 단어가 생각나지 않을 경우에 해당하는 영어 단어를 일본어 어순에 맞춰 나열하면 소통에 문제가 없었다. 그러나 영업 관련 미팅은 한참 달랐다. 일본 현지에서는 영어 단어를 일본어 대신 사용하여 대화하면 소통이 잘 되지 않았다. 왜냐하면 일반적인 일본인들은 영어 발음을 그들만의 방식으로 발음하여 원래 영어 발음과는 차이가 있기 때문이었다.

　더구나 연구원 시절에는 통상 우리가 고객인 '갑'이었기에 소재 공급사에서는 가능한 모든 방법을 동원하여 자사 재료를 사용하게 하려고 J 상무의 눈높이에 맞추기 위해 일부 틀리거나 다르게 이야기해도 잘 이해해 준 측면도 많았던 것 같다. 그랬던 것이 일본에 와서 일본 고객들을 상대로 우리 제품을 영업하고자 하는 것이니 상황은 정반대였다. 고객들이 J 상무의 말을 애써 이해해 주려고 하는 상황이 절대 아닌 것이었다.

일본어로 적당한 단어가 생각이 나지 않아서 영어 단어로 얘기하면 대화가 되지 않는 경우가 많았다. 그럴 경우 상대에게 영어가 되는지 물어보면 거의 공통적으로 "Yes, a little(네 조금 합니다)"이라고 거의 반사적으로 대답한다. 하지만 막상 영어로 얘기하면 더 못 알아듣는 경우가 대부분이었다. 제품이나 기술을 활용하는 입장에서 제품을 영업하는 입장이 되니 사용하는 용어와 환경이 바뀌면서, 다시 말해서 대화의 '갑'의 입장에서 '을'의 입장이 되면서 상대방을 설득하여야 하는 입장이기 때문에 일본어의 능숙함은 더욱 중요하였다.

특히 C社 구매부와의 영업 미팅에서 J 상무는 큰 좌절감을 느꼈다. 물량과 가격 얘기를 마치고 나서 최종적으로 정리하는 과정에서 J 상무는 회사의 강점에 대하여 한 번 더 강조하고 싶었다. 우리 회사는 기술을 중시하고… 기술을 바탕으로… 기술을 추구하고…라고 일본어로 기술을 몇 번이나 강조하였다. 우리 쪽 인원 3명, 상대 인원 3명이 회의를 진행하고 있었는데 고객사 방문객 중의 1명, 그것도 가장 직급이 높은 분이 고개를 갸우뚱하면서 J 상무의 일본어를 도통 못 알아듣겠다는 표정으로 J 상무의 눈을 빤히 쳐다보는 것이었다. 당황스러웠다. 미팅이 끝나고 나서 우리 직원에게 뭐가 문제였는지 문의해 보고 나서 정말로 실망감을 느꼈다. 아마도 기술이라는 일본어 발음이 틀려서 그랬을지도 모르겠다는 답이 돌아왔다.

기술은 한자로 技術이고 일본어 발음은 기쥬츠(ぎじゅつ)였다. 그런데

J 상무는 줄곧 기슈츠(ぎしゅつ)라고 발음한 것이다. 얼굴이 화끈거렸다. 기술이라는 단어는 J 상무가 기술 분야 출신이고 항상 강조하는 용어 중의 하나로 사무실에서도 많이 사용했을 것인데 직원한테 평소에 틀렸으면 고쳐 주지 왜 그러지 않았냐고 말하니, 그 친구 대답이 앞뒤 문맥을 통하여 기술이라고 충분히 알아들을 수 있었다고 한다. J 상무는 직원한테 그럼 C社 방문객 중 한 명이 도통 알아들을 수 없는 표정을 지은 것은 왜 그런 것 같은가 물어보니 일부러 그랬을 수 있다고 한다. J 상무의 일본어 실력을 보고 그 실력으로 일본에서 영업 제대로 하겠냐라는 표정이라고 해석하는 것이 맞는 것 같았다. 아무튼 J 상무는 이 건으로 많은 충격을 받고 좀 더 철저하게 일본어를 익혀야겠다고 생각했다.

편의점에서의 일본어는 더욱 알아듣기 어려웠다. 물건을 고르고 봉투에 담고 계산을 할 때 "젓가락을 봉투에 넣을까요?" 물어보는 경우, 젓가락은 일본어로 '하시(はし)'인데 하시라고 말하는 것은 거의 들어 본 적이 없고 존칭어로 '오하시'라고 말하는 경우가 대부분이다. 가뜩이나 생활 일본어가 약한 J 상무는 처음 들어 본 단어에 '오하시가 뭐지?'라고 당황하고 있으면 점원이 젓가락을 보여 주면서 "이거 넣을까요?"라고 다시 물어보면 그때서야 "예"라고 대답하고는 했다. 더구나 매우 빠른 속도로 말하니 더욱 알아듣기 어려웠다. 이후 일본인 직원들에게 문의해 보니 편의점에서 뭐라고 물어보면 대부분 '예(하이)'라고 대답하면 보통 문제가 없다고 해서 초기에는 그렇게 대응하였다. 그런데 이것이 편의점뿐만이 아니었다. 음식점, 선술집, 전철역 등 거의 모든 곳에서 어려운 상황이 발생하였다. 그럴 때마다 '하이'로 넘어갈 수는 없는 노릇이었다. 제대로 모르는 상황이 발생하면 모든 분들이 선생님이다 생각하고 차근차근 문의해 보고

하나하나 몸에 익힐 수 있도록 하자고 J 상무는 마음먹는다.

"그래! 언젠가는 일본어를 유창하게 구사해 보자."

드라마를 통한 어학 공부

    J 상무는 드라마를 잘 보지 않았다. 마지막으로 본 것이 아마도 전광열 씨와 황수정 씨가 주연한 드라마 '허준'으로, 2000년 정도까지는 모래시계 등 드라마를 좀 본 것 같다. 미국 유학 후 2005년 6월 귀국하고 나서 회사 일이 많이 바빴던 것은 크게 없었는데 아무튼 그 이후로 한국 드라마를 본 적이 없는 것 같다. 사실은 J 상무의 성격상 드라마가 체질에 맞지 않는다. 항상 클라이맥스에서 끝내 버려 다음 회를 궁금하게 만드는 드라마가 대부분이어서 끝을 보고 확인하는 것을 좋아하는 J 상무에게는 뭐라고 할까 성격상 잘 맞지 않았다. 영화와 같이 단번에 결론을 볼 수 있는 것은 좋아해서 가끔은 가족들과 보러 다녔다.

    일본에 와서 일본어를 잘해 보려고 도쿄 사무소 직원들에게 "일본어 공부를 어떻게 하면 좋겠어요?"라고 질문하자 직원 한 명이 "드라마를 보세요."라고 하는 것이었다. "어떤 드라마를 보면 될까요? 하나 추천해 주세요." 하니 '북쪽 나라에서(北の国から)'를 추천한다. 저렴한 가격으로 내려받을 수 있는 한국의 웹사이트에 회원 등록을 한 후 '북쪽 나라에서'를 다운받아 시청하기 시작한다.

홋카이도 후라노(富良野)市의 아름다운 자연을 배경으로 한 가정의 평범한 일상에서의 이벤트를 다루는 드라마로 잔잔하게 재미있었다. 일본어 공부를 제대로 해 볼까 싶어서 자막을 지우고 시청을 해 봤지만 '내공 부족', '실력 부족'으로 이해가 되지 않는 부분이 많아 자막을 살려서 시청했다. 일본어 공부가 안 되는 것은 아니었지만 자막이 있으니 안 들리는 것도 들리는 것처럼 인식되어 일본어 공부에 도움이 많이 되었는지는 잘 모르겠다. 그러나 드라마가 너무 재미있어서 시청을 시작했으니 끝까지 자막을 같이 보며 보기로 한다.

'북쪽 나라에서'는 1981년부터 1982년에 걸쳐 매주 총 24회로 편성되어 방영된 드라마로 큰 인기를 얻으면서 1983년부터 2002년까지 2년 또는 3년의 간격을 두고 8회에 걸쳐 기간별로 특집 드라마로 제작되면서 장장 21년간의 한 가족의 이야기를 방영한 대작이다. J 상무는 잔잔한 감동을 주고 공감대를 느낄 수 있는 이야기들을 좋아한다. 자막 없이 다시 볼까 하다가 너무(?) 잔잔해서 또 보더라도 첫 번째 보았을 때와 같은 흥미가 이어지지는 않을 것 같았고 홋카이도 후라노市의 시골 이야기이기에 사용하는 용어도 도시 용어와는 차이가 있을 것 같아 다른 드라마를 탐색하기로 했다.

이번에는 시골 생활 이야기가 아닌 도시 휴먼 드라마가 좋을 것 같아 J 상무도 찾아보고 주위의 자문을 받아 '최후로부터 두 번째 사랑(最後から二番目の恋)'을 보게 된다. 그런데 이 드라마 정말 재미있다. 카마쿠라(鎌倉)의 고쿠라쿠지(極楽寺)역 근처에 살고 있는 중년의 독신 남성의 이웃으로 도쿄로 출퇴근하는 중년 여성이 이사 오면서 이어지는 스토리로 남자 주인공인 와헤이(和平)는 J 상무와 극중의 나이도 비슷하여 감정 동화

가 너무 쉽게 되었다. 감동할 때 같이 울고 웃고 J 상무는 드라마 속의 주인공이 되어 보기도 하면서 완전히 드라마에 빠졌다. 대사 하나하나가 쏙쏙 귀에 들어오면서 공감되는 부분이 너무 많았다. 11회로 편성되어 2012년 방송되었는데 인기가 있어서 후속 작품으로 2012년 말 특집 스페셜이 제작되었고 2014년 속편 11회분이 추가로 제작되었다. 시간은 좀 걸렸지만 전부 보았다.

너무 감동적인 드라마라서 이번에는 자막 없이 보면서 일본어 공부를 제대로 할 겸 대사를 전부 적어 보기를 시도하였다. 전부 하려면 시간이 너무 많이 걸릴 것 같아 특히 공감이 많이 갔던, 2012년 방송되었던 본방송 중 주인공 와헤이의 동생을 결혼시키는 부분과 속편의 마지막 회 남주인공 와헤이와 여주인공 치아키(千明)가 서로를 완전히 이해하고 받아들이는 부분의 2회분을 선택하여 드라마 속의 대사를 듣고 노트에 받아 적어 보기로 했다. 각각 54분 분량으로, 드라마를 그냥 볼 때는 두 시간 남짓으로 끝나지만 대사를 받아 적는 것은 보통 일이 아니었다. 시간도 많이 걸리지만 들리지 않는 부분을 받아 적으려면 몇 번이고 반복해서 들어야 했다. 그래도 이해가 안 가는 대사가 많이 나왔다.

여전히 일본어 내공이 부족하였다. 결국 자막 없이 받아 적는 것은 포기하고 자막을 살려 놓고 대사 받아 적기를 해 보니 한결 수월하였다. 이해가 안 가는 대사는 우리말 자막을 보고 사전을 찾아 가면서 대사를 적어 나갔다. 이렇게 해 보니 일본어 공부가 조금은 되는 것 같았다. 모르는 한자가 나오면 외우기도 해 가면서 대사를 적었다. 두 번째 시청함에도 불구하고 감동적인 부분이 나오면 대사 적는 것을 잊어버리고 또 동화되어 같이 눈물을 흘리면서 상당 부분을 받아 적는 것을 까먹고 연속해서 보는 상황이 자주 발생했다.

드라마 대사를 받아 적어 보면서 J 상무는 '최후로부터 두 번째 사랑'의 배경이었던 카마쿠라의 고쿠라쿠지에 가 보고 싶다는 생각이 강하게 들어 실제로 돌아보았다. 고쿠라쿠지(極楽寺)역은 아래 사진에 있는 바와 같이 역무원이 없는 조그만 역으로, 역으로부터 조금만 걸어가면 해변이다. 카마쿠라의 해변을 거닐며 조개도 주워 보면서 주인공 흉내를 내 보기도 하였다. 드라마에서 나온 집을 찾아보기 위해 역에서 주인공들이 다녔던 길을 비슷하게 따라서 이곳저곳 가 보았지만 같은 곳을 찾을 수 없었다.

카마쿠라(鎌倉)市 고쿠라쿠지(極楽寺)역

한국어 자막의 도움을 받아 실제 방영 시간 대비하여 몇십 배의 시간을 들여 모두 받아 적을 수가 있었다. 갱년기라 남성 호르몬이 줄어들었는지 눈물이 예전보다 너무 많이 나온다. 감동적인 글귀가 나오면 적으면서 또 동화되고 감동하면서 눈시울이 뜨거워지는 것을 반복하였다. 문득 정신을 차린 J 상무는 일본어 공부 방법을 바꾸기로 한다.

"드라마는 역시 안 되겠다. 다른 방법으로!"

언어에 대한 현실

　J 상무가 도쿄로 발령을 받고 나서 초기에는 그야말로 일본어에 대하여 자신만만했었다. 아직은 서툴지만 6개월 정도 열심히 공부하면 일본어가 능숙해질 수 있을 것으로 굳게 믿었고, 본사 관련 업무와 본사와의 미팅 시간을 제외하고 대부분의 일상에서 일본어를 많이 사용하면 어렵지 않게 일본어에 익숙해질 것으로 생각하였다. 일본어로 쓰인 보고서, 부하 직원들과의 대화, 일본 드라마, 도로에서의 간판, 전광판, 전철 안의 광고, TV, 라디오 등 주위의 모든 것들을 활용하여 모르는 단어는 찾아보고 그때그때 외우면서 온갖 수단을 총동원하여 일본어 실력을 키우고자 하였다.

　J 상무는 어학은 곧 얼마나 많은 어휘를 알고 있는지가 실력으로 나타난다고 생각하고 있었다. 고급 일본어를 제대로 사용하려면 한자 읽기, 쓰기가 능숙해야 한다고 판단하여 발음부터 차근차근 들여다보기로 했다. 일본어 발음은 한자의 음독(중국 한자음에 의거한 발음)과 훈독(한자의 뜻에 해당하는 일본어 발음) 두 가지를 기본적으로 모두 적용하는 경우가 대부분이라서 같은 한자라고 해도 매우 다양한 발음이 존재한다.

　예를 들어 여자에 해당하는 '女'로 실례를 들면 음독으로는 죠(じょ), 뇨

(にょ), 뇨우(にょう) 등이 있으며 훈독으로는 온나(おんな), 메(め) 등으로 발음할 수 있다. 어느 정도 알고는 있었지만 한자 하나하나의 발음 방법의 다양함에 J 상무는 새삼 당황했다. 한자 한 개에 몇 개씩 다른 발음이 있으며 이를 대부분 알고 있지 않으면 안 되었다. 기본 생활 한자만 2,000개 정도 있고 평균 발음 종류가 음독, 훈독 등을 포함하여 적어도 2개, 많게는 대여섯 개씩 있는 한자가 많아서 기본 2,000자의 한자만 해도 한자 발음이 수많이 있다는 것이 된다. 특히 신문을 구독할 정도의 실력이 되려면 5,000자 이상의 한자를 알고 있어야 가능하다는 얘기를 듣고 J 상무는 아연실색할 수밖에 없었다. 애초에 목표로 잡았던 6개월 열심히 공부하여 일본인처럼 일본어를 구사하려면 어휘와 각종 발음을 거의 모두 파악하고 있어야 하는데 너무나 벽이 높아 보였다. 한자와 발음을 외우고 공부해서 6개월 정도의 기간으로 상용 한자의 의미와 발음은 물론 쓸 수 있는 정도의 실력을 갖추는 것은 물리적으로 어렵게 느껴졌다.

J 상무는 소위 말하는 엘리트 코스를 밟아 왔고 공부에 있어서도 큰 어려움 없이 이제까지 잘 지내 왔고 나름 자신감을 갖고 생활해 왔는데 일본어에 대해서는, 특히 한자와 발음에 대하여 처음으로 커다란 장벽을 느꼈다. "6개월로는 어림도 없겠네. 2년 정도 기간을 갖고 공부해 보자."라고 생각을 고쳐먹고 꾸준히 일본어 공부에 매진하였다. 하지만 현실은 너무 어려웠다. 50을 훌쩍 넘긴 나이 탓도 하면서 '하는 데까지 해 보자.'라고 마음먹고 일본어 공부를 겸해서 한자 공부를 꾸준히 열심히 했다.

흔히들 일본어는 한국어와 문법이 비슷하고 같은 한자어를 사용하는 경우가 많아 한국인들은 비교적 쉽게 일본어 어학 능력을 높일 수 있다는 말을 한다. 일견 맞는 말이다. 몇 개월만 열심히 하면 비교적 단기간에 기본적인 의사 소통이 가능한 수준으로 어렵지 않게 올라갈 수 있다. 하지만 거기까지이다. 일본인들과 격의 없이 생활하고 수준 있는 토론까지 가능한 실력까지 갖추는 데는 정말로 많은 노력과 시간이 소요된다.

특히 발음에 있어 좌절을 느끼는 경우가 많다. 예를 들어 성취(成就)라는 단어는 언뜻 보면 세이슈(せいしゅ)로 발음하기 쉽다. 그런데 실제 발음은 죠우쥬(じょうじゅ)이다. '성취가 왜 죠우쥬로 발음되는 거야? 뭔가 규칙이 있는 건가?'라고 J 상무는 의문을 갖고 가까운 일본인 친구에게 발음 관련 문법이나 법칙이 있는지 물어보면 대부분 잘 모르겠고 그냥 그렇게 옛날부터 발음해 온 것이니 그렇게 이해하고 외울 수밖에 없다는 것이었다. 그리고 나서 "J씨의 일본어 수준이 이미 많이 높아졌어요."라고 말하는 것이다. 어쨌든 이와 같은 예가 무수히 많았다.

또 하나 예를 들면 도쿄(東京)와 나고야(名古屋)를 연결하는 고속도로 이름이 도메이(東名) 고속도로이다. 도쿄의 첫 글자 東과 나고야의 첫 글자인 名을 따와서 붙인 이름이다. 언뜻 생각해 보면 도쿄와 나고야의 첫 글자를 따서 붙인 이름이라면 당연히 '도나' 고속도로라고 발음해야 하지 않을까 생각할 수 있지만 그렇지 않다. 기본적으로 새로 만들어진 한자 단어는 음독을 우선으로 발음하고 기존에 사용했던 사례가 있으면 관례대로 발음한다고 한다.

J 상무는 이해하기가 어려웠다. 예외 및 관례적으로 발음하는 것이 너무 많아서 규칙이라는 것이 없어 보였다. '왜 이렇게 발음이 많은 것일까'라고 의문을 품고 일본과 일본어를 꾸준히 공부하면서 일본 한자에 다양한 발음이 존재하는 이유를 조금은 이해할 수 있었다.

일본인은 예로부터 새로운 문물을 적극적으로 받아들이는 민족성을 갖고 있다. 고대로부터 한자는 학문과 불교, 유교 등을 받아들이는 과정에서 특히 중국과 백제로부터 차용한 경우가 많았다. 이 과정에서 발음도 도입 국가의 발음과 유사하게 받아들인 것으로 보인다. 중국 발음, 백제 발음, 자체 발음에 방언까지 더해지면서 한자 발음이 다양하게 이루어진 것으로 생각된다. J 상무가 여러 일본인 친구들에게 상기와 같은 견해에 대하여 의견을 물어보았는데 특별한 반론이 없었고 그럴 수도 있겠다는 대답을 들었다.

일본어 한자의 발음이 다양한 정확한 배경이야 어쨌든 일본어를 제대로 잘 해 보겠다는 의지를 잃지 않고 공부를 계속했다. 어느 날 일본에서 10년 이상 오래 생활한 한국인 지인에게 본인의 일본어 실력에 대하여 물어보았다. 그러자 J 상무가 원하는 정도의 일본어 실력까지 갖추기 위해서는 엄청난 노력이 필요할 것이라는 답이 돌아왔다. "현재 갖고 있는 실력으로 생활하는 데 충분하고 영업하는 것에 지장이 없지 않느냐?"라고 반문하면서 본인은 지금 실력으로 만족하고 더 잘하려고 특별한 노력은 하지 않는다는 것이다.

J 상무는 또 한 번의 좌절감을 느꼈다. 정말로 열심히 하지 않으면, 푹 빠지지 않으면 안 되겠구나라고 생각하고 일본에서 처음 생활을 시작할 때의 의욕을 잃지 않도록 마음을 다시 잡았다. 일본어에만 집중하면 지치고 스트레스를 많이 받을 테니 일본 문화, 지리, 환경 등 다방면에 걸쳐 관심을 갖고 두루 경험하다 보면 자연스럽게 실력도 올라갈 것이라 생각하고 일본어에만 집중하는 것은 하지 않기로 한다.

"일본어뿐만 아니라 일본 전체에 관심을 가져 보자!"

주말 등산

　J 상무는 빠르게 일본 생활에 적응해 갔다. 의식주 모든 것을 무리 없이 해결하고 온라인, 오프라인 쇼핑도 문제없이 능숙하게 처리해 가면서 단신의 일본 생활에 익숙해지는 것에 오랜 시간이 걸리지 않았다. 다만 문제는 주말이었다. 주중에는 출장 등 업무와 회식에 파묻혀 바쁘게 돌아가다가 주말이 되면 시간이 매우 느리게 흐르는 것이었다.

　고객들과 골프 약속이라도 있으면 다행인데 그렇지 않으면 오히려 월요일이 빨리 왔으면 하고 생각하기까지 했다. J 상무는 천성적으로 빈둥빈둥 지내는 것을 잘 못한다. 혹자는 "주말 오전 내내 푹 자면 되지 않냐"라고 하는데 J 상무는 성격상 그렇게 하지 못한다. 필요 이상 잠자는 것은 시간 낭비라는 철칙 아닌 철칙을 갖고 있었고 혹시라도 피곤하여 낮잠이라도 한두 시간 달콤하게 자게 되면 그날 저녁잠을 잘 이루지 못한다. J 상무 본인도 이 사실을 잘 알고 있기에 규칙적으로 할 수 있고 건강 유지에도 도움이 되는 것을 고민하여 찾은 것이 주말 등산이었다.

　좋은 공기 마시면서 산길을 걷게 되면 건강에도 좋고 스트레스도 풀 수 있어 좋겠다고 생각하고 매주 한 번씩 도쿄 주위에 있는 산을 오르기 시작했다. 처음 선택한 산이 '미타케산'이다. 도쿄都 오메市에 있는 해발 830m의 높지 않은 산이다. 승용차로 한 시간 정도 걸리는 거리에 있으며 등산로 입구에 주차장도 잘 구비되어 있고 산 중턱까지 케이블카로 올라갈 수도 있어, 케이블카를 이용하면 대략 한 시간 정도의 등반으로 정상까지 어렵지 않게 오를 수 있다. 정상에서의 전망도 아주 훌륭하였다.

미타케산 정상에서의 전망

이후 J 상무는 4주 연속으로 주말에 미타케산에 올랐다. 배낭에는 편의점에서 구매한 삼각김밥이나 샌드위치, 귤, 바나나와 음료수를 준비하여 정상에서 먹고 내려오는 일정으로 아침 7시 정도에 출발하여 오후 2시 정도까지는 시바우라 아파트로 돌아올 수 있었다. 미타케산에는 다양한 등산로가 있어 여러 코스를 하나씩 하나씩 다르게 돌아보는 것도 재미있었다.

미타케산의 등산로를 여러 번 일주한 이후 도쿄 주변의 다른 산을 찾아 등산을 시작했다. 타카오산, 츠쿠바산, 오오야마, 노코기리야마, 고젠야마, 다카노스산 등을 토요일 또는 일요일에 최소한 한 번, 연휴가 3일 이상이면 많게는 두 번 돌아보았다. 몸도 가벼워지고 산을 오르면서 필요한 등산 장비도 하나씩 준비하는 맛도 있었고 정상에 올랐을 때의 쾌감도 느끼면서 J 상무는 등산에 맛을 들이고 있었다. 유명 등반가가 말한 '산이 거기에 있으니 오른다'라는 경지까지는 어림도 없지만 조금이나마 등산의 묘미를 느끼기 시작했다.

그러던 어느 주말 J 상무는 오랜만에 초기에 자주 등산하여 익숙한 미타케산을 등산하기로 한다. 입구 주차장에 여느 때처럼 주차를 하고 이날은 케이블카를 이용하지 않고 처음부터 도보로 올라갈 생각을 한다. 그동안 체력도 좋아졌고 케이블카 대신 등산로를 걸으면서 그동안 보지 못했던 아래쪽 풍경도 찬찬히 살펴보고 싶었다.

케이블카 도착 지점을 1차 목표로 하고 계속 걷다 보니 어느새 케이블카 도착 지점을 다른 각도로 지나쳐서 조금 분위기가 다른 등산로를 걷고 있는 것이 느껴졌다. 케이블카를 이용했을 때는 보지 못했던 등산로 표지판이 보였다. '히노데산 정상 가는 지름길, 경사 급함'이라고 쓰여 있었다. 히노데산은 미타케산 옆의 봉우리로, 가 보지 않은 곳이었다. J 상무는 호기심이 발동하여 경사가 급하다고는 하지만 지름길이라고 하고 거리도 1km 안쪽이기 때문에 '조금만 올라가면 금방 정상까지 가겠지'라고 생각하면서 이 등산로를 선택하여 오르기 시작한다.

그런데 아래서 보았던 겉모습과 실제 내부 모습은 확연히 달랐다. 초기에는 그냥 험했는데 중간 이후가 되니 이건 거의 절벽 수준이었다. 실제로 절벽에 가까운 곳은 철제 사다리나 로프를 설치해 놓았는데 험하기 때문에 사람들이 거의 오질 않아서 그런지 관리도 제대로 안 되어서 녹슨

곳도 많았고 로프도 많이 헐어 있었다. 문제는 케이블카를 이용하지 않고 케이블카 도착지까지 걸어와 체력을 어느 정도 소비한 상황에서 험한 경사를 계속 오르다 보니 체력이 한계를 드러내기 시작한 것이다. 험한 경사를 두 손 두 발을 사용하여 수십 미터 오르고 조금 쉬고 숨을 헐떡이면서 다시 오르고 쉬고를 반복하면서 땀을 정말 흠뻑 흘렸다. 준비한 생수 두 병을 연신 마셔 대서 생수는 반 병도 채 남지 않았다. 문득 '여기서 조난당하면 어떻게 하지? 저기서 미끄러지면 십여 미터 아래로 굴러떨어질 텐데 골절이라도 생기면 어쩌지?'라는 좋지 않은 생각이 J 상무의 머릿속을 엄습하는 것이었다.

 단신으로 도쿄로 부임하여 옆에서 보살펴 줄 사람도 없는데 다치면 큰일이라고 생각하니 그동안 등산하면서 경험했던 쾌감이 한순간에 사라졌다. 땀이 비 오듯 흐르니 갈증도 심해졌고 점점 체력이 저하되는 것을 느꼈다. 어쨌든 J 상무는 반 병 남짓 남은 생수는 지금 다 마셔 버리면 정말로 위험한 상황이 발생할 수도 있으니 정상에서 마시기로 하고 남은 힘을 다하여 정상을 향한다. 숨이 턱에 차서 10분 정도의 거리를 더 올라가니 다행히도 나머지 부분은 그렇게 험하지 않았다. 숨을 헐떡거리면서 얼굴은 벌게져서 겨우 정상에 올랐다.

 이번 주말 등산에서 정상에 올랐을 때의 느낌은 이전 경우와 크게 달랐다. 등반 중에 한 명도 마주치지 않아 느낀 외로움과 두려움, 그리고 갈증, 불안. J 상무는 등산에 대하여 다시 생각해 보기로 한다. 일주일에 한 번 정도 그리고 실제 등반 시간은 2시간에서 4시간밖에 되지 않지만 이렇게 위험한 상황이 발생할 수도 있고 중요한 것은 등산이 일본 공부에 별로 도움이 되지 않는다는 것을 인식한 것이다. 육체 건강에도 도움이 되면서 일본이라는 나라를 이해하는 데 유익한 다른 방법을 찾아야겠다고 생각한다.

"아~ 그럼 주말에 무엇을 하여야 하나?"

2018년 송년회

첫해가 마무리되는 계절이 돌아왔다. J 상무는 지난 1년간 영업 초보가 좌충우돌하면서 나름대로 무난한 결과를 낸 것에 대하여 약간의 만족감을 갖고 있었다. 실적도 전년 대비 나쁘지 않아서 우수한 성적은 아니지만 괜찮은 성적표를 받았다. 당연히 함께 일하는 동료와 부하들의 실적이지만 영업 초보 J 상무의 어설픈 일본어 실력으로 거둔 전체의 성적이기에 더욱 감개무량했다.

26년간의 연구원 생활 이후 이제 겨우 1년의 영업 경력이 쌓였다. 통상은 연구원에서 영업으로의 직종 전환이 성공적이지 않은 경우도 제법 있다고도 하는데, J 상무는 연구원으로부터 영업으로 직종을 전환하여 관련 업무를 무난히 수행해 낸 것에 대하여 자신을 칭찬하고 싶었다.

협력관계에 있는 N 상사의 사업부장 S씨가 오후 시간에 2019년 영업 목표 관련 워크숍을 공동으로 진행한 후 2018년 송년회를 같이 할 것을 제안하였다. 회식을 좋아하는 J 상무는 부하들의 의향을 확인하고 흔쾌히 동의한다.

2019년 도전 목표에 대하여 워크샵을 진행한 후 송년회 장소에 두 회사의 사원들이 모였다. 우리 쪽은 9명이고 N 상사 측은 25명 정도가 참석하였다. 우리 쪽 인원수가 훨씬 적어서 각 테이블에 우리 직원들이 N 상사 직원 사이에 앉는 자리 배치로 회식이 시작되었다. J 상무는 S씨의 앞자리에 앉았고 양사 고참 부장들이 옆자리에 있었다. 처음에는 자리가 고정석이었는데 술자리가 무르익으니 30명이 넘는 인원이 서로 자리를 계속 바꿔 가면서 시끌벅적하게 이야기를 나누며 서로 건배 제의를 한다. J 상무와 S씨가 앉아 있는 테이블로 한 명씩 와서 송년 인사와 함께 건배하고 돌아가는 것을 반복하다 보니 J 상무는 본인이 꽤 마신 것 같은데 얼마를 마셨는지는 가늠하기 어려웠다.

 J 상무는 1년간의 영업 생활을 무사히 끝낸 것을 자축도 할 겸 '오늘은 좀 마셔 보자'라고 생각하고 권하는 술을 마다하지 않고 모두 받아 마셨다. 우리 직원은 별도로 J 상무에게 술을 권하지 않았을 것 같고 아마도 N 상사 측 직원 25명 전원과 건배를 한 것 같았다. 기분이 너무 좋았다. 1년을 무사히 마무리하는 자리였기 때문에 술도 술술 잘 들어가는 것 같았다. N 상사 직원 전원이 J 상무가 있는 자리로 왔다 간 것 같았다. 더 이상 직원들이 건배하러 오지 않았고 옆에 앉아 있던 부장들도 어딘가 다른 자리로 간 모양이다. S씨와 둘이서 지난 1년간의 양사의 성과에 대하여 이야기를 잠시 나눈 후 이번에는 J 상무가 술잔을 들고 각 테이블을 돌기 시작하였다.

 얼마를 더 마셨는지 모르겠지만 J 상무 본인의 몸이 휘청거리는 것은 충분히 느껴졌다. 양사의 대표자 1명이 한마디 하고 끝내는 것으로 하여 N 상사의 S씨가 한마디 하고 건배, 그리고 J 상무가 한마디 하고 건배하는 것으로 회식이 끝난 것 같다. S씨가 무슨 말을 했는지, J 상무 본인은 어떤 말을 했는지 전혀 기억에 없다.

  다음 날 아침 일어나 보니 집이었다. 어떻게 집으로 돌아왔는지 도통 생각이 나질 않는다. 우유와 간편식으로 허기진 배를 달랜 후 아직도 살짝 휘청거리는 걸음으로 양치와 샤워를 하고자 욕실로 가 보니 세탁물 바구니의 모퉁이가 깨진 채로 넘어져 있고 칫솔은 제대로 씻지 않은 채로 세면대 옆에 널브러져 있었다. 아마도 양치질을 하고 나서 몸의 균형을 잃어 세탁물 바구니 위로 넘어진 모양이었다. 엉덩이 쪽에 살짝 상처가 나 있었고 통증이 이제서야 느껴졌다.

  이날이 J 상무가 일본 생활에서 술을 가장 많이 마신 날이었다. 본인 주량을 훨씬 넘게 마셔서 어떻게 집에 돌아왔는지 기억을 하지 못할 정도로 마신 유일한 날이었지만 기분은 개운했다. J 상무는 다짐한다.

"앞으로 술은 정량만큼만 마시고 1차로 끝."

TV 프로그램

J 상무는 한국에 있을 때는 TV 보는 것을 거의 하지 않았다. 뉴스나 스포츠 정도만 보고 드라마는 거의 보지 않았다. 하지만 도쿄에 단신으로 부임했고 저녁이나 주말에 특별히 정해진 일도 없어서 일본어 공부도 할 겸 집에 있을 때는 습관적으로 TV를 켰다. 역시 한국에 있을 때와 마찬가지로 뉴스와 스포츠에 눈길이 끌리는 것은 어쩔 수 없다. 무엇을 볼 지 채널 탐색하는 것도 귀찮아서 채널 6번 TBS 이외에 다른 방송은 거의 보지 않았다.

아침에 일어나서 TV를 켜면 6시부터 인기 아나운서 '나츠메 미쿠' 씨가 진행하는 아침 정보 제공 프로그램 방송이 시작되고 출근 시간인 7시까지 보았다. 항상 밝은 분위기의 진행 방식이 좋았다. 특히 '나츠메 미쿠' 씨의 진솔함과 편안함이 마음에 들었다.

어느 날 치바현의 한 도시에서 불법 회전을 하는 차량에 유치원생 몇 명이 치여 숨지는 사고가 발생하였다. 아나운서로서 필요한 역량 중의 하나는 감정을 많이 드러내지 않는 평정심일 것인데, 나츠메 씨는 이를 보도하면서 복받치는 슬픔으로 눈물을 못 참고 떨리는 목소리로 진행하였다.

안타까운 상황이긴 하지만 보통 진행자라면 슬픈 표정 정도만 보이고 보도하기 마련일 텐데 나츠메 씨는 달랐다. 일부러 그런 것이 아니고 진정 어린 마음에서 우러나오는 보도를 하는 것이었다. 딱딱한 뉴스 채널이 아니기 때문에 허용되는 측면이 있을 수 있겠지만 정말로 진솔해 보였다. 그 이후로 개인적으로 팬이 되었다. J 상무는 주변에게 종종 이렇게 이야기하였다.

"나츠메 씨가 진행하는 TBS 프로그램인 '아사짱'(한국어로 번역하면 '아침씨'일까?)에서 뉴스, 기상 정보 및 기타 생활 정보를 많이 얻고 있어 도움이 많이 되고 있고 특히 나츠메 씨가 진행하는 스타일이 너무 좋아 개인적으로 팬이 되었습니다."

농담 삼아 지인들에게 말하길, 나중에 한국으로 귀임하게 될 때 아카사카에 위치한 TBS 방송국의 나츠메 씨 앞으로 손편지를 준비하여 덕분에 여러모로 그동안 일본 생활에 큰 도움이 되어 고마웠다고 쓴 내용을 우편이나 필요하다면 직접 전하겠다고 할 정도였다.

집에 있을 때는 독서를 하는 시간을 제외하고 항상 TV를 켜 놓았다. 인터넷으로 한국 뉴스를 보는 시간, 온라인 쇼핑을 하는 시간, 한자를 공부하는 시간에도 TV를 켜 놓았다. 처음에는 내용이 무엇인지 잘 이해가 안 되는 부분이 많았는데 시간이 지남에 따라 무슨 내용인지 이해하는 부분이 조금씩 늘어 가는 것을 느끼면서 J 상무는 내심 뿌듯하였다.

매주 수요일 저녁 7시에 진행하는 '동대왕(東大王)'이라는 퀴즈 버라이어티 프로그램이 있었다. 내용은 도쿄대학(東京大學)에 재학 중인 학생 4~6명과 연예인으로 구성된 수십 명이 퀴즈 대결을 펼치는 프로그램이다. 대체로 도쿄대학에서 선발된 학생들이 이기는 경우가 많은데 좋아하

는 프로그램은 아니지만 이 시간이 저녁 먹고 한숨 돌리는 시간이라서 아무 생각 없이 그냥 보았고 다른 요일 대비하여 수요일 저녁 회식이 적어서 볼 기회가 상대적으로 많았다. 일본에서는 도쿄대학을 '토우다이(東大、とうだい)'라고 부른다. 즉 제목부터 도쿄대학 이름을 그대로 사용하고 프로그램에서도 도쿄대학에 재학 중인 학생 참가자들을 수재, 천재라는 단어로 표현하며 진행자가 거리낌 없이 학교 이름을 언급하는 것이다. 한국 사회와 많이 달랐다. 한국에서 유사한 프로그램이 방영된다고 하면 아마도 '서울대왕'이라고 할 수 있을 것이다.

한국 사회에서는 '서울대왕'이라는 제목의 프로그램이 방영될 수 있을까? 아마도 위화감을 조성한다고 여기저기서 난리가 날 것이다. 정서적으로 방영되기가 어렵고 기획조차 할 수 없는 형태의 프로그램이다. 하지만 일본에서는 별다른 문제없이 인기리에 방영되고 있다. '사회 문화적으로 차이가 많이 나네'라고 J 상무는 고개를 갸우뚱하면서 일본인은 있는 그대로를 인정하고 특정 대학을 방송에서 언급해도 위화감 같은 것을 느끼지 않는 모양이라고 생각했다.

주말에도 채널 6인 TBS로 고정이다. 주말은 골프 약속이 있는 경우를 제외하고는 등산이나 산책으로 시간을 보내고 점심까지 해결하고 집에 돌아오면 보통 오후 2시이다. 주말 오후는 독서를 겸한 한자 공부를 주로 했다.

그러던 어느 일요일 저녁 6시에 세계의 자연유산이나 역사유산을 30분간 소개해 주는 다큐멘터리 프로그램을 보게 된다. J 상무는 멋진 자연 경관을 보는 것을 특히 좋아한다. '세계 유산'이라는 제목의 프로그램은 J 상무의 필수 시청 프로그램이 되었고 매번 시청할 때마다 '방영 시간 30분이 너무 짧네'라고 아쉬워할 정도였다. 매주 일요일 오후 6시에는 특별한 일이 없으면 '세계 유산'을 시청하면서 일주일을 마무리하는 시간을 가졌다.

내용은 세계적으로 유명한 폭포, 계곡, 산악, 사막, 온천 등의 자연유산이나 유서 깊은 역사 유적지를 주로 드론 카메라로 항공에서 촬영하여 방영해 주기 때문에 넓은 시야를 제공하면서 현장감이 있었고 상세하고 멋진 설명과 배경음악도 좋았다. 거의 대부분 외국에 있는 자연유산이나 역사유적을 소개하였는데 가끔은 일본 국내의 자연과 역사유산도 방영하였다. '일본에 저렇게 멋진 곳이 있네'라고 감탄하면서 문득 아이디어가 떠올랐다. '최근 등산을 그만하기로 마음먹고 대안을 찾고 있었는데 자연과 유적을 중심으로 해서 일본 전역을 돌아보면 어떨까?' J 상무는 무릎을 탁 치면서 결정한다.

"남는 주말과 공휴일 시간, 이 시간에 일본 전역을 돌아보자!"

47개 도도부현(都道府県) 돌아보기

　일본에는 도쿄도(東京都) 도(都) 1곳, 홋카이도(北海道) 도(道) 1곳, 오사카부(大阪府)와 교토부(京都府)의 부(府) 2곳, 그리고 나머지 43개의 현(県)이 있다. 모두 합쳐 47개이다. 일본 전역을 돌아보기로 결정했기 때문에 J 상무는 당연히 47개의 도도부현을 모두 둘러봐야 한다고 생각했다.
　일본 도쿄 방송국 TBS의 프로그램인 '세계 유산'을 보고 전국을 돌아보기로 결정은 했는데 일본이 보유한 세계 유산이나 유명 유적지를 돌아보는 것은 나름대로 의미가 있기는 하지만 많은 곳이 교통이 상당히 불편한 곳에 위치하고 있었다. 1박 2일 또는 2박 3일로 돌아볼 수는 있을 것 같은데 산 넘고 물 건너 가서 일본 내의 세계 유산을 돌아보는 것은 아무래도 무리인 것 같아 실행할 엄두를 못 내고 있었다. 더군다나 47개의 지자체 중에는 세계 유산을 여러 개 보유하고 있는 현이 있을 수 있고 적거나 없는 곳도 있을 것이기에 일본 내 세계 유산 방문으로 47개를 모두 돌아보는 것은 무리가 있었다. 또한 곰곰이 생각해 보니 그렇게 갔다 온들 무슨 의미가 있는지도 머릿속에 잘 떠오르지 않았다.
　J 상무는 기회가 있을 때 일본인 지인들 또는 한국인 주재원들과 이 고

민에 대해서 의견을 교환했지만 한동안 방향을 잡기가 어려웠다. 47개의 도도부현을 일평생 모두 돌아보는 것을 여행의 목표로 삼고 있는 일본인들도 많고 1년에 몇 개씩 수십 년에 걸쳐서 완료한다고 한다. J 상무는 2018년 1년 가까이 주말 등산을 주로 했기 때문에 남은 기간은 최대 4년이었다. 지인들에게 4년 이내에 47개 지자체를 모두 돌아보는 아이디어에 대하여 얘기한 결과 공통적인 의견이, 주말에 갔다 올 수야 있을 텐데 가서 무엇을 할 것인지가 중요하지 갔다 오는 것만으로 그게 무슨 의미가 있느냐는 것이었다.

 도쿄 주변에 있는 현은 자동차로 돌아볼 수 있고, 좀 먼 곳이라도 신칸센 고속열차를 타면 3시간 정도면 충분히 갈 수 있다. 그보다 더 먼 시코쿠, 후쿠오카, 홋카이도와 오키나와는 비행기로 가게 되면 2시간 내외로 도착할 수 있기 때문에 47개 지자체의 현청 소재지는 1박 2일의 일정으로 충분히 갔다 올 수는 있다. J 상무의 골프 일정은 통상 한 달에 평균 2번, 많으면 3번 정도 있으니 현재 일정으로도 특별한 조정 없이 한 달에 최소한 1번은 지자체별로 돌아볼 수 있어 부지런히 다니면 산술적으로 2년 정도면 47개 도도부현(都道府縣) 돌아보기를 완료할 수 있다고 J 상무는 생각했다. 그런데, 세계 유산이나 자연유산을 포함시키게 되면 얘기는 달라진다. 1박 2일의 일정으로 무리인 경우가 생길 수밖에 없었다. 그렇다고 공항이나 신칸센역만 보고 오는 것도 이상하고 나름 완수하였다고 하려면 의미 있는 징표가 필요한데 무엇으로 해야 하나 결정을 못 하고 실행을 머뭇거리고 있었다.

 47개 지자체에 공통으로 있는 의미 있는 것을 보고 오는 것이 필요했다. 어느 날 일본인 지인과 삼겹살과 소주 한잔 마시면서 47개 지자체에 공통으로 있는 것과 둘러볼 의미가 있는 것이 있다면 뭐가 있을지 재차 물어보았다. 농담처럼 오가면서 여러 의견들이 나왔다.

"역, 공항, 현청이나 도청은 반드시 있을 것이고. 박물관, 동물원, 공원도 어디에도 있을 테니."

J 상무는 박물관이라는 말을 듣고 박물관이라면 뭔가 의미가 있을 것 같았다. 그래서 지인한테 국립 박물관, 또는 현립 박물관이 현청 소재지에 있는지 문의한 결과 반드시 있다는 대답을 얻었다. J 상무는 그 자리에서 결정한다. 기본 1박 2일로 아침에 출발하여 다음 날 야간에 돌아오는 일정으로 47개의 지자체의 국립 또는 현립 역사 박물관 관람을 필수 코스로 하고 지자체 관리 공원이나 유명 관광지나 유적 두세 곳 정도 돌아보고 온다면 나름 돌아본 의미가 있다고 생각했다.

J 상무는 즉시 첫 번째 장소로 오키나와현을 돌아보기로 결정한다. 필요한 물건을 온라인으로 구매할 목적으로 라쿠텐(Rakuten) 회원이 되었는데 이것이 큰 도움이 되었다. 도쿄에 부임하고 나서 일본 국내용으로 신용카드가 필요해서 라쿠텐 신용카드를 신청하여 발급받아 개인적인 엔화 결제가 가능하였고, 온라인 쇼핑을 위하여 방문하는 라쿠텐 앱에서는 비행기 예약과 호텔 예약을 회원가로 편리하게 진행할 수 있었다. 더구나 여행객이 J 상무 1명이니 오래 전에 예약을 안 하고 며칠 전에 준비해도 성수기에도 1명은 자리가 나오는 경우가 많아 상당한 염가에 예약이 가능하였다. 일본 호텔은 규모가 작은 호텔도 대부분 아침을 제공하기 때문에 이 점은 아주 편리했다. 바로 오키나와 왕복 비행기와 호텔을 라쿠텐을 통하여 총 3만 5천 엔의 저렴한 가격으로 예약할 수 있었다.

"자! 주말 일본 전역 돌아보기 시작이다. 시작이 반이다."

돌아보기 1

　J 상무가 처음 장소로 오키나와현을 선택한 배경은 간단했다. 최북단인 홋카이도나 최남단인 오키나와 중의 하나로 시작하고 싶었다. 그러나 시기가 2019년 3월 초순으로 도쿄도 아직 쌀쌀한 기운이 남아 있기에 최북단인 홋카이도는 여전히 한겨울 추위가 기승을 부리고 있을 것 같아 따뜻한 곳인 오키나와부터 시작하기로 하였다.

슈리성 정전(正殿) 정면

J 상무는 8시경 출발하는 오키나와행 비행기에 몸을 실었다. 3시간에 가까운 비행으로 오키나와 현청이 있는 '나하(那覇)市'의 나하 공항에 11시경 도착하였다. 날씨는 맑았고 온도도 25도로 쾌적하여 반팔셔츠 차림으로 다녀도 될 정도였다. 시간 절약을 위하여 나하 공항 식당에서 점심을 해결하고 공항에서 바로 버스를 타고 오키나와 나하市에서 가장 유명하다고 하는 '슈리성'으로 향했다. 성 전체가 적색으로 어우러져 있어서 뭔가 일본 전통문화와는 차이가 있는 이질적인 느낌을 받았다. 앞 사진이 '슈리성'의 대표적인 건물인 정전이다.

J 상무는 기본 지식 없이 슈리성을 방문했는데 슈리성은 과거 일본에 속해 있던 것이 아니고 근세까지 별도의 국가인 '류구왕국'이었다는 것을 알게 되었다. 슈리성은 언덕 위에 건축되어 있어 나하市의 전망을 한눈에 볼 수 있었고 지리적으로 가까운 중국의 영향을 많이 받아 중국풍의 건물 양식이 혼재되어 있었다.

사진에 있는 건물이 J 상무가 오키나와를 방문한 지 7개월 지난 시점인 2019년 10월 발생한 화재로 형체를 알아보기 어려울 정도로 전소되었다. 2008년 숭례문에 화재가 발생하여 대한민국 국민 전체가 충격을 받은 것과 마찬가지로 일본 국민도 큰 충격을 받았다. 오키나와현을 상징하는 유적인 슈리성의 중심 건물인 정전을 포함하여 7개의 건물이 차례차례 전소되는 것이 전국에 생중계되었는데 손을 쓸 수 없는 상황이 너무나 안타까웠을 것이다. 화재 후 곧바로 복원할 것을 결정하여 2026년까지 정전의 복원을 목표로 하고 있다. J 상무는 화재 사고 이전에 슈리성을 볼 수 있었던 것을 다행으로 생각하였다.

슈리성을 둘러보고 근처에 위치한 시키나엔을 돌아보았다. 고즈넉한 분위기로 중국과 일본의 건축 양식이 융합된 양식으로 조성되었다고 하는데 분위기를 보면 중국풍이 좀 더 강한 것 같다. 슈리성의 정원으로 활용되어 중국으로부터 사신이 올 때 접대를 하는 영빈관으로도 사용되었다고 한다.

다음 날 J 상무는 오키나와 현립 박물관에 들렀다. 여전히 한자에 있어서는 서투르지만 천천히 더듬더듬 읽어 가며 오키나와 역사에 대하여 배울 수 있는 기회를 가졌다.

오키나와는 원래는 류구왕국으로 독립된 국가였으며, 일본보다는 중국에 영향을 더 많이 받았다. 일본에 편입된 시기가 1895년으로, 청일전쟁에서 일본이 승리하면서 일본 영토가 된 아픈 역사를 갖고 있다. 이후에도 슬픈 역사는 계속되어 2차 세계대전 시 미국과 일본의 마지막 격전지로 오키나와에서 치열한 전투가 이어지면서 양측 병사뿐만 아니라 수십만 명의 민간인 사상자가 발생하기도 했다. 2차 대전 후 오키나와는 27년간 미국 영토로 미군의 주둔지로 있다가 1972년 일본 영토로 반환되었다.

박물관에서 새롭게 알게 된 것이 청일전쟁에서 일본이 승리하면서 청나라에서 일본에 양도된 것 중에 조선도 함께 넘겨졌다는 기록이 있다는 사실이었다. 청나라가 조선을 속국으로 취급하면서 청일전쟁 패배 후에 조선에 대한 권리를 포기하고 일본에 양도하는 듯한 문구를 사용하면서 문서상으로는 일본에 넘어간 것으로 남아 있는 것이었다.

약소국의 서러움이 느껴졌다. 아마도 현존하지 않는 오키나와의 옛 나라인 류구왕국에 대해서도 일본 주류 역사의 그림자 속에서 관심도가 서서히 낮아질 것이다. J 상무는 과거의 역사를 교훈 삼아 우리 대한민국이 더욱 강해져서 경제, 사회, 문화 모든 측면에서 오히려 주변 열강들이 부러워하는 나라로 성장하기를 기원해 본다.

　박물관에서 한 가지 흥미로운 사실을 발견한다. 한국과 일본에서 여전히 논란이 지속되고 있는 동해/일본해 명명과 관련한 내용이다. 박물관에 1815년 일본에서 제작된 신정만국전도(新訂万国全図)라는 세계지도가 전시되어 있었는데 자세히 들여다보니 일본이 현재 동해를 일본해라고 주장하고 있는 바다가 당시에는 조선해로 명명되었고, 일본해라고 되어 있는 바다는 현재의 일본 동쪽 바다인 태평양인 것이었다. 당시에는 류구 왕국은 독립된 국가로 표시되어 있다. (아래 사진 3개의 붉은색 타원 참조) 지리적으로 당시 일본이 일본해라고 명명한 태평양의 일부가 국제적으로 인정을 받지 못하게 되니 우리나라의 동해를 일본해로 바꿔 명명한 것으로 추정된다. 역사와 영토의 아이러니가 아닐 수 없다.

'신정만국전도'의 일부, 1815년 제작

　전날 새벽부터 부지런히 다녀서 유명 관광지인 슈리성과 시키나엔도 다녀왔고, 현립 역사 박물관도 둘러봐서 일본 돌아보기의 목표로 한 기준은 만족하였다. 점심으로 오키나와에 왔으니 오키나와 라멘이라고 적혀 있는 메뉴를 시켜서 먹었는데 뭐가 특별한지는 잘 모르겠다. 시간에 여유가 있어서 나하市의 해변을 거닐었다. 바닷물과 좁쌀 크기의 모래알이 아주 깨끗했다. 나하市의 또 하나의 유명한 정원인 후쿠슈엔도 중국풍이 강한 정원으로 여기도 참 멋있었다. 비행기 출발 시간을 보니 오후 7시 10분. 나하市는 많이 돌아다녔고 버스나 걸어서 갈 만한 가까운 곳에는 볼 것도 특별히 없어서 시간이 많이 남아 있지만 공항으로 향했다. 오후 3시가 채 되지 않아 공항에 도착했다.

비행기 시간까지 4시간 조금 넘게 남아 있어 뭘 할지 고민하던 중에 전광판에서 오키나와 공항 출발편을 확인해 보니 같은 항공사의 항공편으로 오후 4시 비행기가 있는 것을 발견하였다. J 상무는 비행기를 바꾸어 타기로 마음먹고 항공사 카운터 직원에게 4시 도쿄행 비행기에 좌석 여유가 있는지 문의하고 남는 좌석이 있다면 비행기를 바꿔서 가고 싶다고 이야기하였다. 직원은 좌석 여유가 있어서 바꿀 수 있다고 하면서 결제를 현금으로 할지 카드로 할지 J 상무에게 질문하는 것이었다. J 상무는 어리둥절했다. 국내선에서 비행기편 바꾸는 데 무슨 비용이 추가로 필요한지, 그것도 3만 4천 엔이라는 것이다. 만약 한국에서 비슷한 상황이 발생했다면 추가 비용을 지불하지 않고 빠른 비행기로 돌아올 수 있었을 것이다.

"헉! 오키나와 1박 2일 호텔과 비행기편, 총 경비가 3만 5천 엔인데 돌아오는 비행기편 바꾸는 데 3만 4천 엔?"

J 상무는 직원에게 "저녁 7시경 비행기는 붐비는 시간대라서 만석일 텐데 이 좌석을 여유 있는 오후 시간대로 바꿔 주고 저녁 시간에 다른 손님을 추가로 태울 수 있으면 서로 좋지 않냐"라고 말하니 규정이 그렇지 않

다고 하면서 3만 4천 엔을 결제하여 비행기편을 바꾸든지 아니면 예정대로 저녁 7시 10분 비행기를 타고 가라는 것이었다. J 상무는 거의 총여행 경비에 상당하는 금액을 지불하면서까지 별다른 일정도 없는데 시간을 앞당기는 것은 아니라고 생각하고 예정대로 저녁 7시 10분 비행기로 도쿄로 돌아오는 것으로 하였다. 오키나와 나하 국제공항을 배회하며 남는 시간을 보내면서 혼잣말로 속삭인다.

"아하~ 역시 매뉴얼과 규정의 나라답네. 첫 번째 일본 돌아보기 일정에서 배운 것이 많네. 계속 고~ 고~"

돌아보기 2

　남쪽 끝단 오키나와를 첫 번째로 다녀왔고 두 번째를 선택해야 할 시점이다. '라쿠텐' 앱에서 용이하게 호텔과 비행기를 예약할 수 있어 든든했다. 고속 열차인 신칸센은 회사에서 출장용으로 제공해 준 법인카드에 연결된 EX-IC 앱이 있어 창구에서 줄 설 필요 없이 손쉽게 휴대폰 앱으로 예약할 수 있어 좋았다. 출장 전용이지만 일본 회사들은 기본적으로 영수증 정산이기 때문에 법인카드를 개인 용도로 사용한다고 할지라도 영수증 정산만 하지 않으면 상관없기 때문에 얼마든지 개인 용도로 사용할 수 있어 편리하게 느껴졌다.

　두번째는 북쪽 끝인 홋카이도를 선택하지 않고 바로 아래에 있는 아오모리현과 이와테현을 순차적으로 가기로 하였다. 홋카이도는 출장으로 다녀온 경험이 있기 때문에 신선도가 좀 떨어졌기 때문이었다. 지난번 오키나와 방문 시에 느낀 것이지만 비행기로 현청 소재지를 방문하여 유명 관광지 두어 곳과 박물관만 보는 것을 기준으로 한다면 1박 2일은 충분한 시간이라는 것을 경험했기에 이번에는 비행기로 아오모리(青森)에 가서 아오모리市를 둘러보고 다음 날 일찍 신칸센으로 이와테(岩手)현의 현청 소재지인 모리오카(盛岡)市를 방문하여 부지런히 돌아보고 오후 늦게 신칸센으로 돌아오면 1박 2일이지만 효율적으로 두 개 현을 둘러보는 일정을 소화할 수 있다. J상무의 집이 하네다 공항뿐만 아니라 신칸센 역인 도쿄역과 시나가와역에서도 멀지 않은 것은 큰 장점이었다.

토요일 새벽에 집을 나서서 아오모리행 비행기를 타고 잠깐 졸았더니 바로 아오모리 공항이다. 아오모리 공기가 무척 쾌청하였다. 도쿄 공기도 좋지만 이곳은 더 좋았다. 농담 삼아 미세먼지는 한국의 태백산맥에서 걸러지고 태풍은 일본을 지나면서 약해진다는 말을 일본인들도 종종 얘기하는데 정말 그런 부분도 있지 않나 싶다.

J상무는 공항에서 바로 아오모리의 대표적인 유적지인 산나이마루야마 유적으로 향했다. 버스를 이용하여야 하는데, 공항버스를 제외하고 도쿄 이외의 지역에서는 일반버스를 이용해 본 적이 없었다. 참고로 일본에서는 Suica나 Icoca와 같은 충전카드(일정 금액을 선불로 충전 후 금액만큼 사용)로 전철과 버스 등의 대중교통을 이용한다. 전철의 경우는 출발역과 도착역에서 터치패드에 접촉하면 인식된 역과 역 사이의 거리에 따라 자동 결제되는데 버스의 경우는 좀 다르다. 전체 버스 노선이 길지 않은 경우는 동일 요금으로 몇 정거장이든 탑승할 수 있는 경우가 있고 노선이 긴 버스는 거리에 따라 요금이 달라지는데, 교외나 지방에서는 승차 시에 번호가 적힌 정리권을 뽑고 내릴 때 거리에 따라 정리권에 적혀진 번호에 해당하는 요금이 버스 내 전면 TV 화면에 표시되는데 이를 버스 기사에게 알려 주고 해당 금액만큼 충전카드로 결제하든지 현금을 내면 된다.

버스가 충전카드와 연동이 안 되는 시골에서는 현금만 받는 경우가 있으므로 항상 어느 정도 금액의 현금은 지참하여야 함을 J상무는 금번 여행에서 배웠다. 일본은 교통 결제 시스템의 현대화를 비교적 빨리 도입했음에도 불구하고 완전한 네트워킹까지는 여전히 시간이 많이 걸릴 것 같다.

 버스 하차 시에 주의할 점이 있다. 일본에서는 도시든 시골이든 어느 지역에서나 버스 하차 시에 해당 역에서 하차 버튼을 누르고 버스가 정차할 때까지 자리에서 기다려야 한다. 반드시 정차 후에 일어서서 움직여야 한다. 한국처럼 미리 출입문 앞에 가 있을 필요가 없다. 맨 뒤의 좌석에 앉아 있어서 출구까지 나오는 데 다소 시간이 걸릴지라도 운전기사가 확인하고 기다려 준다. 운전 중에 움직이면 바로 버스 운전사로부터 주의를 받게 되니 유의하여야 한다.

 J 상무는 아오모리 공항에서 공항버스를 타고 아오모리역에서 하차하여 유적까지 가는 로컬버스로 갈아타서 산나이마루야마 유적에 도착하였다. 선사 시대 유적이 있는 멋진 공원이었다. 당시 거주했던 원주민들의 주택과, 아래 사진과 같이 전망대 용도로 사용했을 듯한 조형물이 복원되어 야외에 전시되어 있었다.

아오모리의 산나이마루야마 유적

산나이마루야마 유적은 1992년 이 지역에 야구장 건립을 위한 땅파기 작업에서 우연히 발굴된 유적으로, 약 오천 년 전에 건설되었다고 한다. 당시 건물터 흔적과 조형물 유적, 그리고 다량의 토기가 발견되었는데 사진에 있는 목조 조형물은 아래 기둥터 6개와 남아 있는 밤나무 재질의 기둥 흔적으로부터 복원된 조형물이다. 관련 기록이나 참고자료 없이 6개의 기둥과 기둥 재료인 나무 흔적으로부터 조형물을 복원하여 사진에 있는 것과 같이 복원하였다. 기둥터와 나무기둥 흔적으로부터 유추되어 복원된 조형물이다. 상상력이 어느 정도 작용한 것으로 추정되지만 세계문화유산으로도 지정되었다고 하니 상당한 근거는 있는 모양이다. 현장 해설 요원에게 당시 어떤 용도로 사용되었는지를 문의해 보니 기록이 없어 용도는 명확히 알 수 없다는 대답이 돌아왔다.

　이제는 로컬버스도 어디서나 문제없이 탈 수 있다는 자신감을 얻은 J 상무는 버스로 다음 목적지인 아오모리 현립 향토관으로 향한다. 향토관 근처에서 하차하고 출출함을 느낀 J 상무는 사무실 직원으로부터 아오모리 짬뽕을 먹어 보라는 당부를 기억하여 근처 맛집에 들러 아오모리 짬뽕을 주문하였다. 와~ 소리가 저절로 나왔다. 정말로 양이 많았다. 거짓말 조금 더하면 세숫대야에 음식이 나온 느낌이었다. 주문표를 다시 보고 곱배기를 시켰나 확인해 보니 일반 메뉴였다. 맛은 있었지만 양이 너무나 많아 일부 남길 수밖에 없었다.

　우리나라도 마찬가지이지만 전반적으로 박물관들의 전시물이 상당히 유사하다. 선사 시대에 해당하는 유적이 있는 곳은 선사 시대부터, 없는 곳은 일본 전체 역사 속에서 해당 지역과 관련이 있거나 특색이 있는 부분을 강조하여 전시해 놓았다. 아오모리현은 대표적인 유적인 '산나이마루야마'가 있는 만큼 선사 시대가 잘 묘사되어 있었다.

일본의 역사가 한국이나 중국 역사와 차이가 있는 부분이 일본의 조상은 다소 늦게 현생인류화 된 것으로 보인다. 죠몬 시대(일본의 선사 시대)가 기원전 5세기경에 끝나고 이후 야요이 시대가 시작되는데 이때부터 역사 시대이다. 죠몬 시대 무덤에서 발견된 유골에서 당시 거주민들의 얼굴 윤곽은 현생 인류와 차이가 있어 석기 시대 고생 인류, 즉 안면이 돌출된 형상을 보이는 경우가 더러 있는 것으로 보인다. J 상무 멋대로의 추정이지만 일본은 섬나라이기 때문에 선사 시대에는 이동이 어려워서 상대적으로 오랜 동안 고생 인류가 존속할 수 있었고 기원전 어느 시점에 중국이나 한반도에서 건너간 인류가 당시 갖고 온 문화를 일본에서 발전시키며 역사 시대인 야요이 시대가 시작된 것이 아닌가라고 J 상무는 이해하였다. 역사 시대 초기부터 대륙에서 전달된 문화가 일본에 정착하는 과정에서 일본인은 어떤 것이든 잘 받아들이는 민족성이 형성된 부분도 있지 않나 생각해 본다.

다음 날 아침 일찍 도호쿠 신칸센을 타고 1시간이 채 걸리지 않아 모리오카역에 도착하였다. 모리오카市는 이와테현의 현청 소재지이다. 역에서 도보로 20분 거리인 작지만 아담한 모리오카 성터 공원을 둘러보고 걸어서 모리오카市의 대표적인 공원인 타카마츠 공원을 향한다. 규모가 크고 큰 호수를 둘러싸고 조성된 공원으로 아름다운 풍경을 자아내고 있었다. J 상무는 산책하면서 호수와 함께 어우러진 녹색의 푸르름에 감탄하면서 공원을 거닐었다. 크고 아름다운 공원이지만 공원에 사람들이 많지 않아서 J 상무는 한적하게 하늘과 호수와 숲을 차례로 보면서 눈이 즐거워하고 있음을 느꼈다.

이와테현 모리오카市 타카마츠 공원 풍경

이제 마지막 코스인 현립 박물관이다. 검색해 보니 타카마츠 공원에서 4km 남짓의 거리에 위치해 있었다. 버스를 탈까 고민하다가 버스를 기다리는 시간까지 더하게 되면 시간이 비슷할 것 같아 걷기 좋아하는 J 상무는 다시 걸어서 모리오카 현립 박물관을 둘러보았다. 어쨌든 일본의 박물관을 둘러보는 것을 하나의 이정표로 삼았기 때문에 J 상무는 의무감으로 박물관을 돌아보았지만 처음 방문한 오키나와 박물관 이외의 다른 지역의 박물관에서는 큰 관심을 느끼지 못했다. 하지만 J 상무는 이왕 시작한 것 끝까지 가 보자고 마음먹는다.

"그래도 돌아보자. 무엇이든 배우는 것이 있겠지."

돌아보기 3

    47개의 도도부현(都道府県)을 돌아보기를 시작하여 적어도 1개월에 한 번은 실행할 수 있었으니 생각보다 빠르게 진행되었다. 지금과 같은 속도면 J 상무는 예상한 대로 2년 이내에 충분히 완료할 수 있을 것으로 보였다. 먼저 먼 곳부터 하나씩 공략하고 도쿄 주변의 현(県)은 자가용이나 전철, 버스를 이용하여 돌아보았다. 사이타마, 카나가와, 시즈오카는 전철로 돌아보았고 자가용 차량으로 치바, 토치기, 이바라키, 야마나시, 군마를 돌아보았다. 현립 박물관과 유명 관광지 두 곳 정도 돌아보면 완료하는 것이 기준이었으니 그렇게 어렵지 않았고 시간도 많이 걸리지 않았다. 다만 일본은 좁은 땅덩이리라고 일본인들이 얘기하지만 J 상무의 눈에는 크고 넓은 나라라고 보이기에 충분했다.

    어느 날 거래선과 저녁식사를 하는 도중 풍경과 경관이 멋진 관광지 이야기가 나와서 거래선 분들에게 경치 좋은 곳으로 몇 곳 추천해 달라고 부탁하였더니 토야마현과 나가노현에 걸쳐져 있는 알펜루트, 군마현에 있는 오제 국립공원, 그리고 나가노현의 카미코치를 추천받았다. 주말에 특별한 일정이 없으면 위 3곳을 방문하기로 마음먹고 하고자 하는 일이 있으면 바로 해치워 버리는 성격의 J 상무는 바로 실행에 옮겼다.

먼저 알펜루트를 돌아보기로 한다. 알펜루트를 가려면 니가타현의 토야마로 신칸센으로 이동한 후 지방열차로 알펜루트의 입구인 다테야마(立山)역에 가서부터 시작하는 경로이다. 토야마의 다테야마역을 시발점으로 나가노현의 오기사와(扇沢)가 종착지로 중간에 정류장이 7개가 있는데 각 정류장 주변의 경치가 그만이다. 각 정류장에서 내려 경관을 보고 10분 간격으로 있는 다음 버스나 케이블카를 갈아타면서 가면 편도만 대략 8시간 정도 걸린다. 즉 최소한 1박 2일이 필요한 셈이다.

도쿄 사무소 직원에게 문의하니 8월은 휴가철이라서 숙소를 예약하기가 어려울 것이라고 한다. 가장 효율적으로 돌아보려면 알펜루트의 중간지점인 텐구다이라(天狗平)나 무로도(室堂)에 있는 숙소를 예약하면 좋다고 한다. J 상무가 바로 검색하여 텐구다이라에 있는 호텔(료칸)에 전화하여 문의하니 마침 취소된 방이 하나 나왔다고 한다. J 상무는 운이 좋다고 생각하면서 즉시 예약 확정하고 며칠 후 토야마행 신칸센에 몸을 싣는다. 토야마역에서 로컬선으로 갈아타서 다테야마역에 도착하여 알펜루트 편도 자유이용권을 사면 언제라도 종착지까지 버스나 케이블카를 자유롭게 이용할 수 있다.

토야마역에서 다테야마역까지 1시간 10분 걸려 도착하니 12시 무렵, 점심식사를 신속히 해결하고 바로 다테야마에서 케이블카를 타고 다음 정류지인 비죠다이라(美女平)에 도착한다. 여기부터 버스나 케이블카를 타고 정류장마다 내려서 경관 구경을 하고 다음 정류지로 가는 시스템이다. J 상무가 알펜루트를 방문한 시점이 8월 초이니 눈은 다 녹아서 비죠다이라에서 무로도로 가는 도중의 유명한 눈장벽길은 볼 수 없었다. 토야마는 겨울에 눈이 무척 많이 온다. 다테야마 산맥이 남북으로 뻗어 있어 동해 바다에서 습기를 먹은 대기가 서풍을 타고 해발 3,000m에 이르는 산맥을 만나면서 눈을 흩뿌리기 때문이다.

당일 숙소인 해발 2,300m의 텐구다이라(天狗平)에 위치한 료칸(일본 전통 호텔)에는 오후 5시 조금 넘어서 도착한다. 사실 J 상무는 일본에서의 료칸은 이번이 처음이다. 출장으로 50회 이상 일본에 왔는데 료칸은 한 번도 이용해 보지 못했다. 그것도 이번에는 혼자서 이용하는 것으로, 이전에는 혼자 료칸을 이용하는 것은 상상도 하지 못했다. 전화로 예약할 때 저녁과 다음 날 아침을 제공하니 오후 5시 반까지는 체크인을 해 달라는 당부를 받았었다. 시간에 맞게 도착하여 오후 6시에 식당에 모여 달라는 말에 따라 식당의 J 상무의 이름이 적힌 테이블에 앉아서 저녁식사를 기다렸더니 정말 근사한 저녁이 나왔다. 해발 2,300m의 료칸에서 먹는 풍성한 저녁은 아주 맛있었다. 보통 한 잔만 마시는 생맥주를 두 잔이나 시켜 먹고 혼자만의 여유로운 시간을 가질 수 있었다. 개인 욕실이 없어서 공동 욕탕을 이용하는 불편함이 있긴 했지만 전반적으로 괜찮았다.

그날 밤 평생 잊지 못할 장면인 별이 총총한 밤하늘을 보는 행운을 맞게 된다. J 상무는 우주에 대해 관심이 많아 평소에도 개인적으로 우주에 대하여 공부를 조금씩 하고 있었고 특히 밤하늘의 별을 보는 것을 좋아했다. 료칸에 도착할 때는 간간이 비가 내려서 밤하늘의 별을 보기는 어렵겠다고 여겼었다. 식사 후 욕탕에 몸을 푹 담그고 피로한 근육을 달래 주고 나서 한번 확인할 겸 밤 10시를 지난 시간에 나와 본 하늘은 그야말로 별천지였다. 별이 쏟아진다는 얘기를 들어 봤던 J 상무는 그저 비유적인 표현이겠지라고 생각했는데 해발 2,300m의 '텐구다이라'에서 본 밤하늘은 그야말로 별이 쏟아질 것처럼 보였다. '별이 이렇게 많구나. 은하수도 보이고.'라고 J 상무는 속삭이면서 오랜만에 보는 감동으로 눈에 눈물 몇 방울이 고이는 것을 느꼈다. 어린 시절 무수히 보았던 은하수를 이후 한 번도 제대로 보지 못했는데 이곳 알펜루트의 2,300m 고지에서 정말로 오랜만에 볼 수 있었다. 한참 동안 멍하니 총총한 밤하늘을 바라본 후 J 상무는 개운한 기분으로 잠자리에 들었다.

아침 6시, 밖에서 부산한 소리가 들려 잠을 깼다. 체크인할 때 6시 반에 현관으로 나와 달라는 말을 기억한 J 상무는 시간에 맞춰 현관 앞 공터로 나갔다. 이미 많은 투숙객들이 졸린 얼굴을 비비며 기다리고 있었다. 료칸 주인은 마당에 투숙객들을 일정 간격으로 줄을 세우고 6시 30분에 라디오의 음악에 맞춰 국민체조를 하게 하는 것이었다. 단상 위에서 료칸 사장이 보여 주는 체조 시범에 맞춰 5분 정도 체조를 하였다. 50대 중반인 J 상무가 체조를 가장 최근에 해 본 것이 몇 년 전인지 생각해 본다. 회사 입사 이후 연수원 시절 4주간의 신입사원 교육에서 매일 아침 체조를 해 본 이래로 처음이니 25년은 족히 넘어설 것 같다. 기분이 새로웠다. 료칸 주인이 혼자 여행을 온 외국인인 J 상무에게 체조를 하고 나서 기분이 어땠는지 물어보아서 재미있었다고 대답하였다.

7시 30분경 식사를 마치고 객실로 돌아가려고 할 때 료칸 주인이 도시락이 필요한지를 물어본다. 영문을 모르는 J 상무가 도시락이 왜 필요한지 물어보니 많은 관광객들이 다테야마 산 정상까지 등산을 하는데 그러려면 도시락이 필요하다는 것이다. J 상무는 굳이 정상까지 갈 필요가 있을까 싶어 필요 없다고 대답하고 체크아웃을 하고 버스를 타고 다음 정류소인 무로도(室堂)로 향한다.

무로도에 도착하여 주변 경관을 둘러보고 있었는데 많은 관광객들이 한결같이 등산 준비를 하는 것이었다. 3,010m의 정상에 가려고 하는 것이다. 일행으로 보이는 사람들이 서로 이야기하는 소리가 들린다. "여기까지 왔는데 정상에 올라가서 경치를 봐야 돼!" J 상무도 돌연 정상에 올라 보고 싶은 생각이 들었다. 안내원에게 물어보니 무로도가 해발 2,450m라서 2시간이면 충분히 정상에 올라갈 수 있고 특별한 등산 장비가 없어도 등반에 문제가 없다고 한다. J 상무는 예전에 주말에 등산을 할 때 준비한 등산 스틱을 항상 배낭에 넣어 놓고 있었다. 이미 등반 준비는 되어 있었다. J 상무는 등산을 하기로 계획을 바꾼다. 도쿄에 늦은 오후에 도착하나 야간에 도착하나 큰 차이도 없기 때문에 시간도 충분했다. 아쉬운 것은 저녁 6시에 방영하는 '세계 유산'을 볼 수 없다는 것뿐이었다.

니가타현 알펜루트 다테야마에서 내려본 풍경

료칸에서 도시락을 받아 오지 않았던 것을 아쉬워하면서 편의점에서 빵 두 개와 음료수를 준비하고 등산을 시작하여 두 시간이 채 걸리지 않아 정상에 올랐다. 시기는 한여름 8월 초이지만 정상에는 아직도 눈이 많이 남아 있었다. 정상에서 인증샷을 찍고 여러 풍경들을 눈과 휴대폰에 담으면서 역시 정상에 오길 잘했다는 생각을 한다. 시기가 8월임에도 불구하고 '경치와 어우러진 눈 때문에 눈이 즐겁네'라고 생각했다.

내려오는 길은 수월하여 생각보다 금방 내려왔다. 바로 구로베댐역으로 향하여 해발 1,455m에 위치한 일본 제일의 댐인 웅장한 구로베댐을 보았다. 관광객들을 위해 일부러 수문을 열어 방류하는 장관을 주기적으로 보여 주었다. 높이 186m, 길이 492m의 콘크리트 댐으로 1963년 완공까지 7년이 걸린 큰 공사로 건설 도중에 171명이 목숨을 잃었다는 설명이 있었다. 웅장함에 압도된 채로 댐 주변을 산책하면서 알펜루트의 일정을 마쳤다.

다음은 군마현에 위치한 오제(尾瀬) 국립공원을 다녀왔다. 오제 국립공원은 도쿄에서 200km가량 떨어진 곳으로 대중교통이 불편하여 J 상무는 승용차를 이용하여 이동하기로 결정하였다. 운전 시간이 대략 3시간 넘게 소요되는 거리이다. 6시에 일어나자마자 운전대를 잡고 출발하였다. 날씨는 쾌적하고 상쾌하였다. 고속도로 휴게소에서 아침을 해결하고 줄곧 운전하여 10시경에 도착하였다. 경치가 좋은 가을철이어서 많은 관광객들이 승용차를 몰고 왔다. 커다란 주차장에서 셔틀버스가 오제 국립공원 산책로 입구로 열심히 오가며 관광객을 실어 나르고 있었다.

버스를 타고 5분 정도 지나 도착한 산책로 입구에서 국립공원에 들어서자마자 J 상무는 크게 감탄한다. 탁 트인 경치가 멋졌다. 늪지대와 어우러져 산등성이까지 멀리 연결된 넓은 평원 위에 놓인 긴 산책로를 걸어가면서 연신 사진을 찍었다. 멋진 자연경관을 보면서 산책하는 것을 좋아하는 J 상무의 얼굴에서 엷은 미소가 저절로 나왔다. 하늘과 산악과 평원과 늪이 서로 조화를 이루며 멋진 경관이 만들어지고 있었다. 맑고 시원한 공기를 마셔가면서 자연을 흠뻑 즐기다 보니 어느새 뱃속이 출출해졌다.

군마현 오제 국립공원

대피소 근처에 있는 매점 식당에서 라멘으로 간단히 허기를 면하고 좀 더 안으로 깊숙이 들어가 보니 등산로로 연결되는 길이 나왔다. 더 가 보고 싶었지만 등산까지 하게 되면 너무 시간이 많이 지체될 것 같아 되돌아가기로 결정한다. 같은 길을 되돌아 다시 걷는 것에 불과한데 풍경이 이렇게 다르게 보임을 새삼 느낀다. 좋은 경치를 보면서 걸으면 시간 가는 줄 모른다. 오후 4시를 지나 주차장에서 출발하여 고속도로 휴게소에서 저녁을 해결하고 도쿄 아파트에 도착하니 저녁 8시. 아침 6시에 출발하였으니 14시간이 소요되었다. 일본에 와서 가장 오랜 시간 운전한 날이었다.

운전 중에는 신경을 쓰지 못했는데 운전 비용을 확인해 보고 나서 고속도로 이용료만 왕복 9,000엔 정도가 결제된 것을 보고 J 상무는 화들짝 놀랐다. 거리를 계산해 보면 왕복 420km의 운전 거리 중에 320km가 고속도로이고 나머지 100km는 국도였다. 320km 이용료가 9,000엔이면 한국의 이용료 대비 대략 3배 이상의 금액이다. 고속도로 이용료만 왕복 대중교통 비용에 상당하는 액수인 셈이다. 도쿄 근교만 운전해서 고속도로 이용료가 조금 비싸다고 알고는 있었지만 장거리를 운전해 보니 느끼는 강도가 달랐다. J 상무는 장시간 운전이 피곤한 것도 있고 해서 앞으로 승용차는 편도 100km 이내의 거리만 이용하기로 마음먹었다.

알펜루트와 오제 국립공원을 마쳤으니 이제 남은 것은 카미코치(上高地)이다. 카미코치로 가는 교통편을 조사해 보니 카미코치 근처 전철역인 마츠모토(松本)역까지 전철로 가서 카미코치 버스 터미널까지 가는 버스를 타고 가면 5시간 이상이 걸린다. 역시 1박 2일로 계획을 세웠다. 호텔 확보가 가장 우선이라서 싱글 룸으로 호텔 예약을 했는데 생각보다 저렴했다. 석식과 조식 제공이 되면서 성수기에 2만 엔도 안되는 가격이다. 알펜루트에서의 숙소는 싱글로 2만 엔대 후반을 지불한 경험이 있어 상대적으로 저렴한 가격이었다. 예정한 날에 신칸센으로 마츠모토역으로 향하여 오전 10시 조금 넘어 도착하고 마츠모토 버스 터미널에서 카미코치로 가는 버스를 탔다. 카미코치로 가는 길 경치는 그만이지만 정말 좁고 험했다. 승용차로 오기에는 많이 어려울 것 같았다. 카미코치 터미널에 도착하니 오후 12시경이 되어 우동으로 허기를 해결하고 카미코치에서 가장 유명하다고 하는 카파다리(河童橋)를 구경하고 호텔 체크인 개시 시간인 오후 3시가 되자마자 체크인을 하였다. 직원이 열쇠를 주면서 방에 들어가서 비어 있는 침대를 선택하여 표찰이 있으니 그것을 재실로 돌려놓으라는 것이었다. J 상무는 어리둥절해서 싱글로 예약했는데 무슨 소리인지 물어봤더니 아무튼 가서 보면 금방 안다는 것이다. 호텔방을 열고 들어가니 2층 침대가 양쪽으로 3개씩 있어 총 12명이 잘 수 있는 방이었다. 12개의 침대는 커튼으로 잘 막아 놓아서 안은 보이지 않았다. 아하~ 이래서 저렴했구나. 한국에도 있는지 모르겠지만(아마 없을 것 같음) 처음 보는 시스템이었다. 일찍 체크인을 한 것이 다행이었다. 가장 안쪽의 아래쪽 침대를 선택하고 표찰을 재실로 바꿔 놓고 배낭을 침대에 밀어 넣고 저녁식사 시간인 6시에 맞춰서 산책을 하였다.

나가노현 카미코치 풍경

여기도 경치가 정말 멋드러졌다. 산악, 호수, 연못, 강이 이어지고 잘 정비되어 있는 산책로, 좋은 공기, 뭐 하나 빠질 것이 없는 풍경이었다. J 상무는 오늘 밤도 밤하늘의 별을 볼 수 있을 것을 기대하면서 경치를 만끽

했다. 나가노는 인접한 토야마와 더불어 겨울철에 눈이 많이 오는 곳으로 1998년에는 동계 올림픽이 열린 곳이기도 하다. 한마디로 따뜻한 동네는 아니라는 이야기다. 그런데 따뜻한 지역에서 살고 있을 법한 원숭이들이 여기저기서 튀어나왔다. 알아보니 나가노의 원숭이들은 추위에 단련되어 있어서 서식에 문제가 없다고 한다. 여름이 지나 수확의 계절이 오면 고도가 높은 곳부터 열매가 익기 때문에 산 정상까지도 서식지를 옮겨가면서 먹이를 확보하고 겨울이 되면 다시 먹을거리 때문에 아래로 내려와서 노천온천 등에서 추위를 피하며 지낸다고 한다.

6시, 저녁시간이다. 4인용 테이블에 대각으로 앉아 J 상무처럼 혼자 온 여행객 1명과 둘이 식사를 했다. 간단한 목례만 하고 얘기는 한마디도 하지 않았다. 몇 개의 테이블이 J 상무의 테이블과 같은 방식으로 배치되어 있는 것이 보였다. 아마도 J 상무처럼 혼자 온 사람들인 것으로 보였다. 대부분은 가족이나 커플이었다. 쓸쓸함과 외로움이 살짝 밀려왔지만 식사는 역시 좋았다. 쇠고기 구이와 생선회 그리고 여러 가지의 절임 음식으로 구성되어 있어 맛나게 먹을 수 있었다. 해가 금방 떨어지기 때문에 일찍 잠자리에 들어 잠을 충분히 자고 체크아웃을 가능한 한 일찍 해서 낮 시간을 더 확보하는 것이 좋겠다고 생각했다. J 상무는 9시 조금 넘어 잠자리에 드는 것으로 하고 식사 후 호텔 온천에서 피곤한 몸을 천천히 달래 주고 알펜루트에서 보았던 별이 총총한 밤하늘을 한 번 더 볼 수 있을 것을 기대하면서 다시 밖으로 산책을 나갔다. 그러나 그날 저녁은 구름이 하늘을 완전히 덮고 있어서 별이 하나도 보이지 않았다.

다음 날 호텔 체크아웃을 먼저 하고 이후 아침식사를 하면서 시간을 절약했다. 버스정류소에서 마츠모토역으로 가는 버스를 타기 전에 시간을 조금 내서 카미코치의 명물 카파다리(河童橋)를 한 번 더 건너 보고 마츠모토역으로 향하는 버스를 탔다. 마츠모토市는 나가노현에서 나가노市 다음으로 큰 도시로, 마츠모토성으로 유명하다. 나가노市에는 성터는 있지만 현존하는 성이 없어서 돌아오는 길에 마츠모토성을 둘러보기로 했다. 일본의 100대 성 중의 하나로 화재나 전쟁으로 소실되지 않고 원형을 유지한 몇 안 되는 성 중의 하나이다. 주위의 경관과 잘 어우러져 아주 예쁜 성이다.

나가노현 마츠모토성

지인으로부터 추천을 받았던 알펜루트, 오제 국립공원, 카미코치를 빠른 기간에 완수하였다. J 상무는 경치 좋은 관광지가 일본의 방방곡곡에 있겠지만 풍경 구경을 위하여 유명 관광지에 갔다 오는 것은 이제 그만하기로 마음먹는다. 원래 조건인 현립 박물관과 근처 관광지 두어 곳 방문하는 것과 관련이 없는 것은 아니지만 통상 깊숙한 곳에 위치하고 있는 곳이 많아 왕래하는 시간이 너무 많이 소요되기 때문이었다. 사실 위 3곳이 위치한 토야마, 군마, 나가노현은 조건 충족을 위하여 각각의 현청 소재지를 한 번 더 방문할 수밖에 없었다. 회사일에 지장을 주지 않고 47개의 도도부현을 모두 섭렵하는 것이 만만한 일은 아니기 때문에 효율적으로 시간을 활용할 필요가 있었다. J 상무는 마음먹는다.

"그래, 현청 소재지를 중심으로 움직이자."

돌아보기 4

　일본의 종교는 신도(神道)와 불교, 소수이지만 기독교가 대표적이다. 신도는 신사(神社)로 불리는 종교시설에서 참배하는 것을 대표적으로 일컫는 것으로 일본에 신사가 8만 8천 곳에 이른다고 한다. 전 세계에서 일본에만 있는 독특한 종교로, 모시는 신도 상상의 동물을 포함한 동물, 일왕, 위인 등 매우 다양하다. 심지어는 돈(Money)과 관련된 신사도 있다. 신사의 성격은 다양해도 참배하는 방법은 동일하다. 관문에 해당하는 토리이(鳥居)가 있고 안에는 크기가 조그만 종이 상자만 한 규모부터 큰 건축물 규모까지 각양각색으로 다양한 종류의 신사가 있다. 일본인은 거의 대부분 신사 참배를 한다고 해도 과언은 아닐 듯하다.

　이어 불교와 관련 있는 사찰은 일본 전국에 신사보다는 적지만 7만 7천 곳 정도 있다고 알려져 있다. 하지만 규모를 보면 신사보다 대체적으로 큰 규모로 건립되었으며 일본의 전통 문화의 형성에 큰 영향을 미쳤다. 불교는 6세기에 백제에서 전래되어 확산 계승 발전하여 현재에 이르고 있다. 일본에서 종종 사용되는 '쿠다라나이(百済ない)'라는 말이 있다. 의미는 하찮다, 볼품없다는 뜻으로 그만큼 당시 백제 문물이 앞서 있었기 때

문에 당시에 사용되었던 '백제 없다'는 말이 하찮다는 뜻으로 전래되어 정착된 말이다.

　신사의 경우는 의미도 잘 알지 못했고 관련한 내용이 너무 다양하여 유서가 있는 건물을 외곽에서 둘러보는 것으로 만족하였지만 불교의 경우는 J 상무 본인의 관심사 중의 하나이고 조금이지만 나름대로 공부한 경험도 있어 좀 더 관심 있게 둘러보았다. 한번 호기심이나 관심사가 생기면 바로 해 봐야 직성이 풀리는 J 상무, 이번에는 불교 사찰에 관점을 두고 도도부현을 돌아보고자 생각하였다. 인터넷에서 검색하여 교토부, 나라현, 후쿠이현의 유명한 사찰을 중심으로 돌아보기로 했다.

　교토는 일본에서도 사적과 유적이 가장 많은 도시로 알려져 있다. 단풍이 드는 늦가을에는 호텔 예약이 어려울 정도로 사람들이 많이 몰리고 외국인 관광객도 많이 찾는 도시이다. J 상무는 출장으로 교토로 출장을 많이 다녀 보았지만 사찰 등 유적지는 한번도 가 본 적이 없다. 신칸센으로 도쿄에서 두 시간 정도면 도착하는 거리이기 때문에 교통편이 매우 편리하다. 호텔 예약도 성수기만 아니면 어렵지 않게 저렴한 가격의 호텔을 예약할 수 있다. 여느 때와 같이 토요일 7시에 미나토구 시바우라에 있는 아파트를 나서서 시나가와에서 신칸센을 타고 9시 반경 교토역에 도착하였다. 교토역에서 걸어서 10분이면 도착하는 히가시혼간지(東本願寺)를 둘러보았다. 규모가 대단하였다. 1272년에 지어진 히가시혼간지는 에도시대에 화재로 소실되었다가 1895년에 복원된 사찰이다. 세계적으로도 유례가 드문 규모가 큰 불교 사원 중의 하나이다.

　J 상무는 인증 사진을 찍고 도보로 산쥬산겐도 (三十三間堂)로 향한다.

그냥 보통 있는 사찰이겠지라고 생각하고 가 보았는데 산쥬산겐도 내부에는 1,001개의 관음상이 실물 크기로 조각되어 전시되어 있었다. 내부는 촬영이 금지되어 있어 사진을 찍지 못했지만 관음상의 정교함과 나열되어 있는 규모에 J 상무는 감탄을 금치 못하였다. J 상무는 일본 불교가 백제로부터 전래·계승되어 한국 사찰과 유사할 것이라고 생각했었다. 실제로 혼간지를 비롯한 일본의 대부분의 사찰은 본당의 모양 및 배치 구조 등 한국의 사찰과 유사하다. 하지만 산쥬산겐도에 안치된 1,001개의 관음상은 특별히 정교한 예술의 극치를 잘 보여 주고 있다. 주조한 것이 아니고 목조 조각품으로 하나하나가 별개로 제조된 것이다. 카마쿠라 시대(1185~1333)에 완성되었으며 관음상별로 제작자가 다르며 약 500개의 관음상에는 제작자들의 이름이 적혀 있다고 한다. 당시에 불교가 크게 번성하였으며 관음상 하나하나에 얼마나 큰 정성이 담겨 있는지 충분히 이해하고도 남았다.

교토의 산쥬산겐도

앞 사진이 '산쥬산겐도'로, 120m 길이의 건물 내부에는 10줄의 연단에 1,001개의 관음상이 배치되어 있다. 산쥬산겐도를 보고 나서 J 상무의 일본 불교에 대한 인식이 확 바뀌었다. 중국에서 불교가 한반도를 거쳐 일본에 전해졌지만 나라별로 단순히 전래받은 것이 아니라 나름의 독특한 불교 문화를 구축하였고 예술로도 승화시켰다는 것을 느꼈다.

교토에는 볼거리가 아주 많이 있다. 유명한 사찰만 해도 금각사(金閣寺), 인화사(仁和寺), 자조사(慈照寺), 남선사(南禪寺) 등이 있지만 J 상무는 금각사 한 곳만 더 돌아보고 임진왜란 당시 도요토미 히데요시가 조선인들을 학살하고 전리품으로 코와 귀를 가져와서 매장했다는 이총(耳塚)을 돌아보았다. 숙연해지는 기분이었다. 아픈 역사이다. 이총의 안내 표지판에 당시 역사에 대하여 비교적 객관적으로 잘 설명되어 있었다. 이총은 사적으로 선정되어 있기는 하지만 경계선 바로 옆에는 주택과 호텔도 있었다. 통상의 유적지는 주위에 어느 정도 면적의 잔디광장이 조성되어 유적을 도드라지게 보이게 하는 것이 일반적인데 이총은 건물 사이에 끼여 있는 모양새로 좋아 보이지는 않았다. 일본으로서는 침략자인 입장에서 부끄러운 역사일 듯한데 유적으로 남기고 관리하고 있는 것을 보면 어떤 면에 있어서는 좋게 인정할 수도 있을 것 같다.

이총을 둘러보고 왼쪽으로 고개를 돌려 보니 길 건너편에 규모가 제법 큰 신사가 하나 보였다. J 상무는 이왕 온 것 둘러만 보자라고 생각하고 신사에 들어가서 안내문을 읽어 보았다. 도요토미 히데요시를 기리는 신사였다. J 상무는 상당한 충격을 받았다. 전쟁을 일으키고 조선인의 귀와 코를 베어 와서 조성한 무덤 바로 근처에 전쟁 당사자의 신사가 있다는 것에 놀라지 않을 수 없었다. J 상무의 머릿속이 복잡해졌다. 무슨 생각으로 이와 같이 조성했을까? 만약 저승이라는 것이 있다면 바로 앞에 수많은 원한을 품은 당시 조선인들의 영혼으로부터의 원성이 두렵지 않았을까? 아니면 정말로 봉양을 위해 조성한 것일까? 안내 기록에 의하면 귀무덤, 즉 이총은 도요토미 히데요시의 하명으로 여기에 조성된 것이라고 한다. '봉양하기 위하여'라는 내용이 있기는 하지만 봉양하기 위하여 잔인하게 귀와 코를 베어서 가져왔다는 것도 이해가 가지 않는다. 아마도 전리품으로, 과시용으로 가져와서 조성하였을 것 같은데 거기까지는 그렇다고 하고 임진왜란은 1592년에 발생하였으니 이총은 당연히 1592년이나 직후에 조성되었을 것이고 도요토미 히데요시의 신사는 1599년에 지어졌다고 하면 그의 의지가 분명히 반영되어 있다고도 볼 수 있는데 하필 여기에 왜 지은 것인지 이해할 수가 없었다. 본인이 범한 전쟁에서의 희생자들의 한이 묻혀 있는 곳인데 상식적이지 않다고 생각했다. 여기에도 있는 그대로 받아들이고 인정하는 일본인들의 특성이 반영된 것일지도 모르겠다.

나라(奈良)현에 도착하였다. J 상무는 교토와 나라를 다른 날짜를 잡아서 각각 돌아보았는데, 나라에 가 보니 교통편상 교토를 반드시 거쳐서 오게 되어 있었다. 그것도 교토역에서 나라역까지 전철로 40분도 채 안 걸린다. 미리 계획을 세워 시간을 잘 조절했으면 지난번 교토를 방문했을 때 나라현도 같이 잘 준비했으면 1박 2일에 두 곳을 한번에 여유 있게 돌아볼 수 있었는데, 지난번 교토 방문 시 교통도 편리하고 아무래도 호텔보다 집에서 자는 것이 편안해서 저녁 늦은 시간 신칸센으로 도쿄로 그냥 돌아왔었다. 지도를 제대로 잘 살펴보지 않은 J 상무의 탓인데 어찌하겠는가. 시간은 시간대로 제대로 활용하지 못하고, 주변머리가 없고 부지런하지 못하면 몸도 힘들고 비용도 더 든다는 것을 실감하였다. 다음부터는 체계적으로 준비해서 더 효율적으로 시간을 활용하자고 마음먹는다.

나라와 교토는 옛 일본의 수도였기 때문에 많은 유적이 남아 있어서 현립(縣立) 박물관 또는 부립(府立) 박물관이 아니라 국립 박물관으로 규모가 아주 크다. 유물들은 대부분 불교 관련 유적이 많다. 나라市는 710년부터 784년까지의 나라 시대의 수도로 당시에는 불교를 국교로 삼아 불교의 힘에 의해 국가를 융성하게 하고자 하는 정책을 폈다. 74년간 상대적으로 단기간이었음에도 불구하고 불교 관련 유적이 다수 남아 있다는 것은 얼마나 불교를 소중히 여겼는지를 여실히 보여 준다. 그런데 아이러니하게도 불교의 힘으로 나라를 융성하게 했는지는 모르겠지만 나라 시대가 74년밖에 지속되지 않은 것을 보면 영속성 측면에서는 도움이 되지 않았던 모양이다.

나라의 토다이지(東大寺)와 코후쿠지(興福寺), 나라 국립 박물관까지 연속해서 돌아보고 나서, 공원에서 잠시 쉬면서 나라는 뭐가 특징적일까 라고 생각해 보았는데 J 상무의 머릿속에서 불교 이외에는 잘 떠오르지 않았다. 우두커니 박물관 옆 연못을 보면서 공원 벤치에 앉아 있는데 사슴들이 무리를 지어 지나간다. 어디를 가도 조용하지만 나라市는 사슴 때문인지 더욱 평온해 보인다고 느꼈다. 그러고 보니 사슴이 참 많았다. 유유히 걸어 다니는 사슴들을 여기저기에서 볼 수 있었고 먹이를 주는 관광객 주위로 몰려들어 받아먹는 사슴 무리도 있었다. 불교관련 유적 이외에 별로 특징적인 것은 없지만 사슴을 그냥 방치하는 것은 아닌 것 같고 잘 관리하는 것으로 보였다.

나라(奈良)市 박물관 앞 사슴 무리

   J 상무는 일본에 오고 나서 벌써 2년째임에도 불구하고 여전히 혼자 식당에서 식사를 하는 것이 어색하다. 혼밥은 그래도 많이 익숙해졌지만 식당에서의 혼술은 해 본 적이 없다. 해도 지고 호텔에 들어가기 전에 식사를 해결해야 하는데 이날따라 J 상무는 소주 한잔이 먹고 싶었다. 일본 어디서나 야키니쿠야(燒肉屋)는 흔히 볼 수 있다. 한국 고깃집처럼 고기를 구워 먹고 술 한잔 하면서 이야기하는 곳이 참 많다. 좀 비싸지만 기본적으로 김치와 한국 소주는 거의 대부분 메뉴에 포함되어 있다. 일본 식당이나 슈퍼의 김치 맛이 좀 이상하기는 하나 먹을 만하다.
   도쿄에서 야키니쿠야에 지인들과 함께 셀 수 없을 만큼 많이 가 보기는 했으나 혼술을 해 본 적은 없다. '혼자 식사도 어색한데 혼술을 어떻게 하지?'라는 생각이 많이 들었다. 하지만 이날은 용기를 내서 호텔 근처에 있는 야키니쿠야에 들어가서 "한 명입니다"라고 했더니 1인석으로 인도해 준다. 메뉴에서 소고기와 소주를 시키고 혼자 먹고 있는데 어느새 J 상무 말고도 혼술을 하는 사람들이 여러 명 들어와서 주변에서 조용히 먹고 있었다. 외롭지만 그렇게 쓸쓸하지 않은 기분이었다. J 상무의 나라市에 있어서의 추억은 사슴과 일본에서의 첫 혼술인가라고 생각하면서 혼자 웃는다.

　J 상무가 후쿠이현의 에이헤이지(永平寺)를 가 보기로 선택한 이유는 에이헤이지가 선(禪)으로 유명하다는 이야기를 지인한테 들었기 때문이었다. 비행기로 가면 시간이 더 절약되나 교통편이 자주 있는 신칸센을 타면 바깥 경치를 보면서 갈 수 있기 때문에 4시간 정도의 거리를 신칸센을 타고 가기로 결정하였다. 신칸센은 일전에 방문했던 나가노와 토야마를 지나 이시카와현을 거쳐 후쿠이역에 도착하는 여정이었다. 일본에서 가장 신칸센을 오래 승차한 날이다. 고속으로 달리는 열차의 창에서 바라본 일본 풍경은 참 산이 많았고 어디나 푸른 기운이 넘쳤다. 아무 생각 없이 차창 밖을 멀리 바라보고 있으면 J 상무는 주중의 업무 스트레스와 실적 스트레스가 확 달아나는 느낌이었다. 거리가 멀어서 비용은 좀 들었지만 그렇게 아까운 생각이 들지 않았다.

　여느 때처럼 후쿠이 박물관을 보고 후쿠이 시내의 유명 관광지와 정원 공원을 둘러보고 나서 숙박한 호텔에서 아침을 여유 있게 먹고 오전 7시 조금 지나 체크아웃을 마친다. 후쿠이역에서 전철을 타서 에이헤이지입구(永平寺口)역에 도착하니 오전 8시이다. 역 이름이 에이헤이지입구이니 당연히 도보로 갈 수 있을 것이라고 생각해서 역무원에게 어느 방향으로 가면 에이헤이지로 갈 수 있는지 물어보았다. 그랬더니 역무원이 난처한 표정으로 에이헤이지로 가는 버스가 방금 전 출발해서 다음 버스가 9시 45분에 있다고 한다. 1시간 40분을 기다려야 한다는 것이었다. 빨리 가기를 원한다면 택시를 이용하라고 권고하면서 7km가 조금 넘는 거리라고 했다. 걸어가 보는 것도 생각해 보았지만 산속에 위치하고 있어 경사도 있을 것이고 7km 산길을 걸어간다는 것은 무리였다. J 상무는 역 이름이 '에이헤이지입구'라고 하면 통상 가깝거나 걸어서 갈 수 있는 거리이기 때문에 붙인 이름이 아니냐고 다시 질문했더니 역무원은 어쨌든 에이헤이지에서 가장 가까운 전철역임에는 틀림이 없다는 것이다. J 상무처럼 문의하는 관광객이 간혹 있다는 얘기도 곁들였다.

J 상무는 난감한 표정을 지으며 1시간 40분을 기다릴지 택시를 이용할지 망설이고 있었는데 J 상무가 역무원과 대화하는 것을 고스란히 지켜본 또 다른 한 명의 중년 남성이 있었다. J 상무가 버스 정류장으로 나가서 버스 시간표를 다시 한번 확인하는 사이 그가 다가와 J 상무에게 말을 건넨다.

"실례합니다. 저도 에이헤이지에 가려고 하는데 당신과 똑같은 상황입니다. 혹시 괜찮다면 같이 택시를 이용하지 않겠습니까? 택시 비용은 절반씩 냅시다."

두 시간 가까이 버스를 기다릴지 택시를 탈지 망설이고 있었는데 이 제안은 J 상무에게 가뭄에 단비와 같은 제안이었다. 본인을 M이라고 소개한 그는 에이헤이지에서 각자 돌아보고 정확히 1시간 후에 만나서 다시 택시를 타자고 추가 제안까지 했다. J 상무는 흔쾌히 동의하고 택시비를 지불하면서 택시 기사에게 1시간 후에 다시 와 줄 것을 부탁하며 예약을 하고 내렸다. M과 J 상무는 약간의 시차를 두고 에이헤이지 둘러보기를 시작했다. 자연과 더불어 조경도 잘 꾸며져 있고 세월을 이야기해 주듯 바닥이 이끼로 잘 덮여 있어 자연경관이 정말 아름다운 곳이다. J 상무는 먼저 외부를 찬찬히 살펴보면서 건물과 자연과의 조화에 대하여 감탄하면서 연신 사진을 찍었다. 선(禅)으로 유명한 에이헤이지는 좀 색다르다. 건물 하나하나의 규모는 교토나 나라의 사찰 대비하여 규모가 작았지만 여러 개의 건물이 전부 이어져 있었다. 대웅전을 중심으로 해서 회랑으로 연결이 되어 있어서 어디든 갈 수 있게 조성되어 있었다.

후쿠이현 에이헤이지 경내 전경

대웅전에서 잠시 시간을 보낸 후 J 상무는 안내 표지판을 따라갔다가 거기에서 불상 유적을 살펴보고 있던 M을 다시 만났다. 그로부터 같이 동행할 것을 제안받아 거기서부터 같이 움직였다. M과 J 상무는 이런저런 얘기를 하면서 서로에 대해 조금씩 알아 갔다. 우연히도 나이가 같아서 더욱 동질감을 느꼈다. 나고야에 있는 자동차 부품 제조업체에서 근무한다고 하였다. J 상무는 플라스틱 소재 업체에 근무한다고 밝히고 다음 건물로 같이 움직였다. 거기는 참선을 하는 곳이었다. M이 J 상무에게 참선 체험 한번 해 보지 않겠냐고 제안을 해서 한번 해 보기로 한다. J 상무가 명상을 처음 해 본다고 하니 M은 시간이 길지 않도록 3분간 알람을 맞춰 놓겠다고 하였다. 명상을 한 번도 해 보지 않은 J 상무는 그냥 정좌하고 눈 감고 머리를 비우면 되겠지라고 생각하였다. M과 J 상무는 명상을 시작하였다. 3분이면 금방이겠지라고 시작한 3분이 의외로 엄청 길었다. 너무 길게 느껴진 J 상무는 못 참고 M에게 자그마한 목소리로 "혹시 알람 잘못 맞춰 놓은 것 아닌가요?"라고 물어본 직후 3분 알람 소리가 났다. M은 웃었고 J 상무는 겸연쩍은 표정을 지었다.

아무래도 활동적인 성격의 J 상무에게는 명상은 체질상 맞지 않는 모양이다. 잠깐이지만 M과 친해진 J 상무는 서로의 사진을 찍어 주고 함께 택시를 타고 에이헤이지구치역까지 동행한다. 택시 안에서 이런저런 얘기를 하면서 M은 유적을 혼자 돌아보는 것이 취미라고 해서 J 상무도 지금 47개 도도부현을 돌아볼 것을 목표로 하나씩 돌아보고 있다고 하니 서로 기회가 되면 같이 움직일 수도 있지 않겠냐라고 이야기되면서 M도 그렇고 J 상무도 명함을 갖고 있지 않아 펜으로 본인의 이메일 주소를 적어서 교환하였다.

이메일 주소에는 통상 회사명이 적혀 있기 마련이어서 자연스럽게 서로의 회사에 대하여 얘기하게 되었는데, M이 근무하는 I社는 자동차 부품을 제조하는 회사로 플라스틱을 원료로 사용하고 있으며 우연히도 J 상무의 회사에서 I社에 소재를 일부 공급하고 있었다. J 상무는 본인은 한국계 소재 회사의 일본 법인장으로 얼마 전 I社 사장도 만나 보았다고 이야기하였다. M은 본인은 평사원이라고 얘기하면서 그의 표정이 조금 어두워지는 것을 느꼈다. 후쿠이역까지 서로 이야기를 하면서 마지막 헤어질 때 교환한 이메일로 연락하자고 하였다.

M은 본인은 시간이 남는다고 오후 1시 도쿄로 돌아가는 열차를 타는 J

상무를 후쿠이역 신칸센 플랫폼까지 배웅해 주었다. J 상무가 비교적 일찍 도쿄로 돌아가는 이유는 단 한 가지이다. 일요일 오후 6시에 방영하는 TBS의 '세계 유산'이라는 프로그램을 보기 위해서이다. 장거리를 여행하더라도 가능하면 일요일 저녁 6시까지는 돌아오도록 일정을 짰다.

며칠 후 J 상무는 M에게 이메일을 보냈다. 에이헤이지 둘러보기가 덕분에 재미있었고 만나서 반가웠고 기회가 되면 다시 만날 수 있지 않겠냐는 간단한 내용이었다. 이메일을 교환하자는 약속과 달리 그로부터 답장은 오지 않았다. 돌이켜 보니 J 상무가 법인장이고 M의 소속 회사의 사장과도 친분이 있다는 사실을 그가 알고 나서 본인은 평사원이라고 얘기하면서 표정이 어두워진 것을 생각해냈다. 아마도 서로 격이 맞지 않는다고 느낀 모양이다. 보통 일본인들이 격을 많이 따지는지는 모르겠지만 적어도 M은 그랬던 것으로 보인다.

"12개월 만에 32개 도도부현을 돌아보았다. 자 조금만 더."

돌아보기 5

2019년 겨울에 중국 우한에서 시작한 코로나가 전 세계로 확산되기 시작했다. 2020년 상반기에는 마스크 품귀가 발생하여 마스크 가격이 천정부지로 치솟았고 마스크 50장을 1만 엔에도 구매하기 어려운 시기도 있었다. 먼저 해외 여행객부터 급격히 감소하는 상황이 되었다. J 상무의 업무 중의 많은 부분을 차지하는 것이 한국 본사에서 일본으로의 출장자가 있을 경우 필요에 따라 동행하든지 아니면 최소한 저녁식사 한 번 정도는 같이 하는 것이었다.

본사로부터 일본으로의 출장이 없어졌고 일본 국내 출장도 현저히 감소하였고 고객과의 골프도 당연히 줄어들어 주말 일정에 여유가 더 많아지게 되었다. J 상무는 이 상황이 오히려 남은 15개의 현을 더 빠르게 돌아보는 데 있어 기회가 될 수도 있다고 생각하였다. 오키나와를 시작으로 북쪽부터 남쪽으로 하나씩 32개의 도도부현을 돌아보았다. 이제 남은 지역은 큐슈지역의 가고시마를 제외한 6개의 현, 시코쿠의 4개 현, 혼슈의 서남부 지역 5개 현 총 15개이다. 현청 소재지의 경우 대부분 비행기 또는 신칸센 열차 체계가 잘 되어 있어 각 도도부현의 중심 도시까지 대중교통으로 어려움 없이 갈 수 있었다.

　J 상무는 이번에는 성(城)으로 유명한 효고현의 히메지市와 인접한 오카야마현의 오카야마市를 1박 2일의 일정으로 다녀오기로 한다. 효고현과 오카야마현은 남은 15개의 현 중에서 도쿄에서 신칸센으로 직접 연결되어 있으며 서로 한 정거장 차이로 효율적으로 다녀올 수 있기 때문이었다. 나머지 13개 현은 신칸센이 직접 연결되지 않은 지역이라서 신칸센과 전철을 갈아타면서 돌아보기에는 너무 멀어 비행기편으로 가는 것이 효율적이라고 생각했다. 코로나가 확산되는 시점이라 여행객이 급격히 감소하여 미리 예약할 필요가 없었고 호텔 가격은 현저히 낮아져 있었다. 어차피 J 상무는 단신으로 살고 있고 혼자 돌아다니기 때문에 코로나 감염 걱정은 크게 하지 않았다.

효고현의 히메지성

　시나가와역에서 히메지역까지 신칸센으로 2시간 50분이면 도착한다. 효고현의 히메지성(姬路城)은 히메지역으로부터 1km 정도의 거리여서 도보로 목적지로 향하였다. 히메지성은 세계문화유산으로도 등록되어 있는 유적으로 일본 내 가장 아름다운 성 순위에서 항상 최상위권을 유지하는 곳으로 유명하다. 히메지市에 오는 관광객이라면 필수적으로 방문하는 곳이다. 넓은 광장에 탁 트인 시야로 하얀색으로 단장되어 있는 히메지성이 한눈에 들어온다. J 상무는 히메지성이 특별히 아름다운지는 잘 느끼지 못했지만 이제까지 본 성 중에서 가장 웅장한 것임에는 틀림이 없었다. 주위 경치와 잘 어울려 아름다운 경관을 보여 주고 있었다.

히메지성 주위에 많은 관광지와 유적지가 모여 있어서 약간의 도보로 대부분 돌아볼 수 있어 용이하게 모든 기준을 만족할 수 있었다. 효고 현립 역사 박물관도 근처에 위치하고 있었고 잘 꾸며진 일본 정원 코코엔(好古園)을 한번에 돌아볼 수 있어서 좋았다. 히메지성을 둘러싸고 여러 관광지를 조성해 놓아서 돌아보기에 편리하였다. 신사와 동물원도 근처에 위치하고 있었다. 시간적으로 여유가 있어서 엔교지(圓敎寺)까지 돌아보았는데 가는 길 주변의 광활한 면적에 흐드러지게 핀 유채꽃을 보면서 봄이 성큼 왔음을 느꼈다.

오카야마市도 히메지市와 마찬가지로 성 주변에 현립 박물관과 오카야마의 대표적인 정원 고라쿠엔(後楽園)이 근처에 위치하고 있어 단시간에 모두 돌아볼 수 있었다. 히메지성이 백색으로 단장되어 있는 반면 오카야마성은 어두운 색으로 단장되어 있었다. 히메지성이 백로성(白鷺城)으로 일컬어지고 오카야마성이 오성(烏城), 즉 까마귀성이라고 불리는 이유는 성 외부의 색상 때문인 것으로 보인다. 성 자체의 규모는 히메지성과 큰 차이가 없어 보였지만 성곽 주위를 포함하면 히메지성의 규모가 훨씬 크다. 오카야마성은 과거 메이지 시대와 2차 세계대전 중에 유실되어 현재의 성은 1960년대에 복원된 건물이다. 일본의 성은 대부분 5층이나 6층으로 구성되어 있다. 오카야마성은 히메지성과 마찬가지로 6층으로 조성되어 규모가 큰 성이다.

오카야마현의 오카야마성

J 상무가 현청 소재지 중심으로 방문하고 있는데 가는 곳마다 대부분 성을 보유하고 있었다. 규모의 차이는 있으나 형태는 거의 대부분 유사했다. 전국시대(1467~1573)와 에도시대(1603~1868)의 초기에 지어진 것이 대부분인데 성주가 기거하였고 성이 최후의 보루이기 때문에 잘 유지하고 보존하고 특별히 관리함에 따라 성이 각 지역의 대표적인 유적으로 자리 잡았다.

성과 관련된 이야기이다. 도요토미 히데요시가 일본을 통일하기 이전이 전국시대(戰國時代)로 1467년부터 1573년의 100여 년은 일본 내에 각 성을 중심으로 성주들이 영역을 확장하고자 전쟁이 끊이지 않던 시절이다. 당시에 치열한 전투에서 성주가 항복하게 되면 백성들은 별다른 저항

없이 새로운 성주나 장군에게 고개를 숙이고 순응하며 전쟁은 종결되었다고 한다.

임진왜란과 정유재란 시 왜군이 조선에 당황했던 것은 성주로 보이는 인물이 항복하여도 백성들은 항복하지 않고 끊임없이 의병을 일으켜서 저항한다는 것이었다. 일본 평민들은 성주가 항복하면 같이 항복하여 새로운 환경에 적응하였지만 당시 조선은 일부 성이 함락당해도 평민들이 스스로 봉기하여 침략에 굴하지 않고 끊임없이 저항했던 역사를 가지고 있다. 당시의 DNA가 지금까지도 이어지고 있다고 J 상무는 믿고 있다. 한국인과 다를 수밖에 없는 일본인들의 특성을 조금은 이해할 수 있었다.

효고현과 오카야마현을 성을 중심으로 돌아보면서 34개 도도부현(都道府縣)을 완료한 2020년 2월 말, 코로나 감염자 수가 기하급수적으로 증가하면서 업무 미팅이나 회식 등에도 제동이 걸리기 시작하였다. 당시 일본 정부는 코로나에 유연한 정책을 유지하면서 개인의 행동에는 크게 제한을 두지 않았다. 사람이 많이 모이는 곳에 가는 것을 자제하고 청결을 유지하라는 권고를 주로 할 뿐이었다. 개인 여행에는 제한이 전혀 없어서 J 상무는 아직 돌아보지 못한 13개 현을 어떤 순서로 완수할지 계획을 세우고 있었다.

이번에는 2박 3일의 일정으로 시코쿠의 4개 현 카가와, 도쿠시마, 고치, 에히메를 한 번에 돌아보기로 결정하였다. 열심히 대중교통으로 동선을 그려 보는데 가려고 하는 곳을 모두 보려면 대중교통으로는 시간적으로 잘 맞지 않았다. J 상무가 일본에 온 지 2년이 넘게 지났지만 한번도 렌터카를 해 본 경험이 없어서 이번 기회에 한번 이용해 보기로 했다. 승용차를 이용하면 효율적으로 원하는 시간에 어디든 갈 수 있기 때문에 동선을 그리는 것도 자유롭다. 3월 초의 연휴를 활용하여 2박 3일간의 구체적인 동선을 확정하고 라쿠텐 사이트에서 비용을 좀 들여서 항공기와 호텔, 렌터카까지 예약하고 결제를 마친 후 실행일을 기다리고 있었다.

코로나 감염자 수는 전세계적으로 지속 증가하여 행동 제한이 점점 심해졌다. 회의는 웹으로 진행하고 재택근무를 실시하고 사무실에 출근하는 인원도 최소화하라고 지침이 내려온다. 한국 본사로부터 글로벌 현지 법인에게 보다 구체적인 지침이 내려오면서 비행기를 이용한 여행 출장을 자제하라는 내용이 전달되었다.

열심히 일본 돌아보기를 하고 있던 J 상무에게는 충격이었다. 금지가 아니고 자제하라는 내용이기 때문에 개인적인 여행에는 문제가 없었지만, 당시에는 현지 직원들의 코로나 감염 현황을 매일 집계하여 보고하는 체제였던 상황에서 법인장이 자제하라고 했던 여행에서 만에 하나 코로나에 감염되었다고 알려지게 되면 그것도 체면이 서질 않아서 적지 않은 위약금을 지불하고 시코쿠 4개 현 여행 계획을 취소할 수밖에 없었다.

코로나의 영향에 따른 본사 지침에 맞춰 일본법인의 모든 회의 근무 시스템을 재정비하고 정기적인 사무실 소독 등의 새로운 업무도 마련하여 코로나 시대에 맞춰 모든 업무를 정비하였다. 누군가가 J 상무에게 임원이 해야 할 중요 직무 3가지를 말하라고 하면 주저 없이 회의, 회식, 골프라고 대답할 정도로 J 상무는 회의, 회식, 골프가 임원으로서 해야 할 중요한 3대 책무라고 생각했다.

그러나 코로나로 인해 회의와 미팅은 절반 이하로 줄어들었고 회식은 3인 이상은 자제하고 골프는 지인들과는 그래도 간간이 할 수 있었지만 거래 업체와의 골프는 기존에 정해 놓았던 일정이 모두 취소되었고 추가 일정은 언제 마련할 수 있을지 가늠을 못 할 정도의 상태가 되었다. J 상무의 본연의 직무라고 생각했던 것 중에 상당 부분을 하지 못함에 따라 주말뿐만 아니라 평일 저녁 시간도 특별한 일정이 없는 상황이 되었다.

가족과 떨어져 단신으로 일본에 와서 시간이 남아도는 주말에 등산에 이어 일본 돌아보기로 의욕적인 생활을 이어 가고 있었는데 코로나로 인해 이도 가로막히게 되었다. 경험해 보지 못한 새로운 생활이 시작된 것이다.

"아~ 더 많이 남는 시간 무엇을 하여야 하나."

제2장

코로나와 철학

새로운 루틴 만들기

코로나 감염자 수가 전 세계적으로 증가함에 따라 개인 청결도 유지와 거리두기가 일상화되었다. 이에 따른 근무 환경 변화로 더 많은 여유 시간이 생겼다. 도쿄 사무소에 출근하는 인력도 사무실 인력 총 18명 중 3명에서 6명 정도의 인원만 출근하고 나머지는 재택근무를 실시하였다. 처음에는 재택근무로 업무가 제대로 되겠나 싶었는데 전 세계가 거의 동시에 재택근무를 진행하고 인터넷 환경이 이미 고도화된 덕분에 크게 무리 없이 영업활동이 가능하였다. 다만 어려웠던 점은 신규 업체 발굴에는 무리가 따랐다. 새로운 재료, 즉 기존 재료와 다른 소재를 굳이 이 시기에 적용하려고 하지 않았기 때문이었다. 이에 따라 J 상무는 기존 거래선 유지에 중점을 두고 거래선의 목소리를 가능한 한 신속히 반영하는 영업활동에 최선을 다했다.

업무 시간은 회사일로 채워져 있어 크게 상관이 없었지만 문제는 업무 이외의 시간에는 거의 아무것도 할 일이 없다는 것이었다. 7시 반 출근과 5시 반 퇴근 이외의 시간은 전부 개인적인 시간이 된 것이다. 매주 2~4회 있었던 저녁 약속이 제로, 월 2~3회 있었던 골프 약속이 제로, 월 2, 3

회 있던 일본 국내 출장이 제로, 주중 수시로 있었던 거래선 내방과 방문이 제로, 3개월에 한 번 정도 있었던 한국 출장도 제로, 일본 47개 도도부현(都道府県) 돌아보기 정지, 정말로 아무것도 되지 않는 완전히 변한 환경이 되었다. 어쨌든 J 상무는 남는 여유 시간을 헛되게 보내는 것은 안 된다고 마음먹고 무언가 해야 할 일을 찾아야겠다고 생각했다. 아무것도 하지 않고 시간만 헛되이 보내면 인생의 기회라고 여겼던 일본 주재원 생활이 의미가 퇴색될 것 같아 걱정도 되었다.

 회사 업무로 인한 외부 일정이 전혀 없기 때문에 매 일주일의 일정이 항상 같을 수밖에 없었다. 일단 뭔가 할 일을 채워 넣기 위해서 취침 시간과 기상 시간을 정확히 맞추었다. 코로나 이전의 생활도 J 상무의 생활은 비교적 규칙적이었지만 코로나 이후의 생활은 외부 일정이 없어서 더 규칙적이 되었고 완전히 J 상무 개인의 일정에 코드가 맞춰질 수밖에 없었다. 주말과 평일 동일하게 아침 5시 55분 기상, 밤 10시 취침으로 정하고 아파트를 나서는 시간도 주말이든 평일이든 7시에 맞추었다. 평일 퇴근 시 집에 돌아오는 길에 식당에서 저녁을 해결하고 6시 30분에 귀가하였고, 주말에는 밖에서 점심을 해결하고 변함없이 오후 2시경 귀가하는 것으로 하였다. 그리고 나서 비어 있는 시간은 자기계발 관련 일정으로 가득 채웠다. 독서, 한자 공부, 골프 연습, 산책, TV 시청, 컴퓨터 게임, 쇼핑으로 나눠서 일주일의 일정을 만들어 거의 예외 없이 정해진 스케줄대로 시간을 보냈다.

 업무 시간 이외에는 2020년 3월부터 초기 몇 개월간은 외부 사람과 대면으로 직접 얘기하는 시간조차도 전혀 없었다. 돌아다니기 좋아하고 활동적인 J 상무는 점점 쓸쓸함이 커져 가는 것을 느꼈다. 평일이든 주말이든 외출, 여행을 자제하라는 권고사항에 따라 사람들은 외출을 자제하고 대부분 재택근무로 집에서 보내는 시간이 많아져서 도쿄 시내 어디를 가도 사람이 거의 없었다. 만원 전철이었던 것이 출퇴근 시간조차도 빈자리가 항상 있을 정도였다.

J 상무는 47개 도도부현 돌아보기를 당분간 못 하게 되어 새로운 일상을 준비하여야 했다. 고민하다가 마련한 것이 토요일은 승용차를 이용하여 1시간 30분 내외로 갈 수 있는 거리의 공원이나 관광지를 돌아보고 오는 것으로 하였고, 일요일은 전철 또는 버스를 이용하여 도쿄 근교 지역을 돌아보는 것으로 하였다. 자연스럽게 도쿄 지역을 중심으로 수도권에 대하여 이해도를 조금씩 높일 수 있었다.

도쿄도(東京都)는 23개의 구(区), 26개의 시(市), 5개의 정(町), 8개의 촌(村)으로 이루어져 있다. 면적도 서울시 면적의 3.6배인 2,200㎢이며 인구는 2024년 말 기준 1,420만 명 규모로 서울시 인구인 933만 명 대비 많다. 하지만 일본인들도 23개의 구(区)에 해당하는 지역만 도쿄라고 얘기하고 나머지 지역은 도쿄도(東京都)라고 말한다. 즉 도쿄都에 거주하는 사람들은 본인이 도쿄에 산다고 이야기하지 않는다. 23개의 구(区)에 해당하는 도쿄의 인구는 988만 명이고 면적은 628㎢로 인구 933만 명, 면적 605㎢인 서울시 대비하여 인구와 면적이 약간씩 많고 크다. 23개 구(区) 중에서도 도쿄의 중심부 도심 5구라고 불리는 지역이 치요다구(千代田区), 미나토구(港区), 츄오구(中央区), 시부야구(渋谷区), 신주쿠구(新宿区)이다. J 상무의 아파트가 미나토구에 위치해 있으니 도심에 위치해 있는 셈이다. 부동산 관련 가격과 사무실의 공실률 통계도 도심 5구를 중심으로 발표하는 경우가 많다.

흔히들 일본인들의 일반 가정집은 좁고, 공원, 관공서 등의 공동 시설은 넓다는 말이 있는데 정확히 들어맞는 이야기이다. 지진이 자주 발생하기 때문에 가정집을 필요한 면적만 고려하여 확보한 측면도 있는 것 같다. 도쿄의 경우 한겨울에도 온도가 영하로 내려가는 날이 아주 드물다. 그만큼 한국 대비 따뜻하다. 그래서 그런지 특히 일반 주택의 경우는 단열처리를 충분히 하지 않아서 겨울철에는 실내가 매우 춥다. '바늘구멍에 황소바람'이라는 우리 속담이 딱 들어맞는 상황이다. 도쿄의 일반 주택에서의 겨울철 생활은 만만치 않다. 단열이 잘 안 되어 있어 실외온도와 실내 온도가 그렇게 차이가 나지 않기 때문에 아주 추워서 집 내부에서도 옷을 두텁게 입고 지낸다.

일반 가정의 겨울철 난방은 아직도 '코타츠(炬燵)'라고 하는 방식을 여전히 많이 이용하는 경우가 많다. 밥상이나 테이블 아래에 난방기구를 놓고 테이블 주위를 이불과 같은 것으로 감싸 보온하고 가족들은 앉은 자세로 이불 속으로 허리와 다리를 넣어 온기를 나누는 방식이다. 가족들이 정담을 나누거나 독서나 공부를 하기에는 아주 좋다. 하지만 허리 위쪽으로는 추워서 두텁게 옷을 입어야 한다. 이런 상황이기 때문에 여유 있는 면적을 갖게 되면 냉난방에 더욱 문제가 될 수 있으니 일반 주택의 경우 정말 필요한 면적만 확보하여 집이 작은 것이 아닌가 J 상무는 생각하였다.

가정집이 오밀조밀 작은 면적으로 조성되어 있는 만큼 주차장 면적도 작다. 경차의 크기에 맞춰 주차장이 작게 조성되어 있는 곳도 많다. 경제적으로 여유가 있는 편이 아니면 대체로 경차를 많이 타고 다닌다. 특히 도시가 아닌 시골의 경우 경차의 비율이 매우 높다. 2000년대 초반 한국 드라마인 겨울연가(후유노 소나타, 冬のソナタ)가 일본에서 대히트를 쳤

다. 당시 이 분위기를 활용하여 겨울연가 주인공인 배용준씨를 광고모델로 기용하여 당시 드라마와 이름이 같은 소나타 자동차의 일본 진입을 위하여 마케팅을 본격적으로 하였으나 제대로 되지 않았다. 가성비 좋은 중형 자동차를 지향하였지만 잘 안 되었다. 가격적으로는 경쟁력이 있었으나 공교롭게도 실패한 이유 중에 하나가 소나타가 중형차였기 때문에 일반 일본 국민들에게 통하지 않은 것 같다. 일본 주택의 경우 주차장 면적이 작은 경우가 많고, 도심을 벗어난 시골길의 도로폭이 좁은 문제, 경제력이 크지 않은 여성 주부를 타겟으로 한 문제 등이 중첩되어 가격적으로 경쟁력이 있다고는 하지만 중형차는 마케팅 환경적으로 맞지 않았던 것 같다.

　아파트의 경우도 마찬가지로 크기가 작았다. 한국은 대체로 34평 정도가 국민 평형이라고 하는데 일본 특히 도쿄의 경우는 국민 평수라고 하면 25평 정도의 크기이며 방이 3개이고 거실이 한국 대비하여 많이 작다. 한국의 경우는 욕실 겸 화장실이 통상 2개이지만 일본은 욕실과 화장실이 분리되어 있고 각각 1개씩이다.

　반면 개인 공간인 주택이외의 관공서, 체육시설, 사찰, 신사 등 공공건물이나 공원은 규모가 아주 큼직하다. 도쿄 중심가에서 가까이 위치한 신주쿠교엔, 우에노 공원, 황궁 주변 공원, 샤쿠지이 공원, 카사이린카이 공원 등 주변에 많은 공원들이 있어 시민들에게 자연 경관과 쉼터를 제공하고 있다. 일본 주요 대기업들이 모여 있는 일본에서 가장 고가의 부동산이 밀집한 오테마치역 주변 외원 광장은 규모가 거대하다. 또한 인근 지역인 도쿄都 다치카와市에 위치한 소화 기념 공원, 초후市의 진다이 식물공원, 무사시노市의 이노카시라 공원, 카츠시카市에 위치한 미즈모토 공원의 규모도 아주 크다. 그것도 놀이 시설과 같은 인공 시설은 많지 않고 본래 그대로의 자연환경을 활용하여 계곡, 연못, 호수, 강을 끼고 형성된 공원이 많으며 경치가 아주 멋지다.

이처럼 도쿄를 포함한 주변의 수도권에는 자연공원이 많았다. 녹색 자연을 좋아하는 J 상무가 돌아보기에 아주 좋았다. J 상무는 토요일은 승용차로, 일요일에는 대중교통으로 주변에 있는 공원들을 돌아다니면서 자연을 산책하며 푸르름을 만끽하였다. 정해진 일정에 맞춰 시계의 톱니바퀴처럼 움직이니까 일주일이 금방 지나가는 것처럼 보였다.

"이것도 괜찮네, 당분간은 다람쥐 쳇바퀴 생활로~"

주말 일상

    코로나가 창궐하던 초기 2020년 3월부터 연말까지 10개월 정도의 주말은 특별한 일정 없이 매주 같은 일정으로 공원을 돌아다녔다. 7시에 집을 나서서 오후 2시경에 돌아오는 일정으로 다양한 공원에 가서 2시간 내외로 산책을 하고 돌아오는 길에 점심식사를 하는 똑같은 패턴으로 하였다. J 상무가 한국인이니 역시 일식보다는 한식이 맛이 있다. 도쿄의 신오쿠보역 주변에는 한국 식당이 밀집해 있어서 어떤 한국 음식이든지 골라서 먹을 수 있는 것은 다행이었다. 다만 일본인 입맛에도 맞추려고 한 측면도 있는지 조금은 간이 센 것 같다. 어쨌든 J 상무는 새로운 식당을 탐색하며 여러 음식들을 시도해 보기도 하고 식사는 물리지 않도록 주기적으로 메뉴를 바꿔 가며 해결하였다.

    일본 음식으로는 부타동(돼지고기 덮밥). 규동(소고기 덮밥) 쇼유라멘(간장 라면), 삼마테이쇼꾸(꽁치구이 정식), 사바테이쇼꾸(고등어구이 정식), 쇼유가야키(돈육 생강 볶음), 스시(생선초밥)를 주로 먹었고 한식으로는 돼지국밥, 순두부찌개, 김치찌개, 된장찌개, 제육 덮밥, 곰탕, 양념게장 백반, 간짜장과 짬뽕 등도 주기적으로 먹었다.

주말 점심을 해결하는 거점도 정해져 있었다. 도쿄의 북쪽이나 서쪽을 다녀올 때는 신주쿠역을 경유할 경우가 대부분이기 때문에 한식당이 많은 신오쿠보역 주변에서 식사를 해결하였다. 특히 J 상무는 'ㅅㅈㅎㅈ'(초성만 표현하였다)의 돼지국밥을 정말 좋아했는데 한 달에 최소한 두 번은 'ㅅㅈㅎㅈ'에서 돼지국밥을 주문해 먹었다. 코로나가 한창인 시절이라 사람이 많지 않아서 주말에 항상 같은 자리에 비슷한 시간에 혼자 와서 돼지국밥을 시켜 먹으니 직원이 궁금했던 모양이다. J 상무에게 왜 돼지국밥만 주문해 드시냐고 물어본다. J 상무의 대답은 간단했다. "돼지국밥 너무 맛있어요"라고. 짜장과 짬뽕도 주기적으로 먹었는데 'ㄴㄲㅇㅁ'(초성만 표현)이라는 한국식 중국집으로 일본인들도 많이 찾는 맛집이라서 평상시라면 식사시간에는 줄을 서야 먹을 수 있는 식당이었는데 코로나 시절이기에 외출을 자제하는 분위기가 이어져 식당을 찾는 인원이 대폭 줄어서 언제 가더라도 자리에 여유가 있었다.

도쿄 남쪽으로 가려면 시나가와역을 경유해서 갈 경우가 대부분이지만 아쉽게도 시나가와역에는 J 상무가 좋아하는 맛집이 적고 한식집도 별로 없어서 요코하마역 또는 카와사키역에서 하차하여 역 주변에서 식사를 해결하였다.

도쿄의 동쪽은 치바현으로 바다인 도쿄만(東京湾)을 사이에 두고 있어서 가까운 거리임에도 불구하고 열차가 육로로 우회해서 돌아가기 때문에 시간이 많이 걸려서 승용차를 주로 이용해서 돌아보았다. 승용차로 치바에 다녀올 때 이용하는 도로가 '도쿄만 아쿠아라인'이라는 고속도로로 총 15km의 연장거리 중에 카와사키 방면 입구부터 10km가 해저 터널 고속도로이다. 해저 터널에서 지상으로 나오며 해상도로로 연결되는 지점에 인공섬을 조성하여 양방향 휴게소인 '우미호타루' 휴게소가 있고 나머지 5km는 해상 위로 건설된 도로로, 종점인 치바의 키사라즈까지 연결된다.

  도쿄만 아쿠아라인은 도쿄만(東京湾)의 바다 중앙을 가로질러 건설되어 도쿄 지역에서 치바로의 왕래를 한층 편리하게 만든 유료 고속도로이다. 1997년 말 완공 후 고속도로 편도 이용료가 3,140엔으로 매우 비쌌는데 당시 치바현 지사의 선거 공약이 실제로 구현되면서 일반 승용차의 경우 800엔으로 이용료가 대폭 낮아져서 부담이 많이 줄었다. 2009년 공약 발표 당시에는 2년간 시범 실시한다고 했지만 낮아진 요금 영향으로 양방향의 교류가 더욱 활성화되면서 발생한 경제적 효과가 더 크다고 평가되어 800엔으로 할인된 요금을 현재까지도 유지하고 있다.

우미호타루 휴게소에서 바라본 치바 방면 도로 전경

  다른 곳보다 상대적으로 저렴한 고속도로 이용료도 일부 영향을 주어서 J 상무는 치바현에 가는 것을 아주 좋아했다. J 상무는 2001년부터 4년간 미국에서 학업을 했던 경험이 있다. 위스콘신 주의 밀워키라는 도시에서 생활했는데 당시 밀워키의 자연환경이 너무 좋아서 나중에 완전히 은퇴한다면 밀워키에서 사는 것도 좋겠다는 생각을 했었다. 그랬던 것이 치바현을 왔다 갔다 하면서 '언젠가 완전히 은퇴를 한다면 치바현에서 살아보는 것이 괜찮겠다'라고 생각이 바뀌었다. 치바 지역에서도 별다른 특징은 없지만 조용하고 태평양을 바라볼 수 있는 해안가의 평범한 조그마한 마을인 카모가와가 그냥 좋았다.

J 상무는 치바에 갔다 올 때는 대부분 도쿄만 아쿠아라인 해저 터널 10km 지점에 조성된 우미호타루(앞 사진 참조) 휴게소에서 점심을 해결하였다. 양방향을 아우르는 인공섬 휴게소로 5층으로 건설되어 다양한 식당과 점포가 입주해서 선택지가 많았다. J 상무는 특히 쇼우가야키(돈육 생강 양념 볶음), 아사리라멘(바지락 라면)과 타이완라멘(대만식 라면)을 즐겨 먹었다.

47개 도도부현을 완주하는 것을 당분간 하지 않기로 한 J 상무는 주말 포함 주간 일정이 완전히 짜여진 만큼 다시 한번 열정을 살려 도쿄 주변의 자연 경관 돌아보기를 지속하였다.

"도쿄 지역과 수도권의 유명 공원을 가능한 한 많이 돌아보자."

비 오는 날의 공원

주말이 되어 외출 나갈 준비를 하고 있는데 하늘에 구름이 가득하고 비가 오고 있다. 일기 예보에서 하루 종일 비가 온다고 한다. 날씨를 좀 더 자세히 확인해 보니 비는 종일 제법 많이 올 것으로 예보되었지만 바람은 세지 않다고 하였다. 그나마 다행이었다. J 상무는 갖고 있는 우산 중에 가장 큰 것을 골라 여느 때처럼 아침 7시에 집을 나섰다.

목적지는 몇 번 가 봤던 도쿄都 카츠시카市에 있는 미즈모토 공원으로 규모가 크고 경관이 아주 멋진 곳이다. 나카 강과 에도 강을 좌우 양쪽에 두고 S자 형태의 호수와 녹지로 형성된 자연공원으로 사람들이 많이 찾는 공원 중의 하나이다. 전철과 버스를 타고 1시간 20분 만에 도착하였다.

소나기와 같은 비는 아니었지만 비는 약간의 바람과 함께 부슬부슬 쉬지 않고 내리고 있다. 호수와 수림을 양쪽에 놓고 이어폰으로 라디오 방송을 들으며 산책하였다. 가랑비 속에서 공원을 걷는 것도 운치가 있어 보였다. 한참을 걷다가 주위를 돌아보니 사람이 한 명도 보이지 않았다. 이렇게 큰 공원에 사람이 거의 없다니 이상하다고 생각했지만 오히려 이렇게 하루 종일 비 오는 날씨에 산책하는 J 상무가 이상할지도 모르겠다.

날씨 좋은 날의 미즈모토 공원

　한국도 그렇지만 일본도 기본적으로 지정된 장소 이외는 금연이다. J 상무는 헤비 스모커는 아니고 하루에 반 갑 조금 넘게 피운다. 아무도 안 보이니 불현듯 담배 생각이 났다. 일본에 와서 갖고 다니는 필수품 중의 하나가 휴대용 재떨이로, 그것을 꺼내 들고 큰 호수와 같은 강과 멋진 수림 사이에서 푸르름과 잿빛 경계선을 바라보면서 한 모금 들이마시고 크게 내쉰다. 이문세씨가 불렀던 가요에 나오는 "담배연기는 한숨 되어~"라는 가사가 들리는 듯하다. 누가 근처에서 J 상무를 보고 있으면 멋있어 보이지 않을까? 하는 착각까지 하면서 말이다.

　부슬부슬 하루 종일 비 오는 날에 혼자서 좋은 경치를 독차지하고 있다고 생각하니 J 상무는 그냥 기분이 좋아졌다. '비 오는 날의 호젓한 산책도 괜찮네'라고 혼잣말하면서 공원 구석구석의 풍경을 눈과 휴대폰에 담았다. 몇 번 와 봤던 공원이었지만 비 오는 날의 풍경은 색달랐다. 하늘과 커다란 호수의 색깔과 비의 색깔이 같아 보이며 조화를 이루고 있고 아름드리나무의 나뭇잎의 푸르름 선명도가 내린 비에 의해 광택이 더해지면서 운치가 있고 더욱 멋있다고 느껴졌다. 비가 계속 왔음에도 이날은 날씨 좋은 날 못지않게 많이 걸어 다닌 것 같다.

산책을 시작하고 마치는 시간 내내 비가 왔고 산책하는 동안 결국 한 사람도 마주치지 못했다. 가랑비에 옷 젖는 줄 모른다는 말이 있듯이 제법 큰 우산을 쓰고 있어도 몇 시간 빗속을 걷다 보면 무릎 아래쪽은 흠뻑 젖기 마련이다. 운동화 안쪽에 빗물이 잔뜩 들어와서 걸을 때마다 꿀쩍꿀쩍하는 소리가 나는 듯하다. 집으로 돌아오는 버스와 전철을 타기 전에 공원 정자 아래에서 신발을 벗어 물을 좀 털어내고 양말은 쥐어 짜서 가능한 한 물기를 덜어낸 후 대중교통을 이용하여 돌아왔다. J 상무는 마음먹는다.

"그래! 태풍만 아니면 비가 오나 눈이 오나 돌아보자."

걷기 마라톤

일본은 매년 5월 1일을 중심으로 일주일 내외의 휴일이 이어진다. 골든 위크(Golden Week)로 불리며 가족, 연인, 친구 단위로 일 년 중에 가장 여행을 많이 다니는 시기로 5월의 푸르름까지 만끽할 수 있어 전국이 관광객으로 북적이는 휴가 기간이다. 골든 위크 기간에 맞춰 여행을 가기 위해 호텔 및 교통편 예약을 일찍부터 서둘러 마치고 손꼽아 기다리는 사람들이 상당히 많다.

J 상무의 골든 위크에는 언제나 특별한 계획이 없다. 누구와 같이 놀러 갈 사람도 없고, 예약도 어려운 시기이기도 하고, 설사 미리 계획을 세워 혼자서 유명 관광지로 여행을 간다고 하더라도 가장 붐비는 시기에 다른 이들이 가족 연인 단위로 여행지에서 웃고 즐기는 것을 보면 오히려 객지에서 외로움을 더 느낄 것이 자명하기 때문이었다. 하지만 2020년의 골든 위크는 코로나로 인하여 완전히 썰렁한 분위기로 바뀌었다. 사람들이 외출을 거의 하지 않아서 어디를 가도 사람이 없다. 여행 자제 기간 중에 의미 없이 멀리 가는 것도 아닌 것 같아서 골든 위크 내내 도쿄 주변 공원을 돌아보는 것이 무난했다.

2018년과 2019년의 골든 위크를 특별한 의미 없이 보냈던 J 상무는 2020년의 골든 위크에는 무언가 색다른 것을 하고 싶었다. 어느 날 TV에서 마라톤 대회를 생중계하는 것을 보았다. 중계를 보다가 문득 걸어서 마라톤과 같은 거리인 42.195km를 완주하는 것은 어떨까라는 생각이 떠올랐다. J 상무는 평상시 주말에도 25,000보 이상, 20km 정도는 거뜬히 걷는다. 걷기와 체력에 자신이 있는 J 상무는 코로나로 행동의 제한이 있던 2020년의 골든 위크에는 걷기 마라톤에 도전해 보기로 한다. 휴대폰의 헬스 앱을 활용하면 도보 수와 걸은 거리가 정확히 기록되기 때문에 중간중간 앱을 확인하면서 하루 종일 하염없이 걷다 보면 충분히 42.195km를 걸을 수 있을 것으로 생각했다.

D-Day인 5월 4일이다. 창밖의 하늘을 보니 구름이 꾸물꾸물하면서 몰려다니고 있다. 오전에는 많은 비는 아니지만 비 예보가 있다. 잠시 망설였지만 이내 조그만 배낭에 접는 우산, 생수와 영양 보충용 식품을 챙겨 넣고 오전 7시에 집을 나선다. 코스는 집에서 출발하여 서남쪽 방향으로 가능한 한 빠른 길을 선택하여 타마 강까지 걸어가서 타마 강변길을 따라 상류 방향으로 계속 걷기로 했다. 강변길을 선택한 이유는 교통신호등이 없어서 방해물 없이 계속 걸을 수 있기 때문이었다.

일기 예보대로 비가 내렸지만 30분 정도 가랑비가 내린 후 비는 내리지 않았다. 지도 앱을 확인하면서 타마 강에 도달할 수 있는 가장 빠른 길을 선택하여 가면서 중간중간에 공원이 있으면 공원을 가로질러서 갔다. 출발 후 2시간을 걸어 도중에 우연히 발견한 예쁜 공원이 센조쿠이케 공원이다. 이 공원은 J 상무의 집에서 대중교통으로 30분 만에 갈 수 있는 근거리에 있어서 이후에도 여러 번 다녀왔다.

도쿄都 오타市 센조쿠이케 공원

    1차 목표로 한 타마 강변길에 13km가량 걸어서 도착하니 오전 10시 반이 조금 넘었다. 이제부터는 교통신호등이 없어서 그저 터벅터벅 걷기만 하면 된다. 약간의 휴식을 취하면서 걸음을 계속하여 중간에 점심을 먹고 쉬고 걷기를 반복하면서 타마 강과 주변 녹지가 자아내는 풍경을 바라보며 그저 걸었다. 30km 거리까지는 큰 문제 없이 걸어왔는데 30km를 넘어가니 발바닥에 물집이 잡혀서 아프기 시작했다. 많이 걷다 보니 발바닥과 신발 바닥과의 미세한 마찰이 반복되면서 물집이 생긴 것이다. 그냥 참고 걸어 보려고 했는데 도저히 안 될 것 같아 벤치에 앉아 확인해 보았다. 양쪽 발바닥에 조그만 동전 만한 크기의 물집이 3개가 잡혀 있었다. 다리 근육이 아프거나 그런 것은 없었는데 발바닥 물집이 문제가 되었다. 이대로는 걷기 힘들어서 터트릴 만한 것을 찾다가 마땅한 것이 없어서 손톱으로 억지로 터트릴 수밖에 없었다. 물집을 제거하고 잠시 마사지를 한 후 다시 걸어 보니 괜찮은 것 같았다.
    걸음을 재촉하여 가능한 한 빨리 42.195km를 완료하는 것에 집중하니까 덜 아픈 것 같았다. 하지만 35km를 넘어서서 40km 거리를 걷는 시점에 다시 발바닥이 아파서 걷기가 어려워졌다. 물집이 생겼던 곳과 주변에 새로운 물집이 만들어진 것이었다. 다시 쉬면서 밴드로 응급처치를 하고 목표가 얼마 남지 않아 지도 앱에서 가까운 전철역을 검색하였다. 몇 개의 전철역이 검색되었는데 거리를 계산하여 42.195km를 달성하면서 가장 가까운 전철역을 검색해 보니 하치오우지市 지역의 '히라야마조시 공원' 역으로 2km 정도만 걸으면 되었다. 발바닥이 아주 아프지만 좀 참고 걷고 걸어서 오후 5시 10분에 역에 도착하였다. 목표 달성이다.

아침 7시에 출발했으니 10시간이 좀 넘게 걸렸다. 원래는 돌아오는 길에 신주쿠의 신오쿠보역에 들러 J 상무가 좋아하는 돼지국밥을 먹으려고 했는데 발바닥이 너무 아파 더 걷는 것이 무리인 것 같아서 바로 집으로 향하여 집 근처에서 식사를 해결하였다. 집에 돌아온 시간은 오후 7시로 정확하게 12시간 만에 42.195km 걷기 마라톤을 완료할 수 있었다.

발바닥은 많이 아팠지만 기분은 상쾌했다. 걷기 마라톤 달성의 기쁜 마음에 헬스 앱에서 도보 수와 이동 거리가 나온 화면을 캡처하여 마라톤 완주 인증을 겸해서 한국에 있는 가족들에게 보냈는데 반응들이 시원치 않았다. 특히 딸 아이의 반응이 "아빠 이거 왜 했어?"였다. "그냥 한 번 해보고 싶었어."라고 답장하고 혼자 쓸쓸하게 웃었다.

J 상무는 헬스 앱을 다시 들여다보았다. 총 이동 거리 43.71km, 도보 수 59,720보. 목표는 달성했지만 도보 수가 60,000보에 약간 못 미치는 것이 아쉬워 보였다. J 상무는 2021년 골든 위크에는 50km를 목표로 해서 걸어 보기로 계획을 세웠다.

1년 후 골든 위크가 다시 돌아왔다. 2020년에는 발바닥 물집으로 고생한 경험이 있어 이번에는 단단히 준비하였다. 신발을 발에 잘 맞게 끈을 탄탄하게 조여서 조절하고 양말도 두 켤레를 겹으로 신어서 발바닥과 신발 바닥의 마찰을 최소화하고자 하였다. 물집이 잡히면 터트리기 쉽도록 이번에는 바늘까지 준비하였다. 이번 코스는 2020년의 반대 방향이다. 집에서 동북쪽으로 향해 걸어서 1차 목표지점인 카사이 임해공원을 경유하여 '아라' 강변을 따라 북쪽인 사이타마 쪽으로 50km를 걷는 코스이다.

2021년 5월 2일을 걷기 마라톤 두 번째 날로 잡았다. 이날은 날씨가 쾌청해서 우산을 준비할 필요가 없었다. 집에서 카사이 임해공원으로 곧장 향했다. 하마마쵸를 거쳐 유메노시마 공원을 경유하여 14km 거리의 임해공원에 3시간 좀 넘게 걸려서 도착했다. 카사이 임해공원은 J 상무가 많이 다녔던 공원 중의 하나이다. 도쿄에서 가장 큰 골프 연습장이 근처에 있어서 골프 연습 후 마음에 여유가 있으면 종종 돌아보던 공원이다.

도쿄 카사이 임해공원

익숙한 공원이라서 이번에는 둘러보지 않고 바로 '아라' 강변을 따라 북쪽으로 걸음을 재촉했다. 점심식사를 하는 시간을 제외하고 거의 쉬지 않고 처음부터 끝까지 같은 보조로 쉬엄쉬엄 걸었다. 2020년에 발바닥 물집으로 인해 고생했던 경험을 활용하여 이번에는 대비를 잘 한 모양이다. 발바닥에 물집이 거의 생기지 않았다. 50km 걷기를 완료하고 나니 오후 6시쯤 되었다. 2020년 대비하여 8km 정도 더 걸었음에도 불구하고 훨씬 쉽게 끝낸 느낌이다. 50km 지점에서 가까운 전철역은 사이타마市의 가와구치역이었다. 가와구치역에서 J 상무의 집 근처의 타마치역까지 직통열차가 있어 50여 분 만에 올 수 있었다. 이날 걸은 총 걸음 수는 67,369보, 총 거리는 50.57km이다.

2021년에도 걷기 마라톤 목표 달성으로 기분이 좋았지만 2020년의 기쁨 대비해서는 만족도와 성취감이 훨씬 적게 느껴졌다. 한국에 있는 가족들에게 달성 인증 사진도 보내지 않았다. 집에 돌아와 쉬면서 J 상무는 가만히 생각해 본다.

"만약 한국에 있었다면 걷기 마라톤 같은 걸 했을까? Never!"

무사시코야마로 가는 할머니

요코하마市의 미나토미라이에 있는 공원을 둘러보는 날이었다. J 상무는 이날도 오전에 공원과 거리를 돌아보고 요코하마역 근처에서 점심식사를 해결한 후 시바우라 집에 돌아오려고 전철에 올랐다. 도쿄에서 몇 년 생활했어도 도쿄와 주변에는 전철 노선이 너무나 많아 열심히 돌아다녔음에도 불구하고 아직 타 보지 못한 전철이 여전히 많은 것 같다. 초기에는 잘 몰라서 요코하마부터 시나가와까지 8개의 정거장을 정차하는 전철을 이용했는데 요코하마역부터 시나가와역까지 두 개의 정거장만 들르고 가는 급행열차인 도카이도센 전철이 있다는 것을 알고부터는 기다리는 시간이 좀 길어도 도카이도센 전철을 이용한다. 시나가와 역에서 내려 열차를 갈아타고 두 정거장을 가면 타마치 역으로, J 상무의 아파트에서 가장 가까운 전철역이다.

시나가와 역의 플랫폼에서 타마치행 열차가 오는 것을 기다리고 있는데 누군가가 J 상무의 옆구리를 손가락으로 가볍게 콕콕 찌르는 것이다. 돌아보니 나이가 지긋한 허리가 불편해 보이는 할머니였는데 한 손에는 쇼핑백을 들고 서 있었다. 할머니가 작은 목소리로 "○○○에 가려고 하는데 어떻게 가야 하나요?" 묻는 것이다. J 상무는 지나가는 사람한테 간혹 장소 관련하여 질문을 받으면 언제나 "저 외국인입니다. 도쿄 잘 모릅니다."라고 넘어가곤 했다. 그도 그럴 것이 도쿄에 주재한 기간도 오래되지도 않았고 지명 관련 고유명사가 모두 생소하여 금방 까먹기도 했고 귀에 잘 들어오지 않기 때문이었다. 도쿄역, 긴자, 신주쿠와 같은 유명한 곳이야 알고 있지만 그런 유명한 곳이야 누구나 잘 알고 있기 때문에 물어보지도 않는다. J 상무는 당연히 잘 몰랐고 대답을 할 수 있는 형편이 아니라고 생각했다. 이날도 할머니에게 "할머니 죄송합니다. 저 외국인이라서 잘 모릅니다."라고 말하고 돌아서서 때마침 도착한 타마치행 열차를 타서 빈자리에 앉았다. 이때 열차 내 방송에서 "시간 조절을 위하여 잠시 정차하겠습니다."라고 안내 방송이 나왔다. 전철은 승강 도어를 열어 둔 채로 시나가와역에서 정차하고 있었다.

   J 상무는 '이제 곧 출발하겠지'라고 생각하면서 조금 전에 J 상무에게 행선지를 물었던 할머니가 있던 곳을 바라보았다. 그런데 할머니가 조금도 움직이지 않고 그대로 서 계신 것이었다. 통상 처음 물어보았던 사람한테서 답을 얻지 못하면 바로 다른 사람에게 물어보기 마련인데 할머니는 그 자리에서 아래쪽을 내려보면서 한숨을 내쉬고 있는 것이다. J 상무는 잠시 물끄러미 할머니를 보다가 너무 안돼 보여서 열차에서 내려 할머니에게 다가가 물어본다. "할머니 어디 가신다고 하셨나요?" 할머니가 고개를 들고 이내 밝은 표정으로 대답한다. "무사시코야마" 당연히 J 상무는 처음 들어 보는 동네 이름이었다. 지도 앱만 있으면 어디든지 검색할 수 있으니 J 상무는 무사시코야마를 타이핑하여 할머니한테 보여 주면서 "할머니 여기 맞아요?"라고 말하니 할머니가 맞다고 한다.

먼 거리는 아니고 무사시코야마에 가려면 야마노테센으로 시나가와역에서 승차 후 두 정거장을 지나 메구로역에서 내려서, 메구로센 열차로 갈아타고 다시 두 정거장 가면 된다. J 상무는 할머니에게 가는 방법을 설명하고 야마노테센 플랫폼까지 가서 할머니가 전철에 타는 것을 도와주면서 할머니한테 다시 한번 설명한다. "할머니, 이것을 타고 두 정거장 가면 메구로역이고 거기서 내려서 메구로센으로 바꿔 타고 다시 두 정거장이면 무사시코야마역이에요."라고 재차 설명하니 할머니가 열차에 오르면서 웃는 얼굴로 "알았어요, 알았어요."라고 말하고 승차하며 고맙다고 손을 흔들었다.

J 상무는 할머니가 탄 열차가 시야에서 사라질 때까지 멀뚱히 바라보다가 돌아와 타마치행 다음 열차를 타서 자리에 앉아 방금 전 할머니를 머릿속에 떠올렸다. 백발의 거동도 완전치 못한 연세 지긋한 할머니가 왜 혼자서 움직이셔야 했을까? 너무 측은해 보였다. 눈을 감고 가만히 머릿속을 비우니 '인생은 무엇일까?'라는 생각이 저절로 떠오르면서 눈가에 물방울이 살짝 맺히는 것을 느꼈다. 'J 상무 본인도 저 정도 나이가 되어 혼자 저렇게 다니게 되면 주변으로부터 측은하게 보이겠지?'라고 생각한다. 머릿속이 하얘지는 느낌이 들었다. 휴대폰을 꺼내 무심코 검색창에 일본어로 '인생은 무엇일까?'라고 입력하니 첫 번째로 팝업되어 뜨는 것이 '인생은 무엇일까?' 라는 제목의 책 관련 광고 화면이 뜬다. '이것도 무슨 인연이 있겠지'라고 생각하면서 J 상무는 즉시 그 책을 주문하였다.

무사시코야마 지역은 도쿄 도심에서 그렇게 멀지 않은 곳으로 도쿄에서도 비교적 괜찮은 지역이라고 할 수 있다. 물론 그 지역 사람들이 모두 부유할 리가 없지만 거동 불편한 할머니가 동행자 없이 혼자 가는 상황이 그저 안타까워 보여서 한 번 더 검색해 보았다.

주문한 책이 며칠 후 도착했다. '코우카미쇼지'라는 일본에서 저명한 극작가가 쓴 책으로, 책 제목만으로 받은 느낌은 좀 무거워 보였는데 내용은 무겁지 않았다. 본인이 살아온 삶을 담담하고도 경쾌하게 서술하면서 낙천적, 긍정적 삶을 살아야 한다는 것이 주된 내용이었다. 어려운 한자도 많이 사용하지 않아서 다른 책 대비하여 읽는 시간도 많이 걸리지 않았다.

J 상무는 책의 마지막 부분 결론이 무척 마음에 들었다. '인생이란 자기 찾기가 아니고 자기 만들기이다'라는 부분이다. 내용은 가벼웠는데 코우카미 작가가 정말로 의미심장한 결론을 언급하여 J 상무는 감탄하면서 동의하였다. 인생이란 본연의 자신을 찾는 것이라고 보기보다는 자신을 만들어 가는 것이라는 것에 크게 공감을 하였다.

그러던 어느 날 '인생이란 자기 찾기가 아니고 자기 만들기'라는 명언이 책 저자인 '코우카미' 작가가 처음 말한 것이 아니고 노벨상을 수상한 미국의 저명한 극작가 '조지 버나드쇼'가 한 말이라는 것을 다른 문헌을 통해 알게 되었다. 그가 우연히도 같은 명제를 이끌어 낸 것일지도 모르겠지만 극작가라는 같은 직업을 갖고 있다는 것으로부터 미리 알았을 가능성도 있을 것 같다. 만약 알고 있었다고 하면 원작자를 언급하는 것이 더 좋았을 것 같다.

"버나드쇼의 명언처럼 인생은 자기 만들기이다. 건강하게 자신만의 이야기를 자신 있게 할 수 있으면 좋겠다."

올림픽 스토리

도쿄에서 열리기로 했던 2020년 올림픽이 2021년으로 연기하여 개최되는 것으로 결정된 후, 연일 매스컴에서는 올림픽 관련한 소식이 방송되었다. 어느 날 집권당인 자민당의 정치인인 '아소타로' 씨가 실언을 한다. "2020 올림픽은 저주받은 올림픽"이라고 언급했다가 언론의 집중 포화를 받았다. 그 뉴스를 접하고 "저주받은 올림픽이라"라고 J 상무는 혼잣말하면서 1년 연기가 결정되었지만 코로나가 여전히 기승을 부리고 있는데 올림픽이 정상적으로 개최될 수 있을까 의구심을 가졌다.

1년 후 올림픽은 열렸지만 결국 정상적으로 운영되지는 못했다. 코로나 바이러스 감염 위험성 문제로 모든 종목의 경기장에 관객이 없이 올림픽 경기가 운영된 것이다. 2020년 해외 관광객 4,000만 명을 목표로 하여 투자해 놓았던 모든 사회 기반 시설의 효용 가치가 현저히 떨어져 무용지물이 된 것은 물론이다. 여기서 J 상무의 호기심이 다시 발동한다. 2020년의 40년 전인 1980년 모스크바 올림픽과, 다시 40년 전 1940년 올림픽도 정상적으로 개최되지 못했기 때문이었다.

뭐든지 연관 짓고 의미를 부여하는 것을 좋아하는 J 상무는 좀 더 검색해 보고 분석해 보았다. 1940년 올림픽은 세계대전이 한창인 시절로 인류의 전쟁, 즉 나라와 나라, 사람과 사람 사이의 물리적인 전쟁으로 개최되지 못하였다. 공교롭게도 이때도 도쿄에서 올림픽이 열릴 예정이었는데 아예 취소되어 올림픽 경기가 전혀 없었다. 스포츠의 2대 구성 요소라고 한다면 선수와 관중이다. 즉 1940년 올림픽은 선수와 관중이 모두 없었다. 국가 간 물리적 패권 전쟁으로 선수와 관중 모두 참가할 수 없었던 것이다.

그로부터 40년 뒤 개최된 1980년 모스크바 올림픽도 문제가 있는 올림픽이었다. 자본주의와 사회주의 간 극심한 이데올로기 대립으로 한국을 포함하여 자본주의 국가들이 불참을 선언하고 사회주의 국가만 참석하는 반쪽 올림픽만 열린 것이다. 즉 선수도 절반, 관중도 절반이었다. 이 올림픽도 결국은 전쟁, 즉 이데올로기 사상 전쟁으로 인하여 범세계적인 입장에서 본다면 선수와 관중이 절반만 참석한 셈이 된다.

다시 40년 뒤 개최 예정되었던 2020년 도쿄 올림픽도 정상적으로 진행되지 못했다. 이번에는 세균과의 전쟁이 영향을 미쳤다. 코로나 바이러스가 전세계적으로 유행하면서 2대 요소인 선수와 관중 중 경기장에 선수만 있고 관중은 없는 상황이 된 것이었다. J 상무는 "하~ 흥미롭네. 그럼 다시 40년 후인 2060 올림픽에도 무언가 있을 수 있지 않을까?"라고 혼자 속삭이면서 '선수와 관중 관점에서 뭐가 있을 수 있을까?'라고 곰곰이 생각해 본다.

1940년 올림픽은 인류의 패권 전쟁의 영향을 받아 선수와 관객 모두 없었고, 1980년 올림픽은 이데올로기 대립 즉 인류의 이념 전쟁으로 선수와 관객 모두 절반밖에 없었고, 2020년 도쿄 올림픽은 인류와 코로나라는 세균과의 전쟁으로 선수는 있었지만 관중이 없는 올림픽이 되었다. 패권, 사상, 세균과의 각기 다른 형태의 전쟁 영향으로 각각 40년 주기로 올림픽에 영향을 준 것이다.

'그럼 40년 후인 2060 올림픽도 무언가 있을 수 있지 않을까? 만약 전쟁이 일어날 수 있다면 요즘 회자되는 AI와 인류와의 전쟁이 어떤 형태로든 발생하여 영향을 미칠 가능성이 있지 않을까?'

선수와 관중의 관점에서 모두 없었던 올림픽이 1940년, 선수와 관중 절반씩 있었던 것이 1980년, 선수만 있고 관중이 없던 올림픽이 2020년. 그렇다면 선수가 없고 관중만 있는 올림픽이 된다면 전체적인 퍼즐과 균형은 맞추어질 것 같다. 그런데 선수가 없는 올림픽은 성립이 되지 않고 상식에도 맞지 않으며 난센스이다. '그렇다면 어떤 경로이든 AI가 개입되어 선수의 개념이 변질된다면 가능할 수도 있지 않을까?'라고 J 상무는 또 멋대로 추측해 본다. 2060년이라면 J 상무의 나이가 93이다. 지금은 인생 100세 시대라고 하기에 직접 확인할 수 있는 가능성이 있기는 하다. J 상무는 씁쓸히 미소 지으면서 혼잣말한다.

"2060년까지 건강하게 살고 있기는 할까? 건강이 최고!"

I care, I do not care

우리나라 속담에 '사촌이 땅을 사면 배가 아프다'는 말이 있다. 한국과 한국인은 아주 특별하다. 2차대전 이후 전 세계에서 유례를 찾아볼 수 없을 정도로 빠른 속도로 발전했고 이제는 선진국 수준으로 도약했다고 해도 과언이 아닐 것이다. J 상무의 어린 시절은 어렵지 않게 소달구지나 마차가 물건을 나르는 것을 볼 수 있었던 검정고무신 시대였다. 개인용 컴퓨터는 J 상무가 대학을 다니던 80년대 후반에 등장하였다. 없고 가난했던 시절에서 풍요로운 시기로 정말로 빨리 전환하였다. 이것은 어쩌면 '사촌이 땅을 사면 배가 아프다'는 민족성도 한몫 했을지도 모른다. 잘사는 남이 부러우니 우리도 뭔가 해야지라는 마음가짐이 이렇게 빠른 도약을 하게 된 기초가 된 부분도 있을 것 같다.

J 상무는 2001년부터 2005년까지 4년간 미국에서 학업을 하면서 생활한 적이 있고 2018년부터는 도쿄에 주재하면서 일본 생활을 경험하였다. 미국과 일본에 각각 주재한 경험으로부터 3개국 국민의 일반적인 국민성을 J 상무 멋대로 비교해 보았다.

다른 경우도 물론 많을 것으로 생각되지만 한국인은 일반적으로 내가 남에게 어떻게 보일지에도 신경을 쓰고 남이 하는 일에도 신경을 쓴다.

즉, 영어로 말하면 'I care how others watch me and I care what others are doing'이라고 표현할 수 있다.

한편 일본인들은 어떨지 생각해 보면 내가 남에게 어떻게 보일지에는 관심을 많이 두는 반면 남이 어떻게 하는지에 대해서는 그다지 신경을 쓰지 않는 편이다. 그대로 인정하는 측면이 강하다. 일본인들은 어릴 적부터 아이들이 교육을 받을 때 남들에게 폐를 끼쳐서는 안 된다고 철저하게 교육을 한다. 그래서 그런지 내가 남에게 어떻게 보일지에는 상대적으로 많이 신경을 쓰는 편인 것 같다.

영어로 표현하면 'I care how others watch me and I do not care what others are doing'이라고 이야기할 수 있다.

반면에 미국인들은 대체적으로 개인주의 성향이 강하여 내가 남에게 어떻게 보일지에 별로 신경을 쓰지 않고 남이 무엇을 하는지도 별로 관심을 보이지 않는 것 같다.

영어로 이야기하면 'I do not care how others watch me and I do not care what others are doing'이라고 말할 수 있다.

다른 사람들이 어떻게 보든지 내가 하고 있는 일을 지속하거나 잘 바꾸려고 하지 않는 것은 미국인들과 일본인들은 유사한 측면이 있다. 의외로 바꾸는 것을 많이 싫어한다. J 상무가 2001년 미국에서 생활을 시작하려고 임대 아파트를 알아보고 있을 때 많은 일반 가정집이나 임대 아파트에 구형 냉장고가 여전히 사용되고 있는 것을 보고 놀랐던 경험이 있다. 냉동실에 성에가 덕지덕지 붙은, 몇십 년은 됨직한 냉장고를 바꾸지 않고 그대로 사용하고 있는 것이었다. 자동차도 마찬가지였다. 녹이 슬어 본체에 구멍이 숭숭 뚫려 있는 차량을 도로에서 어렵지 않게 발견할 수 있었다.

일본도 비슷한 면이 있다. 고장 안 나면 정말로 오랫동안 사용한다. J 상무의 도쿄 사무실 근처 스파게티 식당에서 식사를 하면서 장식용인 줄 알고 있었던 고급 다이얼식 전화에서 전화벨이 울려 놀란 적이 있다. 족히 50년은 되었을 것 같은 다이얼식 전화가 여전히 사용되고 있었다. 각 가정이나 업소에서는 30년 이상은 되어 보이는 브라운관 배불뚝이 TV가 여전히 많이 사용되고 있고, 주변을 돌아보면 구형의 세탁기, 냉장고, 선풍기 등의 전자제품을 바꾸지 않고 그대로 사용하는 예를 어렵지 않게 찾아볼 수 있다.

반면에 한국인의 성향은 어떨까? 거의 대부분 신제품으로 교체했을 것이다. 성에가 생기지 않는 냉장고만 해도 1980년대에 거의 대부분 교체되었다. 다이얼식 전화도 자취를 감춘 지 30년은 되지 않았나 싶다. TV의 경우도 20년 이상 사용하는 경우는 아주 드물지 않을까 생각된다.

J 상무는 또 멋대로 해석해 본다. 한국인의 이런 특성이 사회를 급속하게 발전시킨 하나의 기반이 된 것이라고 생각한다. 변화를 신속하게 수용하고 편의성을 추구하는 특성이 사회의 신속한 발전에 기여한 측면이 있을 것이다. 한국인의 또 다른 특성은 다양한 목소리가 너무나 많아서 생각이 다르면 서로 공격하고 데모나 시위와 같은 형태로 표현을 자주 하는 편이고, 전체적으로 잘 단합하기가 어려운 부분도 있기는 하다. 하지만 위기 상황이나 필요할 경우에는 급속도로 뭉치는 저력도 보여 준다.

미국인은 한번 정하면 잘 안 바꾸고 정치 성향도 마찬가지이다. 누가 뭐라고 해도 성향이 잘 안 바뀐다. 그것은 일본인도 마찬가지다. 본인의 정치 성향을 잘 바꾸지 않으며 잘 나서지도 않는다. 일본에서는 부친 또는 남편이 사망하거나 불가피한 이유로 출마하지 못하게 되면 자녀나 배우자가 대신 등장하여 보란듯이 당선되는 경우가 많다. 우리나라라면 어떨까? 물론 항상 예외는 있지만 대물림을 한다고 많은 공격을 받아 오히려 상처를 받을 가능성이 더 많을 것 같다.

남을 의식하고 나를 의식하기 때문에 휙휙 바꾸는 경향이 한국인이 대체적으로 많이 강한 것 같다. J 상무는 이런 성향이 급변하는 세계 정세의 신속한 적응에 있어서는 큰 장점이 될 것이라고 생각한다. 과거보다는 현재가 빨리 변하고 있고 미래는 더 빠르게 변환될 것이기 때문에 변화에 적응을 잘하는 한국인의 민족성이 앞으로 도래할 AI 시대에도 가장 적합하지 않을까 생각한다.

한국의 출산율이 현재 0.7 정도로 전 세계에서 가장 낮은 수준이다. 참고로 미국의 출산율은 1.6 정도이고 일본의 경우는 1.2 정도이다. 세계의 석학들이 이대로 가면 한국이 소멸되지 않을까 염려하고 있는데 정작 한국인들은 큰 걱정을 하고 있지 않은 것 같다. '어떻게든 되겠지'라고 낙천적으로 생각하는 면이 있을지는 모르겠지만 아마도 젊은이들이 자녀를 갖기 어려운 사회적 환경이기 때문에 출산율이 낮을 것이다.

앞으로 출산율을 적정 수준 이상으로 유지하는 것이 바람직하기는 하지만 현 상황에서 더 걱정되는 것은 일반 인공지능 AI의 등장이다. 지금 유행하고 있는 AI는 프로그램에 의해 학습하고 답을 찾는 AI로, 이것은 진정한 AI가 아니고, 스스로 생각하여 결정하는 AI의 등장을 두려워하여야 할 것이다. 그렇게 된다면 정말로 인간만이 할 수 있는 일이 크게 줄어들 수밖에 없다.

큰 기술이 필요하지 않은 일반 노동의 경우 대부분 AI가 대체할 수 있고 정밀 세공이나 작업은 AI가 인간을 능가할 것이다. 그런 세상이 되면 일자리가 크게 감소하여 인력에 여유가 생길 가능성이 높다. 엉뚱한 이야기이지만 한국인의 출산율 저하는 어쩌면 적응을 잘하는 한국에서 향후 인류의 추세가 미리 구현되고 있는 것이라고도 말할 수 있지 않을까 생각해 본다. 개인적으로 인류에 필적할 수 있는 인공지능이 발명되는 날이 오지 않기를 정말로 바라고 있다.

어쨌든 한국인의 민족성이 가장 변화에 잘 적응하는 민족성이라고 J 상무는 믿고 있다. 한국인의 출산율이 유독 낮은 이유도 한국인의 'I care' 습성과 어느 정도 관련이 있을 것으로 보인다.

"그래도 인구가 줄면 안 되는데 어떻게 하나?"

일본인의 특성을 나타내는 한자 구(拘)와 혼(魂)

　J 상무가 일본에 주재하면서 일본인들과 같이 일하면서 알게 된 일본인들의 특성을 잘 반영한다고 판단되는 두 개의 한자는 구(拘)와 혼(魂)이다. 일본인들은 일상 용어에서 코다와루(こだわる, 拘る)를 자주 사용한다. 이 코다와루에 적용되는 한자가 구(拘)이다. 우리말로 한 단어로 완전하게 표현하는 것이 어렵기는 하지만 번역한다고 하면 '고집스럽게 지키다' 또는 '집착하다'가 가까운 표현이다. 번역한 대로 의미가 전달된다면 우리말에는 부정적인 이미지가 들어 있어 좋은 의미보다는 부정적인 방향으로 해석될 수 있지만, 일본어의 코다와루의 의미는 중성 또는 좋은 의미로 해석되는 것이 맞는 것 같다.

　일본인들은 정말로 잘 지키려고 노력한다. 몇십 대를 걸치면서 전해 내려온 가업, 식당이나 기업도 물려받아 몇 대를 이어서 경영하는 일본인들이 부지기수로 많다. 일류 명문대를 졸업하였어도 부친의 가업을 물려받아 전공과 관계없이 대대로 같은 일을 이어 가는 경우도 아주 많다.

　도요토미 히데요시가 임진왜란 시 조선을 침략한 후 당시 조선의 공예가들을 다수 연행해 오면서 도자기 예술가도 함께 일본땅을 밟았다. 가고

시마에 정착한 그들은 대대를 이어 가며 도기를 제작하면서 지금도 일본의 대표적인 도자기 명인 가문으로서 자리를 이어 가고 있다. 현재는 15대까지 명맥을 유지하고 있고 아직도 당시 성(姓)인 심(沈)을 그대로 사용하고 있다. 조상은 조선인이지만 일본에 와서 일본 도자기 예술을 이끌고 있는 심씨 가문은 일본의 '코다와루' 문화, 즉 지키는 문화와 결합한 측면도 있어 현재까지 명맥을 훌륭하게 유지하고 있는 것으로 보인다.

일본 정부에서 2016년 1월부터 보급을 추진한 '마이넘버카드'라는 제도가 있다. 한국의 주민등록번호와 유사한 것으로 정부에서 꾸준히 독려했음에도 불구하고 2024년 말 등록을 완료한 인구가 아직 1억 명에 못 미쳐서 75% 정도 보급되어 있다고 한다. 시행을 추진한지 9년이나 지났음에도 아직 완전한 정착을 하고 있지 못하고 있다. 100%를 목표로 하고 있지만 언제 가능할지 요원한 상태이다. 세제혜택, 의료보험, 전산지원 등 여러 혜택을 부여해도 지금 크게 불편한 것이 없는데 구태여 받을 필요가 없다고 생각하는지 보급 속도가 매우 늦다. 기존의 제도로도 생활에 불편이 없다고 생각하여 마이넘버카드를 굳이 받으려고 하지 않는 것 같다.

J 상무는 2021년에 마이넘버카드를 신청하여 발급받았다. 받아야 하는 당위성은 잘 못 느꼈지만 일본 정부에서 코로나 백신 접종이 수월해지고 각종 증명서 발급이 편리하고 해외 출국도 원활하게 할 수 있다고 해서 신청했다. 아마도 코로나 상황이 아니었으면 받지 않았을 것 같다. 필요성을 잘 못 느꼈을 것이고 1년 남짓 있으면 한국으로 돌아가게 될 상황이라서 받을 이유는 크게 없었기 때문이다. 어쨌든 지금 괜찮은데 왜 바꾸지? 특별한 문제는 없는데? 하던 대로 할 거야라는 태도가 일본인들은 좀 강한 것 같다.

코다와루(こだわる, 拘る)는 그냥 좋아서 한다는 의미도 있어서 어떤 색깔에, 어떤 음식에, 향기가 그저 좋아서, 마음이 끌려서라고 할 때에 코다와루(拘る)라는 동사를 연결한다. 이것은 일본인들의 생활 문화 중의 상당 부분을 차지한다. 아직도 도장을 사용하지 않으면 일처리가 안 되는 부분이 있다. 택배는 이미 전산화가 되어 있음에도 불구하고 배달 물품이 도착하면 도장으로 확인을 해 주고 전표도 인감을 사용하여 발행하고 업무 처리, 영수증 처리 시 인감을 사용하는 사람들이 많다. 지금과 같은 IT 시대에 일본 사회도 IT 보급률이 높은 수준이어서 충분히 인감 없이 업무 처리를 할 수 있음에도 불구하고 잘 바꾸지 않는다. 이것도 '코다와루'의 일종이 아닐까 생각한다.

혼(魂)이라는 글자도 일본인들의 특성을 잘 나타내는 한자 중의 하나일 것이다. 혼은 영혼의 한 글자 표현이라고도 할 수 있는데, 혼은 정신과 육체의 근본이고 사후에도 영원히 존재한다고 생각하고 있고 삼라만상에 영혼이 깃들어 있다고 일본인들은 믿고 있다. 살아생전에 우수한 공적을 이룩한 영혼은 사후에도 그 공적에 상당하는 대우를 받는다고 여긴다.

일본의 신앙인 신도(神道)의 기본이 '혼'이다. 영혼을 기리는 것의 대표적인 일례가 일본 도처에 있는 신사이다. 심지어는 일개 기업이나 가정에서도 신사를 두고 기리는 경우도 있으니 신사의 개수는 공식적인 통계보다 훨씬 많을 것으로 생각된다. 또한 부모님이 돌아가셨을 때 납골당이나 사찰 묘지 또는 공공 묘지에 모시지 않고 화장을 한 후에 가정에 조그만 단을 만들어 모시는 경우도 있다.

신도(神道)에서는 모든 영혼에 대하여 경의를 표한다. 일본에서 각 신사 간 또는 종교 간 상호 공격적인 시각을 보이는 경우를 거의 보지 못했다. '기본적으로 종교는 배타적인 측면이 있을 수밖에 없는데 일본에서는 그런 부분이 잘 보이지 않는다'고 일본인 친구에게 물어보니 그냥 믿고 인정하면 되지 뭘 복잡하게 생각하느냐는 대답이 돌아왔다. 일례로 교회에서 결혼식을 올리고 바로 신사를 참배하고 여행지에 있는 절에 가서 기도하는 경우도 종종 있다. 일본인들은 신사(神社)의 입구에 해당하는 '토리이(鳥居)'를 들어가고 나올 때 항상 목례로 경의를 표한다. 일본인 관광객과 외국인 관광객의 구별은 '토리이'를 지나갈 때의 행동을 보면 바로 알아차릴 수 있다.

일본어로 혼을 '타마시이(たましい)'라고 하며 이 용어가 일상생활에서 비교적 자주 사용된다. 스포츠 중계에서도 최선을 다하여 무언가를 열심히 하기를 독려할 때 '혼을 다하여'라는 용어를 곧잘 사용한다. 투혼(鬪魂)이라는 말도 자주 사용된다. 많은 일본인들이 오마모리(御守り)라고 하는 것을 몸에 지니고 다니며 우리식으로 이야기한다면 부적과 같은 것인데 종류가 매우 다양하다. 일종의 수호령(守護靈)이라고도 볼 수 있으며 바로 '타마시이', 즉 혼을 소중히 여기는 문화에서 나온 것이 아닐까 생각된다. 물론 J 상무 멋대로의 해석이다.

"한국인의 특성을 나타낼 수 있는 한자는 무엇일까? 속(速)?"

시종일관(始終一貫)
종시일관(終始一貫)

　고객과 식사를 하는 도중에 '시종일관'이라는 단어가 나와 이에 대해 대화를 나눈 적이 있다. 처음부터 마지막까지 태도나 자세를 바꾸지 않는다는 의미이다. 우리나라는 시종일관(始終一貫)이라고 쓰는데 반하여 일본어는 종시일관(終始一貫)이라고 하며 의미는 동일하다. 같이 있던 일본인 친구는 고개를 갸웃하며 그냥 예전부터 종시일관이라는 사자성어를 들어왔고 그대로 사용했기 때문에 종시일관이 맞는 줄 알았는데 한국의 사자성어로는 시종일관이라고 하니 의외였던 모양이다. 일본인 친구 말이 "처음부터 끝까지라는 의미라면 종시일관보다 시종일관이 더 맞는 표현이 아닌가?"라고 하면서 다시 한번 고개를 갸우뚱한다.

　J 상무는 또 호기심이 발동하여 웹에서 검색해 보았다. 한국어나 중국어는 '시종일관'이라고 하고 일본어만 '종시일관'이었다. 더 찾아보니 일본어에서는 시종(始終)과 종시(終始)는 뜻이 미묘하게 다르다는 것이다. 처음부터 끝까지 라는 뜻은 동일하지만 의미상으로 시종(始終)은 어떤 사건이 진척되는 데 있어서 처음부터 끝까지의 이벤트의 나열에 사용하는 단어이고, 종시(終始)는 처음부터 끝까지 태도나 자세가 변하지 않고 일관

되게 진행할 때 사용한다고 한다. 좀 더 상세히 들여다보니 일본어로는 의미상 종시일관이 맞는 표현이고 시종일관은 잘못 사용된 경우라는 내용도 있다. 틀린 것이 아니라 다른 것이기 때문에 사용자들이 그렇다고 하면 그럴 것이다. 언어는 문화의 산물로 세태를 반영해서 원래의 의미가 변하든지 새로운 의미가 부여되기도 할 것이기 때문이다.

어느 날 J 상무는 종(終)과 관련하여 의미가 특별하게 적용되는 예를 하나 더 발견한다. 일생(一生)이라는 의미로 일본어에서는 종생(終生)이라는 용어도 사용되는 것이었다. 이것도 좀 더 조사해 보았다. 두 단어 모두 일생, 즉 평생을 의미하여 혼용되어 사용되는 경우도 많지만, 좀 더 세밀한 의미로는 종생(終生)은 어떤 계기 이후의 평생이라는 것이다. 즉, 평범하게 살다가 어떤 일을 계기로 그 이후 의미 있게 살아온 일생을 이야기하고자 할 때 종생을 사용한다. 종시일관(終始一貫)과 종생(終生)이라는 단어로부터 일본인들은 종(終), 즉 끝, 마무리에 의미를 많이 부여하고 있지는 않나 J 상무는 생각해 본다.

우리나라 속담에 '시작이 반이다'라는 말이 있다. 일단 시작하는 것이 중요하다는 의미로 실행의 중요성을 강조하는 속담이다. 일본어에도 같은 의미의 말이 있는가 일본어 사전을 찾아보니 일본의 일상생활에서 간혹 사용되고 있기는 하지만 한국어에서 영향을 받았다는 내용이 나온다. '시작이 중요하다'와 같은 유사한 의미의 일본어가 있지만 그렇게 자주 사용되고 있지 않는 것으로 보인다.

J 상무의 또 하나의 멋대로 해석이다. 시작과 끝 모두 중요하기는 하지만 한국인은 시작과 끝 중에서 시작을 더 중요시하고 일본인은 끝을 더 중요시하지 않나 하는 생각을 해 본다. 한국인은 끝나도 끝난 것이 아니

다라는 얘기를 많이 한다. 결론을 보지 못하더라도 무엇인가 될 때까지 끊임없이 도전하는 측면을 강조하지만 일본인들은 끝을 보았다고 생각하고 바뀐 환경에서 다시 시작하는 것을 강조하는 측면이 있는 것 같다.

역사적으로 보면 일례로 전쟁 중에 한국인들은 국가 또는 성이 항복하고 함락되어도 국민들은 끝까지 끈질기게 저항하는 모습을 보이는 측면이 있지만 일본인들은 같은 상황에서 성주가 또는 일왕이 항복하면 전체가 항복하고 새로운 환경을 받아들이고 다시 시작하는 모습을 보이는 것을 보면 들어맞는 부분도 있는 것 같다.

오랫동안 면면이 이어 내려온 문화가 사용하고 있는 언어와 생활 태도에도 그대로 투영되어 나타나는 것 같아 흥미롭다.

"한번 시작하면 끝까지 하는 것이 중요. 용두사미는 안 돼요!"

독서와 한자 공부

오전에 공원을 돌고 나서 각 거점에서 점심식사를 해결하고 시바우라에 있는 J 상무의 아파트에 돌아오면 거의 예외 없이 오후 2시경이다. 오후 3시부터 5시는 독서 겸해서 한자 공부 시간이다. 한자 공부를 위하여 한자 학습서로 공부하는 것이 아니고 일본어로 쓰인 서적을 읽다가 모르는 한자가 나오면 그것을 여러 번 손으로 써 보면서 외우는 것이다. 2018년부터 불규칙적으로 시간이 날 때마다 조금씩 독서를 해서 진도는 매우 느렸지만 제법 많은 책을 읽었다. 하지만 J 상무는 한자 외우는 것에는 재능이 없는지 시간이 엄청 많이 걸렸고 여러 번 반복하여도 며칠 지나면 까먹는 것이 다반사였다.

코로나가 심화되면서 여유 시간이 더욱 늘어남에 따라 더 규칙적으로 더 많은 시간 동안 독서를 하게 되었다. 평일은 1시간 이상, 토요일과 일요일은 2시간 이상 책을 읽었다. 처음에는 J 상무의 관심 분야인 우주, 뇌, 과학 관련 서적을 주로 읽었는데 식상해지기도 해서 분위기를 바꿔 일본 소설을 읽어 보기로 한다. 일본 친구들의 자문을 받아서 첫 번째로 선택한 소설이 일본의 대표적인 작가인 '무라카미 하루키'가 집필한 『노르웨이의 숲』이었다.

소설이라서 그런지 어려운 한자가 다른 서적 대비하여 많이 나오지 않고 평이한 일본어로 쓰여 있어서 상대적으로 읽기가 편안했다. 그래도 일본어 발음을 모르겠거나 헷갈리는 한자가 나올 때마다 사전을 찾아보고 일본어 발음을 외우고 손으로 한자를 몇 번 써 보고 하면서 책을 읽으니 읽는 속도는 많이 느렸다. 그러던 어느 일요일 오후, J 상무는 『노르웨이의 숲』 읽기를 완료하였다. 보통 책 한 권 읽기를 끝내면 개운하고 성취감도 있고 목차를 다시 한번 보면서 중요 부분에 대하여 리마인드도 하고 그랬는데 『노르웨이의 숲』은 전혀 그렇지 않았다.

무라카미 하루키의 소설 전개 방식은 아주 훌륭했다. 독자로 하여금 몰입할 수 있도록 암시 등을 통한 내용 전개를 해서 지루하지 않았다. 역시 대작가라고 칭송될 만하고 이전에 노벨문학상 후보자로도 이름이 오르내렸던 훌륭한 문학가라고 할 만하다. 하지만 J 상무의 성격과 취향에는 잘 맞지 않았다. 무라카미 씨에게는 필수적인지 모르겠지만 지나치게 상세한 성적인 묘사가 많고 등장인물들을 굳이 사망하게 하는 등 정서적으로 불안한 상황이 많이 등장했다. 아무튼 그늘진 영역에 대한 이야기가 많은 부분을 차지했다. 결론도 J 상무에게는 너무 꿀꿀하여 기분이 조금 우울해지는 것을 느꼈다.

마지막 페이지에 있던 몰랐던 한자를 반복하여 열심히 손으로 써 가면서 암기하는 중에 갑자기 머리가 하얘지는 기분이 들면서 눈물 몇 방울이 떨어졌다. 50대 중년 남성의 연약함인지 외로움과 허탈감이 밀물처럼 밀려왔다. "이 나이에 별로 부족함도 없는데 뭐가 아쉬워서 무슨 부귀와 영화를 누리려고 늘어져 있어야 할 일요일 오후에 열심히 한자 공부를 하고 있지?"라고 혼잣말을 하며 울적함이 더욱 증폭되는 것을 느꼈다.

J 상무는 잠시 멍하니 벽을 바라보다가 "이게 모두 '무라카미 하루키'의 소설책 때문이다"라고 멋대로 결론 내리고 앞으로 소설책은 읽지 않기로 한다. '무라카미 하루키'의 『노르웨이의 숲』이 J 상무가 읽어 본 일본어로 쓰인 첫 소설이자 마지막 소설이 된 셈이다.

일본 소설을 읽어 보기로 한 계획을 세웠으나 한 권으로 마치게 되어 J 상무는 앞으로 어떤 종류의 책을 읽어야 하나 다시 고민하였다. 관심사인 우주, 뇌에 대한 책을 다시 읽어 볼까 생각하다가 그래도 다른 분야를 계속 찾아보기로 한다.

사실 J 상무는 일본에 오기 전에 한국에서 주로 읽었던 책도 관심 분야인 이공계 관련 서적이나 편안하게 읽을 수 있는 에세이류의 서적이 대부분이었다. 소설책은 많이 읽지는 않았는데 노벨문학상을 받은 작가 '한강' 씨의 『채식주의자』를 읽은 것이 한국에서의 마지막이었고 일본에 와서 이제 겨우 무라카미 씨의 소설인 『노르웨이의 숲』 한 권을 읽었을 뿐이다. 인문 관련 서적을 읽고 싶었지만 아는 것도 없고 어떻게 시작하여야 할지도 몰랐다.

J 상무의 현재의 업무에 도움이 되는 서적을 읽는 게 어떨까 생각해 보았다. J 상무는 입사 후 26년간 줄곧 연구원 생활을 하다가 일본에 주재하면서 경영과 영업을 한지 3년차이다. 법인장으로써 일본법인 경영을 하고 있지만 경영 관련 서적을 읽어 본 적이 없다. 그러다 J 상무의 머릿속에 문득 떠오른 것이 성공한 일본 유명 경영인들의 서적을 읽어 보는 것이었다.

"성공한 일본인 경영자들의 경영 철학 관련 책을 읽어 보자."

이나모리 가즈오(稻盛和夫)의 『삶의 태도(生き方)』

코로나는 지치지 않고 영역을 확장하고 있었다. 전 세계 감염자 수가 기하급수적으로 늘고 있어 정상적인 생활이 언제 가능할지 모르는 상황이 이어졌다. 가족들을 마지막으로 본 지도 만 1년을 넘어가고 있었다. 무엇보다도 딸아이가 어떻게 변했는지 궁금했다.

코로나 시대에 있어서의 변화된 새로운 삶의 방식에 맞춰 어쨌든 살게는 되어 있는 모양이다. J 상무는 여전히 주말에는 부지런히 도쿄 주변의 공원 둘러보기에 여념이 없다. J 상무는 자연이 주는 푸르름을 눈에 넣고 오면 주간의 업무 스트레스와 코로나 관련 스트레스가 한결 풀리는 것처럼 느껴졌다.

도쿄 서쪽의 하치오우지市에 있는 후지모리(冨士森) 공원과 만푸쿠지(萬福寺)를 돌아보고 귀가를 위해 전철에 올라 차창 밖을 바라보다가 무심코 전철 내에 있는 광고판을 보게 된다.

'이나모리 가즈오 씨의 삶의 태도(生き方) 150만 부 돌파!'

이나모리 가즈오 씨는 세라믹 회사로 유명한 '교세라'의 창업자이다. J 상무는 이나모리라는 이름을 들어는 보았지만 그동안 큰 관심은 없었다.

많은 경영인들에게 존경하는 인물을 꼽으라면 언제나 상위권에 오르내리는 분으로, 자수성가의 입지전적인 인물 정도로만 알고 있다. 교세라라는 회사 이름은 '교토세라믹'으로부터 따온 것이며 교토에 기반을 둔 회사이다. 마침 경영인의 경영 철학 관련 책을 읽어 보려고 했던 J 상무는 전철에서 내리자마자 근처 서점에 들러 이나모리 가즈오(稲盛和夫) 씨의 『삶의 태도(生き方)』라는 책을 구매하여 그날 오후부터 읽기 시작했다.

이날이 J 상무가 나름의 철학에 대하여 눈을 뜨기 시작한 날이었다. 책을 한 줄 한 줄 읽을 때마다 머릿속에 쏙쏙 들어오는 느낌이었다. J 상무는 회사의 교육과정이나 뉴스 등 언론을 통해 그동안 들어 보았던 경영 철학, 인생 철학이라는 여기저기 흩어져 있었던 하나하나의 구슬이 한 줄로 꿰어지는 듯한 기분이 들었다.

이나모리 씨가 본인의 사상과 철학을 이 한 권에 모두 담았다고 직접 언급한 『삶의 태도(生き方)』(우리나라에는 '어떻게 살아야 하는가?'라는 제목으로 번역본이 출간되었다)라는 책 한 권을 읽고 J 상무는 큰 감명을 받았다. 요약하자면 **원리 원칙에 충실한 행동과 실천을 바탕으로 감사하는 마음과 긍정적 사고로 세상을 이롭게 하는 삶을 살아야 한다**는 것이다. 결론은 간단하지만 실제로 실천하는 것은 매우 어려운 법이다. 그것도 감사의 마음으로 타인을 이롭게 한다는 것은 더욱 어려울 것이다. J 상무는 이렇게 본인의 삶을 완벽하게 성공시킨 것으로 보이는 이나모리 씨의 실제의 삶이 많이 궁금해졌다.

책에 쓰인 대로 인생을 보냈다고 하면 정말로 완전한 성인이라고 느껴졌다. 이나모리 씨가 어떤 분인지 더 알고 싶어서 그의 저서 『마음(心)』과 『운명을 고양하는 말(運命を高める言葉)』 두 권을 추가로 구해서 읽어 보왔다. 내용은 『삶의 태도(生き方)』와 조금씩 다르지만 흐름이나 전달하고자 하는 메시지는 같았다. 어떻게 이렇게 완전할 수 있는지 궁금했다.

이나모리 씨는 경영의 신이라고 불릴 정도로 그가 손대는 사업마다 성공하거나 놀랄 정도로 신속히 회복하였다. 이미 성공한 경영인으로 경영에서 완전히 은퇴한 78세의 이나모리 씨가, 본인은 항공 분야는 비전문가라며 몇 번이나 고사를 했음에도 불구하고, 일본 정부의 강력한 요청으로 당시 회복 불능이라고도 여겨졌던 일본항공(JAL)의 무보수 회장으로 2010년 취임하여, 경영에 참여한 지 1년 만에 회사를 흑자화시키고 3년 만에 주식시장에 재상장을 이루어 내는 기적과 같은 업적을 이룩하였다. J 상무는 '이 정도면 실로 운도 운이지만 세상을 보는 눈이 완전히 특별한 분이다'라고 생각했다.

J 상무는 또 호기심이 발동하여 이나모리 씨가 평범한 인간적인 면이 있는지 알고 싶어서 그가 담배를 피웠는지 조사해 보았다. 인터넷에서 쉽게 검색되었는데 금연했던 기간이 있었지만 80대의 나이임에도 담배를 즐겨 피운다고 했다. 65세의 나이에 깨달음을 얻고자 불교에 귀의한 것도 있어 끊었던 담배를, 2010년 JAL의 무보수 회장직을 떠맡으면서 생긴 업무 스트레스 때문에 다시 시작하였다고 한다. 술은 어떠한지 궁금해서 찾아보니 역시 술도 즐기는 타입이다. 술자리를 마다하지 않고 찾아가고 담배도 피우는 J 상무에게는 큰 안심이고 위안이었다. 만약 술, 담배까지 하지 않는 완벽한 분이었다면 인간적으로 보이지 않았을 텐데, 평범하고 완전하지 않은 면도 있어서 이나모리 씨를 더욱 존경하게 되었다.

이나모리 씨가 저술한 서적을 읽고 그가 강연한 유튜브 영상을 몇 개 보고 나름대로의 조사를 하면서 그가 자신감이 넘치고 공명심이 강한 분이

라는 느낌을 받았다. 이나모리 씨는 1987년부터 돌아가신 2022년까지 90권이 넘는 책을 저술하였다. 공동 저자로 출판한 책까지 합치면 120권 정도가 되니 대단한 저술 활동을 하신 분이다. 37년간 120권의 저서를 출간한 기록이 있는데 이는 연간 대략 3권가량의 서적을 집필하였다는 것이 된다. 일선에서 경영을 하면서 그렇게 많은 저술을 할 수 있다는 것에 놀라지 않을 수 없었다. 그중에 가장 많은 판매 부수를 기록한 서적이 J 상무가 읽은 『삶의 태도(生き方)』라고 하니 가장 핵심이 되는 서적을 읽은 셈이다. J 상무가 이나모리 씨의 저서 3권을 읽어 보았는데 3권이 흐름이 모두 비슷비슷했다. 좀 더 과장해서 말하면 같은 책을 세 번 읽은 느낌이었다. 전달하고자 하는 메시지는 이 세상에 태어난 이상 사회를 위해 세상을 위해 살아야 하고 그렇게 할 수 있도록 노력하며 자질을 키워야 한다는 것이었다.

이나모리 씨는 경영에서 은퇴하면서 1997년 65세의 나이에 깨달음을 얻고자 불교에 귀의한 경험을 갖고 있다. 교토에 있는 절에 입문하여 득도를 하기 위하여 스님의 길을 걷다가 다시 속세인 평범한 세상으로 돌아왔다. 그의 저서에 나와 있듯이 우주와 인생의 의미에 대하여 답을 얻고자 하였을 것이다. 이나모리 씨가 실제로 깨달음을 얻었는지는 이나모리 씨 본인만이 알 수 있겠지만 J 상무는 추측해 본다. 아마도 본인이 원하는 깨달음을 얻기에는 주위에 장애물이 많고 당신의 어깨가 너무 무거워서 어려웠을 것이라고 생각해 본다. 깨달음을 위한 정진을 하기 위해서는 모든 것을 비워야 할 것 같은데 그는 그렇게까지는 못 했을 것 같다. 귀의한 기간에도 그는 저술을 계속하는 등 속세와의 연결고리를 유지하고 있었기 때문이다.

J 상무는 언젠가 이나모리 씨를 한 번만이라도 볼 수 있다면 깨달음에 대한 질문을 던지고 싶었다. 항상 이 생각이 머릿속 어딘가 맴돌고 있어서 고객들이나 지인들과 간담을 나눌 때 종종 이나모리 씨에 대한 이야기를 하곤 했다. 그러던 어느 날 나고야에 있는 지인 Y 전무와 식사를 하면서 간담을 나누던 중에 그가 기회가 되면 언젠가 이나모리 씨를 만나게 해 줄 수 있다는 이야기를 하는 것이다. J 상무는 반색을 하며 제발 그렇게 해 달라고 부탁하였다. 2021년 9월경 Y 전무로부터 코로나가 진정되고 있어 이나모리 씨와의 만남을 '곧' 주선할 수 있을 것이라는 메시지를 받았다. J 상무는 질문 목록을 만들어야겠다고 생각했다.

한동안 Y 전무로부터 관련한 연락이 없어 잊어버리고 있었는데 2022년 8월, 90세의 나이로 생애를 마친 그의 부고 소식을 뉴스에서 접하게 된다. 일본에서는 큰 별이 떨어졌다고 언론에서 특집으로 이나모리 씨 관련 내용을 다루었다. 그를 직접 만나 볼 것을 기대했던 J 상무는 크게 상심하였다.

"아! 정말로 기대했는데 아쉽다."

성공 스토리와 경영 철학

이나모리 씨 저서를 읽은 이후 독서에 속도가 붙은 J 상무는 소니의 창업자 모리타 아키오(盛田昭夫), 파나소닉의 창업자 마츠시타 코노스케(松下幸之助), 캐논 창업자 미타라이 후지오(御手洗富士夫), 후지필름 회장 코모리 시게타카(小森重隆), 일본전산 사장 나가모리 시게노부(永森重信), 미츠이 스미토모 은행 총재 니시가와 요시후미(西川善文), SBI 홀딩스 사장 키타오 요시타카(北尾吉孝), 약해진 소니를 재건한 히라이 가즈오(平井一夫)의 책을 하나씩 구매하면서 읽어 보았다.

시간은 많이 걸렸지만 코로나 시절이라서 시간에 여유가 있는 J 상무는 부지런히 읽어서 여러 유명 경영인들의 책을 독파할 수 있었다. 최종적으로 성공한 분들의 스토리이기 때문에 본인들이 어떤 과정에서 무슨 실천을 하였고 결과적으로 어떠한 성과가 있었는지에 대한 경험을 바탕으로 하여 본인들의 경영 철학을 전달하고자 하였기에 전반적으로 전달하고자 하는 메시지는 크게 다르지 않은 것 같다.

꿈과 계획을 크게 세우고, 자신을 끊임없이 계발하고, 주위로부터 같이 일하고 싶어 하는 사람이 되고, 유연한 자세와 강한 실천력을 갖고, 자신보다는 조직과 사회를, 더 나아가 세상을 위하여 일하여야 한다는 내용이다. 즉, 각론에는 다소 차이가 있지만 총론은 크게 다르지 않은 것 같다. 이나모리 씨의 저서의 흐름과도 유사하다고 말할 수 있다. 저서의 내용 중에 본인들의 개인사와 성격도 담겨 있기 마련이어서 독서로 접한 경영인들의 성향을 J 상무 멋대로의 기준으로 나름대로 파악하여 분류해 보기로 한다.

먼저 부지런하고 철저한 타입으로는 일본전산의 나가모리 씨가 대표적이며 금융사업가인 니시카와 씨도 여기에 포함될 수 있을 것으로 생각된다. 아마도 대부분의 성공한 경영인이 이 부류에 속하지 않을까 생각된다. 본인을 철저히 관리하고 조직도 철저히 관리하는 타입으로 조직 전체를 한 방향으로 잘 정렬하여 회사를 발전시킨 타입이다. 하지만 조직 전체가 부지런하게 움직여야 하기 때문에 조직원들이 좀 피곤할 것 같다. 여러 가지 원인으로 회사가 발전하지 못하고 정체되어 있거나 실적이 좋지 않으면 심할 경우 조직원들이 번아웃 될 가능성도 있지 않을까 생각했다. 직원들이 재미있게 일할 수 있는 조직이 좋다고 여기는 J 상무에게는 성격상 맞지 않은 타입일 수 있다고 판단했다.

두 번째, 천재형 타입이다. 번쩍이는 아이디어로 사업을 기획하고 주위의 좋은 사람들을 활용하여 사업을 번창시킨 경영인, 소니의 창업자 모리타 아키오가 대표적인 사례일 것으로 생각된다. 교세라의 이나모리 가즈오, 파나소닉(구 마츠시다 전기)의 창업자 마츠시타 고노스케도 역시 이 부류로 분류할 수 있을 것으로 생각된다. 손대는 사업마다 성공시키고 당대에 세계적인 기업으로 성장시킨 능력을 보유한 분들이다. 특히 마츠시타 씨의 경우는 본인의 자서전에서 자신이 성공한 3가지 이유를 언급하였는데 첫째는 유년 시절 가난했던 점, 두번째는 체력이 약했던 것, 세번째는 제대로 배우지 못한 환경이었기 때문에 이를 극복하려고 하는 과정에서 성공하였다고 언급했다. 누구나 어려운 환경을 극복하는 것은 아닐 것인데 본인의 역경을 오히려 성공의 요인으로 삼는 발상의 전환이 존경스럽다.

세 번째는 카리스마형으로 후지필름 홀딩스의 코모리 시게타카 씨, 캐논의 미타라이 후지오 씨를 꼽을 수 있을 것 같다. 사업의 변화를 읽어내는 뛰어난 경영감각으로 회사를 성장시키고 회사 내에서 존재감이 확실한 분들이다. 일본 기업은 우리나라와 같은 오너 체제 회사가 아님에도 불구하고 오랫동안 최고 경영자 자리를 유지하였다. 특히 캐논의 미타라이 회장은 2025년 현재 89세의 나이임에도 여전히 현역으로 활동하고 있다.

네 번째는 포용의 리더십이다. SBI 홀딩스의 키타오 요시타카 씨와 소니의 재건에 성공한 히라이 가즈오 씨가 여기에 해당할 것 같다. 상사, 동료, 부하 조직 전체를 한 방향으로 이끄는 능력이 뛰어난 분들이다. 다른 것을 인정하고 받아들이는 자세가 사업 성공으로 연결된 것이다. 위에 언급한 경영자들 중 실제로 J 상무가 직접 만나 본 유일한 경영자는 약해져 가는 소니의 체질을 개선한 히라이 가즈오 씨이다. 직접 얘기를 나눈 것은 아니고 소니의 신년 하례식 때 초대를 받아서 그의 발표를 듣고 명함 교환할 때 악수만 한 것이 전부이지만 매우 밝은 사람이라는 인상을 받았다. 그의 저서에서도 나와 있지만 그는 주위 사람들을 포용하는 능력이 상당한 것을 느낄 수 있었다. 2012년부터 2018년까지 CEO로서 소니의 재무 구조를 획기적으로 개선시키는 데 기여하고 2018년 4월 당시 57세의 나이에 CEO를 퇴임하고 모든 실권을 나이가 한 살 더 많은 요시다 켄이

치로 씨에게 양도하였다. 60세를 훨씬 넘긴 나이에도 실권을 놓지 않으려고 하는 것이 일반적인 사람들의 성향인데 히라이 씨는 회사의 실적이 좋아졌고 계속 상승하는 좋은 분위기에서 본인이 공언한 약속을 지키기 위하여 기꺼이 대표 CEO 자리를 퇴임하고 일선에서 물러섰다. J 상무는 당시 히라이 씨가 정말 멋있다고 생각했다.

J 상무가 경영자를 굳이 4가지 타입으로 구분하였지만 기본적으로 성공한 경영인들은 위 4가지 요소를 어느 정도는 모두 구비하고 있어야 한다. 다만 어느 측면이 더 부각되는지에 따라서 구분해 본 것일 뿐이다. 이분들은 도대체 무엇이 다른지 J 상무는 곰곰이 생각해 본다.

첫 번째는 시류와 정세를 파악하는 능력이 남다르고 본인의 경영 철학을 확실히 확립하고 있다는 것이다. 그저 열심히 하는 단순한 방법으로는 성공하는 것과 거리가 있기 마련이다. 방향을 잘 짚어내고 한 방향으로 가야 성공할 수 있을 것이다. 상황을 정확이 파악하고 맥을 잘 짚고 명확한 진단을 내리고 방향을 설정하는 능력이 이분들은 남다른 것 같다.

두 번째로 CEO로서 중요한 것은 감(勘)을 갖고 있어야 한다는 것이다. 결정적인 순간 수많은 선택지를 놓고 어디로 가야 할지 결정하는 능력이 무엇보다도 중요하다. 기존 데이터와 현재의 상황으로부터 어디로 향해야 하는지 결정하는 능력은 결국 통찰력에서 출발하는데, 미래의 움직임까지 예측하고 있어야 옳은 방향의 결정을 내릴 수 있는 것이고 여기서 결정적으로 작용하는 것이 감(勘)이라고 J 상무는 생각했다.

어느 분야에서나 성공한 분들에게 비결이 무엇인지를 물어보면 거의 빼놓지 않고 공통적인 대답으로 나오는 것이 운(運)이 좋았다고 한다. 정말로 운이 좋았는지, 운이 따를 수밖에 없던 것인지 모르겠지만 분명한 것은 그들은 한결같이 준비되어 있었다는 것이다. 갑자기 행운이 주어진 것이 아니라 좋은 운명을 만들어 갔다고 생각된다. 자신의 처한 상황을 정확히 이해하고 이 방향이 맞고 가야 할 방향이라는 확신, 즉 자신감이 넘쳐야 타인과 조직을 움직일 수 있을 것이다.

J 상무는 CEO의 중요성에 대하여 새삼 생각해 본다. 회사의 운명을 가름하는 가장 큰 요인 중의 하나가 TOP의 능력이다. CEO의 역량에 따라 회사의 미래가 좌우될 수 있다는 것을 일본의 경영 철학 관련 서적을 읽으면서 다시 한번 느꼈다. 특히 어떤 조직이나 혼자 일하는 것이 아니기 때문에 조직 전체를 한 방향으로 이끌 수 있는 능력, 포용력과 카리스마도 어느 정도 갖고 있어야 할 것으로 생각한다. 아무리 좋은 기술과 제품을 갖고 있어도 CEO가 변변치 못하면 몇 년도 안 돼 그 조직은 와해될 수 있다. 정말로 어려운 이야기지만 이 모든 역량이 구비되어 있어야 성공할 수 있는 CEO로 성장하고 회사도 필히 발전할 것이다.

J 상무도 아주 작은 규모이기는 하지만 일본법인의 CEO이기 때문에 생각해 본다.

"본인은 어떤 타입일까? 음~ 택도 없는 소리!"

한자 공부와 친구

　시간 여유가 있는 J 상무는 자투리 시간이 나면 한자 공부를 겸한 독서를 하는 것이 일상화되었다. 자신도 모르게 가끔씩 멍하게 시간을 보내는 경우도 많았지만 이내 정신을 차리고 한자를 손으로 써 가면서 열심히 외웠다. 기분이 꿀꿀한 어느 날 우울이라는 한자를 외우고 있었다. 한자로는 憂鬱인데 '憂' 자는 그럭저럭 쓸 수 있게 되었는데 획수가 많은 '鬱'은 반복하여 외워도 바로 까먹어 버리는 것이다. '오늘이야말로 보지 않고 쓸 수 있겠지'라고 자신을 갖고 써 보려고 하면 머릿속이 하얘지면서 기억이 잘 안 나는 것이다. 가뜩이나 어렸을 때부터 '암기하는 것에는 소질이 없나 보다'라고 본인을 각인했던 J 상무는 오기가 발동하여 鬱 자를 반복해서 써 보고 드디어 완전히 외우게 되었다. 조금 과장해서 오백 번은 써 본 것 같다. 그 이후로도 가끔은 습관적으로 鬱 자를 써 보면서 본인의 기억을 유지하려고 노력하고 있다. 코로나의 영향으로 남는 시간에 한자를 공부하면서 나름 도움이 되는 방향으로 여유 시간을 활용하게 되어 조금의 보람은 있었다.

　한국도 마찬가지이지만 일본도 2020년 초부터 회식 금지가 되면서 초기 6개월은 완전히 하지 못했고 2020년 말이 되어서야 4인 이하의 식사는 가능하게 되었다. 하지만 회사 대 회사의 회식은 여전히 어려운 상황이 지속되면서 고객과의 접대 식사는 하려고 해도 할 수 없는 시기가 이어졌다. 소주 한잔하면서 얘기하는 것을 좋아하는 J 상무에게는 치명적인 것이었다.

개인 방역과 거리두기를 충분히 하면 4인 이하의 회식이 가능하다고 공지된 시점부터 J 상무는 도쿄 사무실 직원 중에 술을 조금은 할 수 있는 직원들을 2명 또는 3명씩 조를 짜서 돌아가면서 회식을 시작하였다. 3~4인 식사이니 전혀 문제가 없었다. 메뉴는 주로 J 상무가 좋아하는 삼겹살과 소주로 하였는데 오랜만의 회식이라서 그런지 다들 너무 좋아하는 것이었다. 물론 J 상무는 더 기뻤다. 코로나로 힘든 시절을 자신들은 어떻게 보내고 있고 일상의 생활로 빨리 돌아갔으면 좋겠다라는 얘기가 주된 내용이었다.

회식 중의 이야깃거리로 J 상무는 한자 공부를 열심히 하고 있고 특히 울(鬱) 자를 쓰기 위하여 노력한 이야기를 하면서 쪽지에 한자로 鬱이라고 써서 보여 주니 일본인 직원들이 감탄을 하는 것이다. 그중에 한 친구는 아마도 대부분의 일본인들은 鬱 자를 읽을 수는 있겠지만 쓰지는 못할 것이라고 단언을 하는 것이었다. J 상무에게 대단하다고 몇 번이나 감탄사를 연발했다. J 상무는 직원들에게 "정말로 열심히 연습해서 겨우 쓰게 된 것이다"라고 말해도 직원들은 감탄사를 연발했다.

J 상무 조직의 직원 수가 20명이 되지 않고 술을 마시지 않는 친구들도 있어서 1주일에 두 번씩 하니 3주 만에 금방 끝나게 되었다. 이것이 끝나면 또 외로운 시절이 이어질 것을 생각하니 쓸쓸해졌다. 직원들에 부탁

하여 고객 회사에 2대 2로 식사가 가능한지 문의해 보라고 하니 대부분의 회사가 거래선과의 식사가 4인 회식이라고 할지라도 꼭 필요한 경우가 아니라면 하지 않는다는 대답이 돌아왔다.

J 상무는 낙담했다. 회사 직원들과 계속 순회하면서 저녁식사를 할 수도 없고 어떻게 해야 하나 고민하다가 일본에 와서 개인적으로 친분이 있는 N 상사의 S씨에게 전화하여 어떻게 잘 지내는지 전화로 얘기하다가 식사 한번 하자고 제안하였다. 역시 4인이라고 할지라도 어렵다는 대답이 돌아왔다. "그럼 친구끼리 4인은 되나요?"라고 물어보니 그건 된다는 것이다. "그럼 친구라고 치고 N 상사 측 2명, 우리 측 2명이서 식사를 하면 되지 않나요?"라고 하니 그것도 보는 눈이 있어서 역시 안 된다는 것이었다. J 상무는 "그럼 둘이 마시면 어떤가요?"라고 얘기하니 S씨는 회사 경비 처리를 하지 않으면 그것은 눈치 볼 일도 없고 전혀 문제가 없다고 대답하는 것이다. 즉시 약속 날짜를 잡아 저녁식사를 1대1로 하기로 하였다.

J 상무는 둘이서 식사를 해 본 적이 많지는 않았다. 친한 친구가 먼 곳에서 왔을 때 정도이거나 회사에서 업무를 하다가 상사나 동료와 "오늘 저녁 약속 있나? 한잔 어때?"와 같은 형태가 아니면 거의 없었던 것 같다. 일본에 와서 친구가 된 F社의 F씨를 제외하고 거래선 상대와 1대1 회식을 했던 기억이 없다. J 상무는 8년차 임원 생활 동안 많은 고객과의 회식이 있었지만 거래 회사 임원과 J 상무 둘이서 먹는 것은 한국이든 일본이든 상상하기가 좀 어렵다. F社의 F씨의 경우는 거래선 관계가 아니라 친구로 만나 식사를 하는 것이기에 특별한 경우이다. 어쨌든 오랜만에 S씨를 전화나 웹미팅이 아닌 실제로 만나 술 한잔 기울이게 되어 설레기까지 했다. 정말로 1년 가까이 거래선과 식사를 하지 못했는데 드디어 하게 된 것

이다.

약속한 날이 와서 선술집에서 S씨를 만났다. 서로 "아! 이게 얼마 만인가"라고 대화를 섞으면서 서로의 안부를 물어보며 속 이야기까지 하는 분위기가 되었다. 마음 약하고 외로운 중년 남성들, 어디나 똑같은 모양이다. 그도 그렇고 J 상무도 그렇고 이런 자리를 기다린 것이다. 직책의 허울과 체면으로 1대1 회식은 생각도 못 했었는데 막상 자리가 마련되고 보니 허심탄회하게 말을 교환할 수 있는 자리가 되어 너무 좋았다. S씨와는 가능하다면 3개월에 한 번 이런 자리를 갖기로 약속하고 헤어졌다.

J 상무는 모두들 같은 상황일 것이라고 생각했다. H 상사의 A씨, A 화성의 F씨, C社의 K씨와 S씨, S 전자의 H씨, N社의 S씨, H社의 I씨, H 화학의 S씨, I 화학의 O씨와 T씨, S 화학의 Y씨, N 상사의 S씨와 U씨, Y씨 등 거래 관계에 있는 상대 회사 담당 임원 또는 부장들에게 연락을 넣으니 거의 대부분 1대1 회식에 응하였다. 처음에는 머뭇머뭇하다가 몇 번 더 '거래선 관계가 아닌 지인 관계로 하면 되지 않나요?'라고 얘기하면 다들 넘어왔고 이후 주기적으로 밥을 먹는 관계가 되었다. 회사 업무 관계를 떠나서 개인적으로 친밀한 일본인들도 있어서 식사 횟수는 코로나 이전을 거의 회복하였다. 그래도 주 3회는 넘지 않도록 조절하였다. 모두들 외로웠던 모양이다. 하나같이 즐거워하였다.

J 상무는 같이 식사한 여러 거래선 사람들에게 술자리에서도 한자 공부 이야기를 하였다. 이런저런 사적인 이야기까지 하면서 거래선들과 식사를 하게 되니 많이 만나면 정이 깊어지기 마련이어서 개인적으로 친분이 쌓이면서 서로 도움을 주는 관계로 발전하였다. 모두들 회사에서 고참 부장이거나 임원이기 때문에 결정권을 갖고 있어 가능하면 J 상무의 회사

소재를 많이 사용하겠다고 하였고 실제 거래 물량이 증가하는 상황으로도 이어진 경우도 있었다. 코로나 시대에 맞는 영업 활동을 제대로 한 셈이다.

"아하~ 이런 영업 전술도 있네!"

울(鬱) 자를 활용한 영업

　거래선 고객과의 1대1 식사에서 이야깃거리 중의 하나로 J 상무의 한자 공부 이야기는 거의 빠지지 않는 안줏거리이다. 여유 시간이 생길 때마다 한자 공부를 하고 있고 열심히 외워서 드디어 울(鬱) 자를 쓸 수 있게 되었다고 쪽지에 써서 보여 주면 J 상무의 회사 직원이 얘기한 대로 감탄하면서 본인들은 읽을 수는 있지만 쓰지 못한다는 말을 한다.

　2020년 겨울 어느 날 C社의 K씨로부터 전화가 왔다. 본인이 개인적인 사정으로 회사를 퇴직하게 되었다고 하면서 K씨가 약속한 J 상무의 회사 소재의 구매 목표 물량을 본인이 재직 중일 때 달성해 주고 싶었는데 실현을 못 시켜서 미안하다는 말을 하는 것이었다. J 상무는 K씨가 원하는 새로운 직장을 얻은 것에 대하여 축하 인사를 하고 그동안의 감사의 말도 전할 겸 식사 자리를 청하였다.

　얼마 후 둘이서 삼겹살에 소주를 기울이면서 세상 돌아가는 얘기를 하였다. K씨는 55세가 되면서 직책정년(役職定年, 55세에 직책이 없어지는 것으로 일본의 대기업에 있는 제도)이 되면서 급여가 50% 이하로 줄기 때문에 급여를 유지할 수 있는 다른 회사로 이직하게 되었다고 했다. J 상무는 축하한다고 전하고 K씨의 향후 계획 등을 듣고 나서 회식에서 자주 사용하는 이야깃거리인 J 상무의 한자 공부 이야기를 해 주면서 울(鬱) 자를 젓가락 포장지에 써서 보여 주었다. K씨는 다른 일본인들의 반응보다 몇 배의 강도로 감탄사를 연발하며 대단하다고 하면서 젓가락 포장지에 쓰인 울(鬱) 자를 잠시 바라보다가 J 상무에게 진지한 표정으로 묻는 것이었다.

"J씨, 울(鬱) 자가 쓰인 젓가락 포장지 제가 가져가도 되겠습니까?"

J 상무는 어차피 버려질 것인데 가져가시라고 했다. 그랬더니 고맙다는 말을 여러 번 하고 그것을 곱게 접어 본인의 지갑에 넣으면서 본인의 후임자인 S씨와 함께 J 상무의 사무실로 인사하러 오겠다고 하였다.

며칠 후 실제로 K씨는 후임자 S씨와 함께 방문하여 후임자를 직접 소개해 주었다. K씨는 S씨에게 당부를 잘 하였으니 J 상무 회사로부터의 구매 물량은 지속 증가할 것이라고 J 상무를 안심시켰다. J 상무는 언제까지 얼마의 물량을 구매해 줄 수 있다는 목표 물량을 약속해서 서로 부담을 갖는 것보다는 속도가 늦더라도 꾸준히 증가하길 희망한다고 당부하였다. 그후 K씨의 후임자인 S씨와도 후일 1대1 식사 친구가 된 것은 물론이다.

C社와의 거래 물량은 조금씩 지속 증가하였고 거래 관계는 더욱 공고해졌다. 2020년 겨울에 C社를 퇴직한 K씨를 마지막으로 보고 나서 한 번 안부 전화는 했지만 그 이후 그를 직접 만날 기회는 없었다. J 상무가 퇴임 통보를 받은 이틀 후 저녁 10시가 넘은 시간에 K씨로부터 4년 만에 전화가 걸려 왔다. K씨는 J 상무가 여전히 현역인 줄 알고 J 상무의 회사 소재를 신규 거래처에 소개해 주려고 전화를 했다는 것이다. J 상무는 반갑게 전화를 받으면서 본인의 퇴임 사실을 전해 주고 J 상무 회사 웹사이트에 들어가서 담당자를 찾아서 연락하면 될 것이라고 그에게 전했다. 잠시

침묵이 흐른 후 K씨는 유감이라고 하면서 4년 전에 받은 울(鬱) 자가 적힌 젓가락 포장지를 아직도 지갑 속에 잘 간직하고 있다고 말하였다.

"J씨, 울(鬱) 자 기억하나요? 가끔 스트레스가 쌓이거나 본인이 느슨해 진다고 느껴질 때 J씨가 적어 준 울(鬱) 자를 꺼내 봅니다. 일본어를 더 잘 할 목적으로 어려운 한자까지 외우려고 객지에서 분발하던 J씨가 써 준 울(鬱) 자를 보면서 마음을 고쳐먹고 있어요. 일본에 올 기회가 있으면 꼭 연락 주세요. 같이 식사 한번 합시다."

J 상무는 기뻤다. 본인이 일본에서 나름 생활을 잘 했던 것 같다고 조금은 위안이 되면서 타인에게 도움이 되었다고 생각하니 보람도 느껴졌. K씨를 포함하여 3명이 J 상무가 쓴 울(鬱) 자가 적혀진 메모지를 간직한 것을 기억해냈다. "그들은 어떻게 하고 있을까"라고 혼잣말하면서 미소를 지었다.

"회사와 타인한테 도움이 되는 것을 조금은 했네."

J 상무의 일상 루틴 2개 소실

　J 상무의 아침 기상시간은 언제나 5시 55분이다. 일어나자마자 샤워를 하고 나서 TV를 켜고 간단한 아침식사를 한다. 보통 전날 편의점에서 준비한 주먹밥 등의 간편 식품이나 식빵, 우유, 주스 등으로 아침 허기를 해결하면서 J 상무의 고정 채널 6번 TBS의 '아사짱' 프로그램에서 진행자인 나츠메 씨의 깔끔한 진행과 밝은 미소를 보면서 세상 소식을 전해 받은 지 벌써 3년이 훌쩍 넘어 44개월째이다. 여유 있게 출근 또는 외출 준비를 하고 7시에 집을 나서는 것이 매일매일의 일상이다.
　2021년 10월 1일 여느 때처럼 기상한 후 TV를 켜고 나츠메 씨의 미소를 보려고 했는데, 이게 무슨 일인가? 처음에는 채널을 잘못 맞춘 줄 알았다. 진행자가 바뀌어서 깜짝 놀랐다. 새로운 진행자가 나츠메 씨의 그동안의 수고를 치하하는 멘트를 하는 것이었다. J 상무는 9월 30일까지 출장이 있어 그녀의 마지막 며칠 방송을 보지 못한 것도 있고 총 2시간의 프로그램 진행 시간 중에 6시부터 7시까지만 보았고 그것도 중간중간 여러 가지 일을 하면서 보았기 때문에 아마도 미리 공지를 했을 것인데 소식을 놓친 모양이다. 너무나도 아쉬웠다. 아침에 일어나서 그녀로부터 세상 소식을 전해 받는 것이 아주 좋았는데 그녀가 전업주부로 나서면서 모든 방송에서 아나운서 자리를 하차하였다는 것이다.

2021년 봄에 그녀의 결혼 뉴스를 듣기는 했지만 프로그램 진행은 여전히 계속하고 있었고 시청률도 높은 상태로 유지하고 있었는데 이렇게 전격 은퇴하리라고는 생각도 못 하고 있었다. J 상무가 언젠가 한국으로 귀국할 때 감사의 편지를 방송국으로 보내려고 했는데 은퇴라니, 그것도 요즘 같은 세상에 전업주부를 지향하며 37세의 잘나가는 나이에 은퇴를 한 것이다. 결혼 상대자가 유명 코미디언인 아리요시 씨로 알려졌는데 나츠메 씨가 많이 아까워 보였다. 새로운 진행자도 나름 익숙한 얼굴이고 매끄럽게 잘 진행하여 지속 시청은 하지만 나츠메 씨가 진행할 때와 많이 달랐고 귀에 쏙쏙 들어오는 효과도 적은 것 같았다. 아무튼 특히 코로나로 인한 J 상무의 쓸쓸함을 덜어 주는 아침 방송이었는데 나츠메 씨의 한창때의 이른 퇴장이 정말로 아쉬웠다.

10월 3일 토요일이다. 이날도 어김없이 도쿄 근교의 공원을 돌아보고 집으로 돌아가는 길에 신오쿠보에 있는 'ㅅㅈㅎㅈ'에 들러 점심식사로 J 상무의 기쁨 중의 하나인 돼지국밥을 주문하였다. 여느 때와 똑같아 보이는 국밥과 밑반찬이 나왔다. 국물을 한 수저 떠서 맛을 본 순간 뭔가 이상했다. 외양은 같았지만 한달에 두세 번 먹어 왔던 맛과 차이가 있었다. 평상시 같으면 '그래 이 맛이야'라고 속으로 감탄하면서 마지막 한 방울의 국물까지 다 먹고 식사를 마쳤을 텐데 이날은 절반 가까이 국물을 남겼다. 물론 배가 고팠기 때문에 내용물은 다 먹었지만 개운하지 않았다. 계산을 하려고 카운터에 다가서면서 직원에게 "혹시 요리사가 바뀌었나요?"

라고 물어봤더니 "어떻게 아셨어요?"라는 대답이 돌아왔다.

　아침 방송에서 아나운서가 바뀐 것에 대한 허전함에 최고로 좋아하는 음식의 맛이 달라진 아쉬움이 한층 더해지면서 양쪽 어깨가 아래로 처졌다. J 상무의 위안거리 루틴 중 2개가 며칠 차이로 한 방에 날아간 것이다. 신오쿠보 역에서 J 상무의 집으로 돌아오는 야모노테센 전철의 빈자리에 앉아 잠시 눈을 감으니 이내 몇 방울의 눈물이 고이는 것이 느껴졌다. 나츠메 씨가 은퇴한 쓸쓸함이 며칠 지나지도 않았는데 그렇게 좋아했던 돼지국밥 맛도 달라졌으니 좋지 않은 상황이 겹쳐지며 울적한 기분이 된 것이다. J 상무는 "혼자 살면서 많이 약해졌구나. 이게 다 코로나 때문이다."라고 혼잣말했다.

　일요일 저녁 J 상무의 다른 위안거리 중의 하나인 TV 프로그램 '세계 유산'을 보기 위하여 오후 6시를 기다렸다. 이것마저 가을 프로그램 개편으로 바뀌었으면 어쩌나 하고 걱정을 많이 했다. 다행스럽게도 오후 6시에 변함없이 같은 포맷으로 '세계 유산'이 방영되었다. 정말로 다행이었다. 드론으로 촬영한 시야가 확 펼쳐지는 멋진 자연 경관을 보여 주며 웅장한 배경음악과 함께 매끄러운 나레이터의 진행으로 구성된 이날 방송을 J 상무는 시간 가는 줄 모르고 시청하였다. 좋아하는 일상 루틴 2개는 바뀌었지만 나머지 루틴들은 크게 변한 것이 없어 다행이었다.

　몇 주 후에 J 상무는 바뀐 요리사가 그동안 요리법을 이전 요리사로부터 조금 더 전수받아 혹시라도 이전 맛을 구현하고 있을 것을 기대하면서 신오쿠보에 있는 'スズホズ'에 가서 다시 한번 돼지국밥을 주문하였다. 기다려 맛본 돼지국밥은 여전히 맛에 차이가 있었다. 그날 이후 J 상무는 그

식당을 더 이상 가지 않았다. 새로운 대체재를 찾아야 했기 때문이다. 대체 가능한 식당은 한곳이 아니라 여러 곳이 될 수밖에 없었다. 자주 애용하던 고정 메뉴 하나가 없어지니 여러 메뉴로 대체할 수밖에 없었다.

"이가 없으면 잇몸으로 버텨야지 어쩌겠어."

지진과 태풍 경험

일본은 자연재해가 많다. 태풍, 지진, 화산 활동으로 매년 적지 않은 피해를 입고 있다. 일본 전역 곳곳에 화산이 산재해 있고 전국 어디에나 온천이 있는 것을 보면 일본 전체가 지반 활동이 활발한 지역임은 틀림이 없다. 큰 지진이 언제 일어나도 이상하지 않기 때문에 재해 대비가 일상화되어 각 직장과 가정에서는 재해 대비 용품 구비가 필수적으로 되어 있다. 지진 대피 훈련도 주기적으로 하고 TV와 라디오에서는 재해 시의 행동요령을 반복하여 끊임없이 국민들에게 주입한다. J 상무가 도쿄에 주재하였던 2018년부터 2022년까지는 다행스럽게도 인명 피해가 크게 발생한 지진은 없었다.

2018년 1월 말 일본법인 도쿄사무소에 부임 후 2주일 정도 지나서 J 상무는 지진을 처음 경험하였다. 사무실에서 업무를 파악하고 있는데 '끼깅 끼깅' 건물이 소리를 내면서 흔들리는 것이었다. 50년을 넘게 살면서 처음으로 겪은 몸으로 느낀 지진이라서 많이 놀랐다. 한국에서 2017년 포항 부근에서 큰 지진이 발생했을 때도 J 상무는 당시 지진을 체감하지 못했었다. J 상무는 당황하면서 "방금 이게 뭐지?"라고 했더니 일본인 직원들이 태연하게 하던 업무를 계속하면서 "지진입니다"라고 별거 아니라는 듯이 대답하는 것이었다. '이게 별거 아닌 거야?'라고 혼자 머릿속으로 생각하고 있었는데 마치 J 상무의 생각을 읽었다는 듯이 "이 정도는 다반사이니 익숙해질 겁니다"라고 첨언하였다.

태풍으로는 2019년 9월 9일 제15호 태풍 파사이가 도쿄 지역과 치바현을 강타하여 큰 재산 피해가 있었던 것이 유일한 기억이다. 당시 미디어에서 외출을 자제하라고 해서 J 상무가 주말 내내 외출을 하지 못하여 일본에 살면서 외출을 하지 못한 2개의 주말 중 하나였다. (코로나 양성 판정을 받아 자가격리로 주말 외출을 못 한 것이 다른 하나이다.) 9월 8일 토요일은 그럭저럭 센 바람이 불긴 했지만 외출이 어려울 정도는 아니어서 집 근처 시바우라의 인근 식당에서 점심식사를 해결하고 오후에는 원래 일정을 보냈다. 오전에는 바람과 비가 그렇게 심하지 않아서 J 상무는 근처의 공원에 다녀왔어도 괜찮았겠다고 생각하며 아쉬워했다.

9월 9일 일요일이 밝으니 바람의 세기가 정말로 대단하였다. 초속 50m가 넘는 강풍과 함께 다량의 비가 양동이로 퍼붓듯이 종일 내렸다. 강한 바람이 아파트 건물 사이를 지나가면서 나는 휘파람 비슷한 소리가 지속적으로 들려왔다. 외출은 엄두조차 못 내는 일요일이었다. 집에 있는 비상식량으로 아침과 점심을 해결하였고 사정을 봐서 저녁은 근처 식당이 오픈한 곳이 있으면 먹으려고 했는데 바깥을 보니 바람의 강도는 많이 약해졌지만 여전히 강한 비바람이 불었다. 저녁까지 집에서 먹으려고 하니 먹을 것도 마땅치 않고 베란다를 통하여 주위를 둘러보니 편의점은 닫지 않은 것 같아 도시락이라도 사 와서 먹으려고 근처 편의점에 갔는데 도시락이나 샌드위치, 빵, 라면 등 식사 대용 진열대가 텅 비어 있는 것이었다.

'과자로 식사를 해결해야 하나'라고 생각하면서 내부를 둘러보니 온장고에 찐빵 크기의 중화만두 2개가 유일하게 남아 있었다. 할 수 없이 그것으로 저녁을 해결하면서 투덜투덜했던 기억이 있다.

강력한 지진 경험을 했던 날은 2021년 10월 7일 목요일이었다. 목요일은 한국과 마찬가지로 일본도 회식을 하는 날로 인기가 있어서 이날도 식사 약속이 잡혀 있었다. 코로나의 영향으로 4명을 초과하는 회식은 어렵고 4명까지는 자유롭게 회식이 가능하였다. 술이 센 편은 아니지만 술자리를 좋아하는 J 상무는 이날 살짝 정량을 초과하여 술을 마시고 9시 30분경 집에 돌아와 이내 잠이 들었다.

큰 소음과 함께 누군가 J 상무의 어깨를 붙잡고 격렬하게 흔드는 느낌이 들어 만취한 상태에서 눈을 뜨고 시각을 확인하니, "뭐야, 11시도 안 되었는데?" 잠든 지 1시간 남짓도 안 된 시간이다. 술에 취해서 자면 보통의 경우 서너 시간은 세상 모르게 자다가 화장실에 가고 싶은 느낌이 들어 눈을 뜨는 일은 종종 있는데 만취 상태에서 1시간여 만에 잠을 깨는 일은 아주 드문 일이었다. 눈을 뜬 김에 화장실에 갔다 오려고 침대에서 다리를 내리는 순간 바닥이 흔들리는 것을 느끼며 몸의 균형을 잃어 옆으로 넘어졌다. J 상무는 혼잣말로 "아이고 술을 적당히 먹어야지 많이 먹으니 몸이 너무 휘청거리네"라고 말하면서 화장실에 갔다 와서 이내 다시 잠이 들었다.

다음 날 아침에 여느 때처럼 기상했지만 전날 마신 술의 여파가 아직 남아 있었고 TV 뉴스에서 어젯밤 지진이 어쩌고 저쩌고 하는데 자주 발생하는 일이고 나츠메 씨가 진행하는 것도 아니어서 집중하지 않았기 때문에 상세 내용은 파악하지 못했다. 여느 때처럼 출근해서 업무를 보고 있는데 직원이 다가와 아침 출근 인사를 하면서 "어젯밤 괜찮으셨어요?"라고 물어보는 것이다. J 상무는 직원한테 "푹 잘 자서 그런지 잘 모르겠는데 무슨 일 있었어요?"라고 답하였다. 직원은 최근 몇 년 만에 도쿄 근교 지역에서 가장 강력한 진도 6.1의 지진이 어제 저녁에 있었다고 하는 것이다. 그래서 가족들과 함께 많이 놀라서 밤새 잠을 잘 못 잤다고 하였다. 얼른 인터넷 신문을 확인해 보니 도쿄와 치바 지역에 밤 10시 42분에 지진이 발생했다는 것이다. J 상무가 잠을 깬 시간과 정확히 일치했다. "그게 술 탓이 아니었고 지진 탓이었구나"라고 그제야 알아차린 것이다. 소음과 흔들림에 눈을 떴을 때가 1차 지진이 있던 것이고 몸의 균형을 잃어 넘어졌을 때가 여진이 발생한 시각이었던 것이다. 이 지진이 J 상무가 경험한 인생에서 가장 강력한 지진이었다. 지진이 자주 발생하기 때문에 진도 4.5 이하는 일상적으로 일어나서 지진 경보 또는 TV 자막이나 라디오에서 지진 발생 소식만 간단히 전하고 종결하는 것이 대부분이다.

치바현 다이부사 자연공원

2022년 1월 1일 치바에서 지진을 경험했다. J 상무는 새해 첫날 바닷가 풍경을 보고 싶어서 치바현 미나미보소市에 있는 다이부사 자연공원에 있는 해안에 가서 경치와 함께 탁 트인 시원한 바다를 보았다. 바다와 맞닿은 절벽 해안으로 경치와 전망이 좋은 해안공원이다. 영하의 날씨는 아니었지만 1월 1일 정초 아침에 누가 해안공원에 오겠는가? 그 큰 공원에 또 J 상무 혼자인 것 같다. 바닷가 바위에 엉덩이를 걸치고 보는 사람도 없으니 아침 바다를 바라보면서 담배 한 개비를 물고 큰 숨을 내쉰다. 날씨 좋은 날에 이 좋은 경치를 독차지하고 있으니 역시 기분이 괜찮았다. 그런데 바위에서 엉덩이 쪽으로 찌릿찌릿하는 느낌이 오는 것이다. 무언가 바위로부터 전기가 흘러들어서 엉덩이 쪽으로 감전되는 것 같은 아주 이상한 느낌이 들어 반사적으로 벌떡 일어섰다. 이때 J 상무는 이어폰으로 라디오 방송을 듣고 있었는데 엉덩이에서 찌릿찌릿한 느낌을 받은 지 1분도 채 안 되는 시간에 라디오에서 치바현 지진 발생이라는 속보가 나오는 것이었다. 규모는 4 정도이고 지진해일의 위험은 없다는 뉴스가 추가로 나왔다.

  지진이 거의 일상화된 일본은 항상 재해 발생에 대비하여 안전보호구 및 비상식량 등을 준비하라고 듣고 있던 라디오에서 다시 한번 알림을 준다. J 상무의 일본 사무실에도 안전모를 포함한 재난 대비 물품들이 들어 있는 배낭이 사무실 인원수 이상 준비되어 있다.

"일본은 지진과 태풍만 없으면 참 살기 좋은 나라인데…"

직장생활 초년 시절의 목표 달성

J 상무의 입사일자는 1992년 2월 24일이다. 당시 연구원으로 입사하면서 목표를 두 가지 마련했었다. 첫 번째는 일을 열심히 하여 좋은 결과를 내서 언젠가 연구소장이 되는 것이었고, 두 번째는 꾸준히 만 55세까지 이 회사에서 일할 수 있으면 좋겠다는 것이었다. 첫 번째 목표는 연구원이라면 누구나 가질 수 있는 목표일 것이고, 두 번째 목표에 대해서는 당시에는 사회 분위기상 30년 근속을 완수하기가 매우 어려운 시기여서 달성하기 만만치 않은 목표였다. J 상무가 만 25세에 입사했으니 30년 근무를 하게 되면 만 55세가 되는 시점이었다. 지금 젊은 친구들도 들어서 알고 있을지 모르겠지만 1990~2000년대에는 45세가 정년이라는 의미로 '사오정', 56세까지 근무하면 도둑이라는 의미로 '오륙도'라는 말이 유행인 시절이었다. J 상무는 55세까지 근무한다면 아직 56세가 되지 않았기 때문에 도둑이라고도 불리지 않고 더군다나 의미 있는 30년 근무를 하면 당시로는 매우 드문 30년 근속상까지 받을 수 있는 영예도 있기 때문에 55세까지는 근무를 완수하고 싶었다. 사실 지금도 같은 회사 30년 근속이 손쉽게 달성할 수 있는 것은 아니긴 한 것 같다.

2022년 1월 일본법인의 세일즈맨으로서 어느새 5년째 일본 도쿄에서 생활하고 있기에 입사 이후 30년 근무가 앞으로 1개월만 있으면 달성된다. 연구소장 역할은 2013년부터 이미 5년간 수행한 경험이 있어 J 상무는 운 좋게 두가지 목표를 거뜬히 달성한 셈이다. 한국에 있었다면 후배들이나 지인들을 불러 자축 파티라도 했을 것이지만 J 상무가 근무하는 지역이 일본이라서 조금은 상황이 달랐다. 일본은 40년 근무도 많기 때문이다. 더구나 J 상무의 일본인 지인들은 대부분 J 상무보다 나이가 많아서 근속년수가 기본적으로 30년을 훌쩍 넘는다. 코로나도 완전히 해소되지 않았고 분위기상 목표 달성 자축 파티를 할 형편이 안 되었지만 그래도 뭔가는 해야 할 것 같아 한국인 주재원 2명만 불러서 그들에게 J 상무 30년 근속 기념 저녁식사라고 하면서 간단한 식사로 간소하게 끝냈다.

　신입사원 시절의 두가지 목표를 모두 달성한 이 시점에서 또 다른 목표를 만들어야겠다고 J 상무는 생각했다. 목표의식이 있는 것과 없는 것은 생활 태도가 많이 다를 수밖에 없기 때문이다. 신입사원 시절 30년간의 목표를 세웠던 J 상무가 목표 달성을 완료한 55살이 된 시점에서 이제 나이도 조금 있으니 20년간의 목표, 즉 75세에 달성 가능한 목표를 설정하기로 마음을 먹었다. 직장생활은 30년 이상 충분히 하게 되었으니 직장생활 추가 몇 년, 어떤 직위 달성 이런 것은 좀 아닌 것 같았다. 재산이나 명예 같은 것이 아닌 육체적인 건강과 정신적이 건강이 겸비되는 충분히 실행 가능한 목표를 만들고 싶었다. 며칠 고민했는데 바로 머릿속에 떠오르지 않아 더 시간을 갖고 천천히 생각해 보기로 하였다.

　그러던 어느 날 마츠시다 전기의 창업자 마츠시다 코노스케(松下幸之助)의 책을 읽다가 좋은 구절을 발견했다. "인생은 평생 공부이다(人生は

終生勉強である)"라는 명언이었다. J 상무는 이 구절을 읽고 무릎을 탁 쳤다. 이제까지도 공부해 왔고 앞으로도 그럴 것이지만 목표로 삼으면 훨씬 높아진 의무감에 충실히 할 수 있을 것 같았다. 첫 번째 목표는 75세까지 하루도 거르지 않고 다만 10분이라도 공부를 하는 것이다. 기준은 독서와 검색으로 하면 될 것 같다. 책은 지금도 제법 읽고 있고 정보 검색도 수시로 하고 있으니 병원에 입원할 정도로 아프지 않고 건강을 유지할 수 있으면 충분히 해낼 수 있을 것으로 생각했다.

두 번째 목표는 J 상무가 좋아하는 골프와 관련된 것으로 결정하였다. J 상무가 2021년 가을 이바라키현에서 H 전자 임원과 골프를 치던 날 로비의 게시판에 '에이지 슈트(エイジシュート)'라는 표지판 아래에 이름들이 적혀 있는 것을 보았다. 처음 들어 보는 말이라서 동행들에게 물어보니 정규코스에서 자신의 나이와 같거나 낮은 스코어를 기록한 경우에 주어지는 명예라고 한다.

한국 골프장에서 홀인원을 기록한 골퍼들을 게시한 경우는 보았지만 에이지 슈트를 기록한 골퍼를 게시한 경우는 보지 못했다. 일본에서는 홀인원보다 에이지 슈트를 훨씬 더 알아준다고 한다. 홀인원은 실력도 실력이지만 그날의 운이 좋아서 기록하는 경우도 있지만 에이지 슈트는 운이 아닌 그야말로 실력과 관록을 보여 주기 때문이다. 이날 깊은 인상을 받았던 것을 기억해 낸 J 상무는 "이것으로 하면 되겠다"라고 결정한다. 두 번째 목표는 에이지 슈터(Age Shooter), 즉 75세에 75타를 치는 것으로 하였다.

이 목표를 달성하려면 네 박자가 모두 맞아야 한다. 첫 번째는 75세까지 골프를 무리 없이 즐길 정도로 건강하여야 하고, 두 번째는 싱글 수준의 골프 실력을 지속적으로 유지하고 있어야 한다. 세 번째는 골프가 비용이 제법 들어가는 스포츠이기 때문에 경제적으로 여유가 있어야 할 것이고, 네 번째는 75세까지도 골프 라운드를 같이 할 친구들이 있어야 된다. 이 모든 조건을 만족하여야 달성이 가능하다. 모든 조건을 만족하기가 쉽지는 않겠지만 열심히 해 보기로 마음먹는다.

J 상무는 운동신경이 그렇게 좋지는 않아서 골프 연습을 많이 하는 편인 것 같은데 골프 스코어는 썩 좋지 않다. 2022년 1월 현재 만 55세가 되는 시점에서 스코어가 95타 내외를 기록하고 있다. 현재의 실력도 변변치 않은데 앞으로 20년 후인 75살에 75타를 기록하는 것은 정말로 달성하기가 만만치 않은 것 같다. 골퍼들의 로망이라고도 할 수 있는 '에이지 슈터', 정말로 어려운 목표를 설정하였다. 하지만 도전해 볼 만하다고 생각했다. 앞으로 20년간 달성할 목표 2가지를 몇 번이고 확인하면서 J 상무는 다시 열정이 달아오름을 느낀다.

"공부는 지금처럼 꾸준히 하면 되고 골프는 20년이나 남았으니 1년에 1타씩 줄이면 되겠네!"

불미스러운 일

항상 좋은 일만 있기는 어렵기 마련이다. 도쿄 근무 5년차로 30년 근속을 완료한 시점인 2022년 초에 J 상무는 '직장 내 괴롭힘'으로 부하로부터 신고를 당하는 불미스러운 일이 있었다. 본사 조사 부서로부터 관련하여 연락을 받았을 때 J 상무는 '이렇게 임원 생활을 끝낼 수도 있겠구나'라는 생각이 바로 들었다. J 상무 본인의 직장생활의 목표 두 가지를 달성한 직후의 사건이기 때문에 그래도 조금이나마 의연하게 대처할 수 있었던 것 같다.

어차피 알려지게 될 일이니 J 상무는 즉시 법인 직원들을 온라인과 오프라인으로 전부 불러 모아서 현 상황을 설명하고 "본사에서 조사가 있을 것인데 저를 변호하거나 좋게 말할 필요 없습니다. 있는 상황 그대로 대답하거나 설명하시면 됩니다."라고 당부하고 "자초지종이 어찌 되었건 이 상황이 발생한 것에 대해서는 법인장인 본인의 책임입니다."라고 말하고 퇴임까지 각오하고 있었다. 한국에 있는 가족에게는 자세히 설명하지는 않고 좋지 않은 상황이 발생하였음을 알렸다.

당시 코로나가 완전히 해소되지 않아 왕래가 많이 불편한 시기였지만 직장 내 괴롭힘에 대해서는 대면 조사가 원칙이기 때문에 조사 부서로부터 한국으로의 귀국 요청을 받았다. 그런데 요청 일정이 하필이면 가장 중요한 협력사인 N 상사와의 중장기 영업전략 워크숍을 하는 날짜와 겹치는 것이었다. J 상무가 빠지게 되면 성립이 되지 않는 워크숍이었다. J 상무는 조사 부서 담당자에게 연락하여 몇 달 전부터 세워 놓은 중요한 일정이 있는데 이 일정을 소화하고 나서 조사를 받을 수 있는지 문의하였다. 원칙적으로 안 되지만 대표이사의 허가가 있으면 가능하다는 대답을 얻었다.

J 상무는 상황적으로 많이 어려웠지만 협력사와의 중요한 미팅을 예정대로 하는 것이 바람직할 것으로 판단하여 대표이사께 전화를 걸어 양해를 구하면서 일주일만 조사 일정을 연기해 주기를 희망하였다. 사정을 들은 대표이사께서 인정해 주셔서 예정대로 N 상사와의 중장기 워크숍을 무사히 끝낼 수 있었다.

워크숍 후 바로 회식이 이어졌다. 코로나 영향이 여전히 남아 있기 때문에 단체 회식은 되지 않아 몇 개의 그룹으로 나눠서 서로 다른 식당을 예약하여 식사를 하였다. J 상무는 절친인 N 상사의 S씨와 둘이서 식사를 했다. 그에게 사정을 이야기하니 펄쩍 놀란다. 이러한 상황에서 평상시와 다름없이 워크숍을 한 J 상무도 대단하다고 말하며 순리대로 잘 해결될 것이라고 위로해 주었다.

워크숍 다음 날 한국으로의 귀국 준비를 위해 PCR 검사를 예약하고 빠른 비행기편을 알아보는 사이에 조사 부서로부터 금번 조사는 비대면으로 하기로 결정되었다는 연락을 받았다. 원칙적으로는 대면 조사를 받아야 하지만 코로나 문제도 있어 회사가 배려해 주어서 화상 회의 형식으로

J 상무는 비대면 조사를 받게 되었다.

　J 상무는 너무나 다행이라고 생각했다. '본사에 이미 소문은 파다하게 났을 것이고 대면 조사를 위해 본사에 들어갈 때 틀림없이 동료나 부하들과 마주칠 것인데 어떻게 그들 얼굴을 보나?'라고 많이 걱정했던 것이 한순간에 사라졌다. 비대면 조사를 실시해 준 회사에 정말로 감사한 마음이다.

　비대면 조사에서 J 상무는 많은 부분에서 "본인 책임입니다.", "당사자가 그렇게 느꼈다면 그럴 수도 있겠습니다."라는 말을 반복했고 실제로 자신의 책임이라고 생각했다. 자신을 감싸는 말은 가능한 한 하지 않으려고 했다. 조사를 마치면서 비대면으로 조사를 받게 되어 감사하다는 말을 전하는 것을 잊지 않았다.

　한 달이 조금 넘는 기간 동안 조사 후 J 상무는 '해당사항 없음'이라는 최종 판정을 받아 본래의 업무를 계속할 수 있었다. 마음의 상처는 좀 입었지만 불명예로 직장생활을 마치지 않게 됨을 정말로 다행스럽게 생각하고 감사하는 마음밖에 없었다. 회사와 선배, 동료 및 부하들에게 무한한 감사함을 느꼈다. 이번 일을 계기로 같은 내용이라도 받아들이는 사람의 성향에 따라서 전혀 다르게 해석될 수 있다는 것을 배웠다. J 상무는 이를 가슴속 깊이 새기면서 마음먹는다.

"주위 분들의 배려로 여분의 직장생활이 주어졌다. 후배들을 위하여 더욱 열심히 하여야겠다."

2년 6개월 만의 한국 방문과 코로나

정확히 2년 6개월 만에 손꼽아 기다리던 한국 방문을 2022년 4월 말에 실행할 것을 계획한다. 아직 코로나가 완전히 해소되지는 않았지만 J 상무는 2019년 건강검진 이후로 2020년과 2021년 2년 연속 코로나로 한국 방문이 어려워 정기 건강검진을 받지 못했고 무엇보다도 30개월 동안 가족들을 직접 보지 못한 부분이 커서 코로나 격리 기준이 추가로 완화되는 시점에 맞춰 한국을 방문하여 건강검진도 하고 가족과 친지들을 만나 보는 것을 추진하였다.

일정은 가능한 한 길게 방문하기 위하여 일본의 골든 위크에 맞춰 방문하도록 계획을 세웠다. 일본의 골든 위크 휴가인 4월 30일부터 5월 8일까지 9일간의 공식 휴일을 일정에 넣어 4월 29일 저녁 비행기를 타고 한국에 가서 5월 15일 오후 비행기로 돌아오는 장장 16박 17일의 일정이다. 9일간의 일본의 공식 휴일 그리고 주말을 제외하면 근무일 기준으로는 5일간의 휴가를 갖는 것이다.

여전히 비행기로 왕래하는 것이 자유롭지 않아 여러 가지 관문을 거쳐야 한다. 한국으로의 출국을 위해서는 먼저 백신 3회 접종 증명서가 있어야 한다. J 상무는 백신의 후유증이 걱정되어 2회까지만 맞고 3회를 맞을까 망설이고 있었는데 한국 방문을 위해 바로 3회째 백신 접종을 하고 그 날은 밤새 지독한 몸살기를 느꼈다. 따뜻한 실내에서 몸에 열도 나지 않는데 백신 부작용으로 밤새 오한이 나서 덜덜 떨면서 긴 밤을 보냈다. 하도 추위를 느껴서 다음 날 아침에 제대로 일어날 수 있을 지 걱정될 정도였다.

2020년 초 코로나가 유행하기 시작하여 유행 피크를 지난 2022년 봄에 이르기까지 J 상무는 특별한 감기 증상이 없어 PCR 검사를 한 번도 받아 본 적이 없다. 하지만 한국 방문을 위해서는 PCR 음성 증명서가 필요하기 때문에 한국 방문 2일 전인 4월 27일 콧속 깊숙한 곳의 통증을 참아 가면서 받은 생애 첫 번째 PCR 검사에서 음성이 나왔다. 이로써 한국으로의 출국이 가능하게 되어 기뻤다. 그래도 혹시라도 감염되지 않도록 몸조심하였다.

백신 3회 접종 증명서와 PCR 음성 증명서를 보여 주고 30개월 만에 한국행 비행기에 몸을 실었다. 드디어 꿈에 그리던 가족들과 친지들을 오랜만에 볼 수 있게 되어 감개무량했다. 도쿄에서 2시간여 만에 도착하는 한국을 코로나 때문에 30개월이 걸렸다. 드디어 그리고 그리던 한국과 집에 도착하여 어느새 완전한 숙녀가 되어 있는 딸아이와 외관상으로는 큰 변함이 없는 집사람을 보고 마음이 놓였다. 다들 건강해서 다행이었다. 가족은 역시 가족이다. 30개월 만에 만나 이제 겨우 하룻밤 같이 보냈는데 계속 같이 있었던 것 같은 느낌이 든다. 집사람이 준비한 오랜만의 아침밥이 너무 맛있다.

두 번째 PCR 검사는 귀국 후 24시간 이내에 받아야 했다. 가까운 보건

소에 가서 신고하고 검사를 받았다. 도쿄에서 처음 받고 3일 후의 두 번째 검사는 그래도 익숙해졌다고 별로 콧속의 고통을 느끼지 못했다. 검사가 음성이 나오면 바로 자유의 몸이 되고 양성이 나오면 상상하기 싫었지만 일주일간 자가격리 후에 자유롭게 움직일 수 있다. 사실은 양성 판정이 나오더라도 격리 후에 필수적인 일정을 소화할 수 있도록 휴가 기간을 가능한 한 길게 잡은 것도 있었다. 어쨌든 다행히도 다음 날 두 번째 PCR 검사에서도 음성 판정이 나와 바로 자유롭게 돌아다닐 수 있었다.

2022년 5월 2일부터 5월 14일까지 정말로 바쁘게 돌아다녔다. 공식적으로는 휴가 기간이지만 본사에서의 미팅 4회가 잡혀 있었고, 점심과 저녁 약속은 회사 동료, 선배, 지인, 고교 동기, 대학 동기 등으로 거의 대부분 꽉 차 있었다. 이 기간 중에 골프 라운드 2회, 대전 친지 방문, 건강검진, 내과, 피부과, 정형외과, 이비인후과 병원 진료까지 그동안 못 했던 일정들을 가능한 한 많이 소화시켰다. 꿈같은 2주일이 전광석화와 같이 휙 지나갔다.

이제는 일본으로 돌아갈 준비를 하여야 한다. 또 PCR 검사가 필요하다. 세 번째 PCR 검사이다. 출국 시각을 감안하여 병원을 예약하고 PCR 검사를 받고 음성 판정을 받았다. 2주 동안 수많은 지인들을 만나서 조금 걱정은 했지만 이상 없이 음성이다. 여기서 양성이 나오더라도 이것을 핑계로 한국에 일주일 더 있을 수 있기를 살짝 기대했지만 그래도 다행이었다. 가족들의 환송을 받으며 발길 무겁게 5월 15일 도쿄로 돌아가는 비행기에 몸을 실었다.

나리타 공항에 도착하자 공항 안내원들의 지시에 따라 탑승객들 전원에 대하여 코로나 항원 검사를 또 한다. 네 번째 코로나 검사이다. 이번에는 의료진이 콧속에 면봉을 넣어 점액을 찍어내는 검사가 아닌 타액으로 하는 검사로, 판정이 금방 나오는 편의성이 있어 나리타 공항을 통한 입국인 전원에 대하여 코로나 항원 검사를 한다고 한다. 여기서 양성이 나오면 나리타 공항 근처의 격리시설에서 일주일을 보내야 하고 음성이 나오면 바로 귀가하여 5일 자가격리 후 자유롭게 돌아다닐 수 있다. 여기서도 음성 판정이 나왔다. 자가격리 실시 여부를 통제하기 위한 감시 앱이 J 상무의 휴대폰에 제대로 깔려 있는지 검역관들에게 확인을 받은 후 나리타 공항에서 나올 수 있게 되었다.

5일간 자가격리를 하든지 아니면 바로 병원에서 PCR 검사를 받아 음성이 나오면 즉시 자유롭게 다닐 수 있다. 휴대폰에 깔려 있는 감시 앱은 하루에 3번 비정기적으로 확인 콜을 보냈다. 감시 콜을 받으면 휴대폰 카메라가 자동으로 켜지고 휴대폰 화면에 그려진 얼굴 모양의 윤곽에 맞춰 얼굴을 갖다 대고 5초 정도 있으면 OK 표지가 나오면서 확인이 끝났다. PCR 검사는 이미 네 번이나 검사를 받아 모두 이상이 없다는 판정도 있었고 J 상무의 일정에 고객과의 식사가 잡혀 있고 주말에 골프 약속도 있어서 월요일에 바로 타마치역 근처의 병원을 예약하여 다섯 번째 PCR 검사에서도 음성이 나올 것으로 확신하고 검사를 받았다.

J 상무는 의료진의 안내를 받아 자리에 앉아 머리를 뒤로 약간 젖혀서 의료진이 면봉으로 점액을 채취하는 것을 도왔다. 그런데 의료진이 면봉을 콧속에 넣긴 했는데 내부를 살짝 스치기만 한 느낌이다. '이래서 검사가 제대로 되겠나'라고 생각될 정도였다. 화요일 오후 2시경 검사 결과가 나오니 결과서를 받으러 오라는 말을 듣고 귀가하여 다시 자가격리 모드에 들어갔다. 말이 자가격리이지 감시 앱으로부터 확인 콜을 받고 나면

즉시 마스크 쓰고 근처 슈퍼나 편의점에 들러 도시락 등을 사러 돌아다닐 수 있었다. 하루에 3번 정도만 확인하니 확인 콜을 받고 나면 휴대폰을 그냥 집에 두고 근처에서 가벼운 산책을 하고 와도 되지 않나 생각도 했지만 이건 좀 아닌 것 같아 하지 않았다.

화요일 오후 2시에 맞춰 병원에 갔다. 음성 확인서를 받으면 바로 완전한 자유의 몸이기에 바로 출근하여 회사에서 일을 할 생각으로 정장 차림으로 병원에 가서 결과서를 요청하였다. 그런데 뭔가 이상했다. 간호원들끼리 수근거리더니 연배가 좀 있어 보이는 간호사가 다가와서 J 상무 것은 재검사에 들어갔기 때문에 오후 5시 30분경 나오니 다시 오라는 것이었다. PCR 검사에 재검사도 있냐고 물어보았더니 가끔 있다고 한다. 하는 수 없이 다시 집으로 돌아가 시간에 맞춰 다시 병원에 갔다. 시간이 늦어져 출근이 의미가 없어서 가벼운 차림으로 병원에 가서 결과지를 받아 보았더니 양성이라는 것이다. 이게 무슨 일인가? 몸에 아무 이상도 없고 지난 3주간 4번의 검사에서 음성 판정을 받았고 특히 이틀 전인 일요일에 나리타 공항에서 받은 검사 이후에 누구와 직접 접촉한 일도 없는데 양성이라니 이해할 수가 없었다. 바로 PCR 검사를 다시 해 줄 것을 요청하였다. 간호사는 담당 의료진이 결과에 대하여 저녁 7시경 전화를 할 것이니 재검사 등 상담을 해 보라고 한다.

양성이라니 J 상무의 머릿속이 복잡해진다. 터벅터벅 걸어오다 집을 200m 정도 앞둔 순간 휴대폰에서 감시 콜이 울렸다. GPS로 장소도 확인하기 때문에 반드시 J 상무의 집에서 받아야 한다. 화장실에 있어 감시 콜을 못 받을 수 있는 경우도 있어 못 받으면 5분 정도 후에 다시 콜을 한다는 말이 생각났다. 빨리 집으로 돌아갈 수밖에 없었다. 오래간만에 전력으로 온 힘을 다해 빠르게 뛰기 시작했다. 30m쯤 뛰었을까, J 상무 등 뒤에서 '뚝' 하고 무엇인가 바닥에 떨어지는 소리가 나서 뒤돌아보았는데 아무것도 없었다. "뭐였지?"라고 혼잣말하면서 다시 뛰려고 하는 순간 왼쪽 종아리에 엄청난 통증이 몰려오는 것이었다.

왼쪽 종아리 근육에 문제가 생겼다. 조금 전의 '뚝' 소리는 바로 J 상무의 종아리에서 났던 소리로 J 상무만 들을 수 있는 근육이 파열되는 소리였다. 최악이었다. 코로나 시절이 끝나가는 시점에 코로나 양성 판정을 받았고 조만간 감염 현황과 자가격리도 관리하지 않을 것을 검토하는 시점에 다시 일주일 간의 격리가 시작될 수도 있었기 때문이다. 거기에다 무리해서 뛰다가 왼쪽 종아리 근육에 문제가 생겼다.

절뚝거리면서 겨우 집에 돌아와서 아킬레스건 파열에 대하여 검색해 보았다. 지금 J 상무의 증상과 아킬레스건이 파열되었을 때의 증상을 비교해 보니 다행히도 아킬레스건 파열과는 조금 증세가 달랐다. 햄스트링 등 일부 근육이 갑자기 파열되어도 소리가 들릴 수 있다고 하고 그 경우는 1~2주 지나면 저절로 낫는다는 것이다. 아킬레스건을 다치게 되면 최소한 2개월을 다리를 제대로 쓰기 어렵다고 하는데 불행 중에 그나마 다행이었다.

저녁 7시에 병원으로부터 전화가 왔다. PCR 검사를 담당하는 의료진이라고 자신을 소개하면서 J 상무의 PCR 검사는 2번이나 했는데 2번 모두 판정하기가 애매해서 애매할 경우에는 양성으로 판정한다고 말하는 것이다. J 상무는 PCR 검사용 콧속 점액 샘플링 시에 콧속을 살짝 스치는 느낌만 받았는데 아마도 제대로 샘플링이 되지 않았기 때문에 애매한 결과가 나온 것 같다고 말하고 내일 재검사를 할 수 있냐고 문의하였다. 의사는 상황이 어찌 되었든 PCR 검사는 재검사를 원칙적으로 하지 않는다고 말하는 것이다. 양성 판정을 받은 사람들의 재 샘플링 요청을 들어주면 PCR 검사 로드가 많아져서 처음부터 방침을 그렇게 정한 것이라고 한다.

J 상무의 경우는 검사 결과가 좀 특이해서 동일 샘플에 대하여 재검사를 한 것이라고 하면서 조만간 격리 자체가 풀릴 것이니 조금만 참으라고 한다. 양성 판정을 받았는데 며칠을 자가격리하여야 하는지 문의하니 지금은 기존 규정대로 양성 판정 받은 날로부터 일주일이니 다음 주 화요일까지는 자가격리를 하여야 한다고 하며 유감이라고 한다.

너무나 억울했다. 돌아다니기 좋아하는 J 상무가 지난 이틀간 집에서 머물러 있었던 것도 억울했는데 추가로 일주일을 집에서 자중하고 있으라는 것이다. 몸에 아무런 이상도 없었고 PCR 검사를 받지 않았으면 금요일부터 돌아다닐 수 있었는데 검사하는 바람에 4일을 더 격리하여야 하는 상황이 되어 버렸다. 그야말로 비용을 지불하여 검사하고 4일간 격리를 추가로 하게 되는 악운이 겹친 것이다. 저녁 약속은 물론 골프 약속도 지킬 수 없었다. 더군다나 감시 앱 콜을 받으려고 무리했던 대가로 왼쪽 종아리가 아파서 이제는 골프는 하려고 해도 할 수 없는 상황이 되었다. 고객들에게 상황을 설명하고 정중히 양해를 구하였다.

J 상무는 코로나가 시작된 이후로 한번도 재택근무를 한 적이 없었다. 사무실에는 단순 칸막이이긴 하지만 J 상무 전용 공간으로 별도로 분리된 공간이 있었고 집과 회사가 가까웠고 딱히 집에 있으나 회사에 있으나 크게 다를 것이 없기 때문에 계속 회사로 출근했었다. 그러던 것이 한국에 다녀오면서 지난 이틀을 재택근무하였고 앞으로 일주일을 더 재택근무를 하여야 하니 끔찍했다.

5월 21일 수요일, 아침에 일어나 왼쪽 종아리를 확인해 보니 통증이 어느 정도 가라앉아 있었고 전날보다는 걷는 것이 약간 편해졌다. 다행히 아킬레스건을 다친 것은 확실히 아니었다. 아파트에서 라디오를 들으면서 방과 방 사이를 천천히 걸어 돌아다니며 나름대로의 산책을 하고 원격회의도 하고 업무 처리도 하면서 일주일을 참고 지내 보니 이도 할 만하다고 느껴졌다. 휴대폰 감시 앱 콜은 해외 입국자의 의무 격리일 5일째인 금요일까지만 울렸고 그 이후로는 울리지도 않았다. 감시 앱 콜을 받고 나면 바로 외출하여 도시락을 사 와서 끼니를 해결하였다. 장장 9일 동안 편의점 도시락을 종류별로 사와서 원 없이 먹어 보았다.

아무런 증상도 없이 PCR 양성 판정을 받고 좁은 아파트에서 처음에는 못 버틸 것 같았는데 거뜬히 일주일 이상을 문제없이 보낸 것에 대하여 오히려 '해냈다'라는 조그마한 보람도 느껴졌다. J 상무는 이것도 인생에 있어 좋은 경험이라고 생각했다.

"무리하지도 말고 낙담하지도 말자. 어떻게든 살게 마련이니까."

철학과의 만남

　J 상무는 일본인 유명 경영인들의 서적을 읽고 경영 철학을 접하고 나서부터 철학 자체에 대해서 관심을 갖게 된다. 처음부터 칸트나 데카르트, 하이데거와 같은 대철학자의 어려운 서적에 접근해서 시작하는 것보다는 그리스 철학을 시작으로 철학 입문서를 몇 권 보면서 철학 자체에 대해서 알아보기로 했다. 여러 관련 철학책을 읽어 보고 J 상무 나름대로 조사해 보면서 알게 된 재미있는 일화를 적어 본다.

　칸트는 독신으로 살았는데 시간을 철저하게 관리하고 계획성 있게 산 분으로 유명하다. 하루의 일정을 계획에 의거하여 시간을 지키며 공부를 많이 하여야 해서 결혼할 여유가 없었는지 평생 홀로 살았다. 하루의 일과 중에는 산책이 반드시 포함되어 있어서 항상 같은 시간에 같은 코스를 돌기 때문에 시계가 귀했던 당시 마을 사람들은 칸트가 산책하는 것을 보게 되면 "지금 몇 시구나"라고 생각했을 정도였다고 한다. 그러던 어느 날 칸트가 시간이 되어도 나타나지 않았다. 일을 마친 마을 사람들이 칸트가 왜 안 나타났는지 궁금해서 칸트의 집을 찾아갔다. 마을 사람들이 칸트의 집을 방문하여 칸트가 책상에 앉아 있는 것을 보고 안심하며 왜 산책을 하지 않았는지 물어보았더니 칸트는 "책이 너무 흥미로워서 흠뻑 빠져서 읽다 보니 시간이 벌써 이렇게 지나 버렸네."라고 말하면서 본인의 철학에서 부족한 부분을 이 책이 채워 주었다는 언급도 했다는 것이다.

칸트가 독서 삼매경이 되어 읽고 있던 책이 바로 루소의 『에밀』이었다. J 상무도 호기심이 생겨서 칸트와 같은 대학자는 아니지만 칸트의 흉내라도 내 보려고 루소의 『에밀』을 읽어 볼 생각을 한다. 책을 주문하기에 앞서 흥미가 생겨 루소에 대하여 조금 검색해 보았다. 『에밀』은 루소 자신이 교육자적 입장에서 가상의 어린이 에밀을 교육시키면서 구사하고자 한 이상적인 교육법을 주제로 쓴 서적이다. 그런데 더 검색해 보니 루소는 젊을 때 방탕한 생활을 했고 5명의 아이들이 있었는데 본인이 돌보지 못하였고 모두 고아원에 보내져서 남의 손에서 키워졌다는 것이다. J 상무는 무언가 앞뒤가 맞지 않는 이율배반적인 느낌을 받았다. J 상무가 가장 기본으로 삼고 있는 삶의 자세 중의 하나가 솔선수범이기 때문이었다. 정작 본인은 그렇게 못 했으면서 이상적인 교육법에 대한 책을 낸다는 것은 상상하기 어려웠다. 본인이 최소한 어느 정도의 노력은 하고 나서 돌아보면서 더 좋은 방안에 대하여 제안하는 것이 바람직하다고 J 상무는 생각했다. 무엇인가에 실망하게 되면 원동력이 상실되는 것은 당연하여 에밀이라는 책을 주문하는 것을 뒤로 미루고 루소에 대하여 더 알아보았다.

참고로 장자크 루소는 제대로 된 교육을 받아 본 적이 없었다. 어릴 때 아버지가 가출하면서 여기저기로 떠돌이 생활을 하였지만 굉장히 잘생긴 모양이었다. 귀족 부인의 눈에 들어 식객이 되고 불륜까지 이르기도 한다. 제대로 된 선생님으로부터 배운 적은 없었지만 책 읽는 것을 너무나 좋아해서 독학으로 지식을 쌓았고 밥벌이 수단으로 음악을 공부하기도 했다.

　40대에 접어들어 논문 공모전에 처음으로 집필한 논문이 장원으로 입상되면서 본격적인 사상 저술가 생활을 시작한다. 당시 프랑스에서 가장 잘나갔던 사상가는 볼테르로, 주위로부터 많은 존경을 받았다. 볼테르는 루소의 재능을 인정해 처음에는 친밀하게 지냈다. 그러나 루소는 귀족 계급을 위한 사상보다는 자연주의, 평화주의를 주창하며 자연으로 돌아가야 한다고 계속 주장하였다. 기득권 계층의 입장에서 보면 괘씸했을 것이다. 볼테르를 비롯하여 영국의 철학가 흄과의 사이가 틀어지면서 부상하는 루소의 사상을 억누르고 루소에게 자연으로 돌아가고 싶으면 "네 발로 기어다녀라"라는 악담까지 할 정도로 관계가 좋지 않게 되었다. 과거의 루소의 사생활까지 들먹이면서 말이다. 더구나 기독교 교단으로부터 루소의 자연주의는 기독교의 교리와 맞지 않는다고 공격까지 받으며 도피 생활을 이어 가면서 얻은 정신 착란 증세로 고생하기도 하였다. 노년을 루소의 사상을 인정해 주는 지인들의 도움을 받으면서 지내다 객지에서 외로이 죽음을 맞이했다.

　그런데 아이러니하게도 루소의 철학이 볼테르의 사상과 함께 1789년 프랑스 혁명의 기본 사상이 된 것이다. 프랑스 혁명이 성공하였고 그 이념의 기저로 루소의 사상이 떠오르게 되었다. 정작 루소는 프랑스 혁명의 기반이 되는 이념에 영향을 미칠 것이라고 추호도 생각을 못 했을 것이고 아쉽게도 이미 죽음을 맞이한 이후였다. 당시 프랑스는 루소를 기리기 위하여 루소의 무덤을 최고의 영예 장소인 명예의 전당 판테온에 이장해 오기로 결정하여 위인들만이 잠든다는 판테온에 묻히게 된다. 다시 한번 역사의 아이러니가 여기서 나온다. 판테온에 묻혀서 영예롭기는 한데 그 위치가 바로 볼테르의 무덤과 마주하고 있다는 것이다.

　J 상무는 곰곰이 생각해 본다. 루소는 사상을 남겼고 죽고 나서 이름을 떨쳤다. 살아 평생 떠돌아다니면서 도피 생활을 주로 하다가 쓸쓸하게 세상과 이별했지만 결국 사후에는 사이가 좋지 않았던 볼테르 못지않게 알아주는 인물이 된 것이다. 루소와 볼테르가 저세상에서도 언쟁하고 있을지 모르겠지만 J 상무는 살아서 인정받는 것이 더 좋지 않을까 생각해 본다. 결국 행복과 명예는 당사자가 생존해 있을 때 인정받는 것이 훨씬 바람직하다고 생각했다. 그런데 J 상무는 여전히 루소의 『에밀』을 읽어 보지 못했다.

　J 상무는 나름 조금씩 철학을 공부해 보다가 종교철학에도 눈을 돌려 불교에도 관심을 갖게 된다. 어려서 크리스마스 때 선물을 준다고 해서 교회를 몇 번인가 간 것 같고 미국 유학 시절에는 매주 교회를 다닌 경험이 있다. 유학 시절 교회를 다닌 이유는 믿음이 생겼다는 것보다는 재미 한인사회가 주로 교회를 중심으로 이루어져 있어서 어울리기 위해서 가족들과 같이 교회를 다녔다. 무엇보다 집사람과 딸아이가 친구들이 생겨서 좋아했다. 학업을 마치고 나서 귀국해서는 믿음을 계속 이어 가지는 못했다. 들은 것은 있어서 기독교 사상은 어느 정도는 이해는 하고 있다. 다만 J 상무가 가진 생각과는 좀 차이가 있어 신실한 신도는 되지 못한 것 같다. J 상무는 '이것 아니면 안 돼'라는 절대적이고 배타적인 사상에는 마음이 잘 가질 않았다. '이것도 돼'라는 것이 더 유연하고 인간답지 않을까 생각했다.

　모든 종교가 변천하는 측면이 있지만 불교는 더욱 그런 것 같다. 인도에서 발상한 불교는 힌두교의 다신(多神)과도 접목되었고 참선하고 고행하고 수행하면 누구라도 깨닫고 해탈하여 부처가 될 수 있다 라는 유연함이 있어 좋았다. 한때는 밀교라고 하여 소수끼리 교육하고 전파하는 소승 불교가 대다수를 차지했는데 일반인도 부처가 될 수 있다는 대승불교로 진화하면서 본격적으로 대중화를 이루게 된다.

J 상무는 이에 전적으로 공감한다. 깨달음, 해탈이라는 것이 참선, 고행, 수행의 과정을 거쳐야만 한다면 환경적으로 이러한 과정을 가질 수 없는 일반인이 너무나 많아서 공평하지 않은 측면이 있기 때문이다. 이해가 안 되어 깨달을 환경이 안 되고, 먹고 사는 데 바빠 참선이나 고행을 수행할 형편이 안 되는 대다수의 사람들은 깨닫고 싶어도 깨달을 수 없다는 한계점이 생길 수밖에 없다. 그래서 염불을 정성 들여 꾸준히 하고 신실하게 생활하면 누구나 부처가 될 수 있다고 한 것은 사상적으로 진보를 한 셈이다. '나무아미타불'을 염불하면서 신실한 생활을 하면 누구라도 부처가 될 수 있다는 접근의 용이성, 유연성이 좋았다. 아직 특정 종교에 심취해 있지는 않지만 만약 종교를 선택하라고 한다면 '불교 쪽으로 마음이 기울어지지 않을까'라고 J 상무는 생각했다.

"그래도 이 성격으로 종교를 갖기는 어려울 것 같다."

도쿄 생활 정리

　일본 생활 5년을 정리하는 2022년 12월에 접어들었다. 그동안 참으로 많은 일들이 있었다. 좌충우돌하면서 몸으로 뛰는 영업부터 시작하여 일본어를 잘해 보려고 갖은 수단을 동원하여 여러 시도를 해 본 것, 시간적 여유가 있는 주말과 공휴일에 등산을 경험해 본 것, 일본 전국 47개 도도부현(都道府県)을 돌아보는 목표를 세우고 열심히 움직이다가 코로나의 만연으로 인하여 34개에서 중단한 일, 코로나 시대에 맞춰 생활 방식을 바꿀 수밖에 없었던 상황, 도쿄 주변의 공원을 열심히 돌아다닌 추억, 개인적인 문제로 불미스러운 일이 발생하여 회사와 조직에 걱정을 끼친 점 등 매년 연말에 단골로 등장하는 고정 멘트인 다사다난이라는 표현이 J 상무의 일본 생활을 설명하는 데 있어서도 가장 적합한 용어일 것 같다.

　영업 성적에 있어서는 일본 고객사들과 거래 관계가 더욱 공고히 다져지면서 매출이 목표물량 수치에는 많이 미치지 못했지만 그래도 5년간 조금씩 꾸준히 증가하는 모습을 보여 다행이었다. 일본어 능력 측면에서는 J 상무 대부분의 일본인 친구들이 J 상무의 일본어 수준이 상당 수준에 올랐다고 말하기는 했으나 아쉽게도 J 상무 본인이 희망하는 수준까지는 이르지 못한 것 같다.

　좋은 면도 많았지만 여러 가지 좋지 않은 상황도 있어서 2022년도 연말 인사에서 퇴임을 각오하고 있었으나 회사의 배려로 12월 중순에 2023년 1월부터 본사에서 근무하라는 연락을 받았다. J 상무는 곧바로 한국으로의 복귀 준비를 시작하였다. 시간이 2주밖에 남지 않았다.

　아파트 월세 계약 해지 통보를 하고 TV 시청료, 전기, 수도, 가스 차단 신청도 맞춰서 진행했다. 이어서 골프 연습장 회원 등록을 취소하는데 우리나라와는 달랐다. 아파트와 같은 부동산은 기간에 제약이 있는 것은 이해하겠는데 골프 연습장도 최소한 1개월 이전에 해약 통보를 해야지, 그렇지 않으면 한 달 요금을 내야 한다고 알려 준다. J 상무가 12월 말에 한국으로 귀국하는데 내년 1월 20일까지 와서 연습할 수 있으니 언제라도 오라고 한다. 우리나라 같으면 해약 즉시 선불로 지급한 금액의 일부는 돌려받을 수 있는 데 비하여 일본의 경우는 소비자를 중심으로 한 시스템이 부족한 부분이 있는 것 같다.

　12월 한 달은 거의 매일 저녁 약속으로 채워져 있었다. 인사 발표는 12월 중순에 있지만 J 상무의 경우는 주재원 생활 5년차로 연말에는 귀임 또는 퇴임 둘 중의 하나이기 때문에 어떤 결정이 나든 한국으로 돌아가는 것은 정해져 있어서 고객 및 지인들과 저녁 식사약속을 대부분 잡아 놓고 있었다. 지인들 대부분이 J 상무가 한국으로 돌아가는 것이 아쉽다고 하면서 하나같이 전해 주는 말이 J 상무가 계속 일본에 남아 있으면 좋겠다고 하였다.

　비서가 다가와 일본법인 내 송별회는 어떻게 하는 것이 좋을 지 의견을 물어 여전히 단체 회식은 자유롭지 않은 상황이기에 저녁 회식은 하지 말고 전체가 회의실에 모여서 종무식을 겸하여 점심 도시락 파티를 하자고 하였다. 모두들 동의하여 당일 도시락을 먹으면서 한 명씩 자리에 앉은 순번대로 본인의 의견을 자유롭게 말하는 시간을 가졌다. J 상무는 행복했다. 본사로 귀임하는 것도 기뻤고 이렇게 아쉬움을 보여 주면서 귀임을 축하해 주는 동료, 부하 친구들이 많은 것이 더욱 기뻤다.

5년간의 주재원 생활을 마무리하는 시점에서 J 상무 본인은 아쉬움의 기분이 훨씬 컸다. 영업 성적이 나쁜 편은 아니었지만 목표로 한 수치는 달성하지 못했고, 일본어 능력도 일본 전국 돌아보기도 아직 못 이룬 것들이 여전히 많이 남아 있기 때문이었다. 아직 못 했기 때문에 할 일이 남아 있다는 것이 더 좋을지도 모르겠다. J 상무는 일본 도쿄에서의 5년간의 생활에서 최선을 다했다고 자신 있게 말하기는 어렵지만 나름은 열심히 생활했다고 자기 위안을 했다.

"지난 5년간 뭔가 하려고는 한 것 같은데 여전히 부족하네."

주재원 생활 일본에서의 마지막 운전

　인사발령이 공식화되자마자 서둘러 가족과 함께 주재원 5년차 연말휴가를 가족여행으로 하기로 한다. 치바현을 좋아하는 J 상무는 마음에 들었던 카모가와市에 있는 호텔로 12월 30일 1박 숙박을 예약하고 가족들을 도쿄로 불렀다. 집사람과 딸아이는 3박 4일의 일정으로 12월 28일 저녁 도쿄에 도착하였다. 한국으로의 귀국 비행기는 12월 31일 저녁 8시경으로 예약하였다. 첫날과 다음 날 오전은 집사람과 함께 J 상무의 이삿짐 정리를 주로 하였고 쇼핑하는 시간도 가졌다.
　2018년 도쿄 부임 당시에는 얼마 후 가족이 함께 머물 계획으로 살림살이를 준비했는데 코로나로 인하여 최근 3년간 서로 오도 가도 못하면서 가족이 일본에 거주하려고 했던 계획을 결국은 실행하지 못했다. 가재도구와 전자제품 일체가 잘 구비되어 있었지만 모두 버리고 가기로 결정한다. 상당한 금액을 들여서 괜찮은 살림살이를 준비하였는데 많이 아까웠다. 한국으로 보낼 물품으로 옷가지와 책 정도만 정리하니 이삿짐용 종이박스 3개로 충분했다. 세탁기, 냉장고, TV 등 가전제품 일체와 침대, 침구, 소파, 식탁, 의자 등의 가구는 재활용 업체에 연락하여 비용을 지불하여 일괄로 가져가도록 했다. 전기, 가스, 수도를 차단하고 1박 2일의 일정으로 치바로 승용차를 이용하여 주재원 생활의 마지막 여행을 떠났다.

이번 가족 방문은 관광 목적이 아니고 J 상무의 이삿짐 정리를 위한 것이었기 때문에, 짐을 정리하면서 어수선한 J 상무의 아파트에서 숙박하는 것이 어렵기 때문에 '가까운 치바현 카모가와市에서 하룻밤 편히 지내는 것이 좋겠다'라고 생각해서 마련된 여정이었다. 특별한 일정은 없고 경관 좋은 바닷가 호텔에서 여유 있게 머물면서 제공되는 저녁과 다음 날 아침을 먹고 돌아오는 것이 전부였다. 치바에서 돌아오는 길에 카모가와 수족관에 들러 구경하는 것이 5년간의 주재원 생활을 마치는 최종 일정이었다.

카모가와 수족관은 시골에 있지만 규모가 아주 컸다. 다양한 어류를 보유하고 있었고 명물인 범고래쇼가 있었는데 전 세계에서도 몇 군데밖에 하지 않는다고 했다. 그 큰 덩치의 범고래들이 물 밖으로 점프해서 입수할 때는 물이 바깥으로 엄청나게 많이 튀었다. 그럴 때마다 소리를 지르며 즐기는 방문객이 많았다. 그러나 자연 그대로의 것을 좋아하는 J 상무의 눈에는 범고래들이 너무 가여워 보였다. 망망대해에서 유유히 헤엄치며 살고 있어야 할 고래들이 직경 20여 미터에 불과한 풀에서 단지 먹을 것을 얻기 위하여 연기를 하는 그 모습이 J 상무에게는 너무나도 안타까워 보여 꿀꿀해지는 기분이었다.

카모가와 수족관 구경을 마치고 1시간여 차를 운전하여 J 상무 아파트 차고에 차량을 반환하면 일본에서 사용했던 모든 물품 정리가 완료된다. 차에 시동을 켜고 달리기 시작하면서 작은 목소리로 가족들에게 "일본 생활에서의 마지막 운전이네"라고 말하였다. 수족관에서 느낀 꿀꿀한 느낌과 마지막 운전이라는 뭔가 아쉬운 기분이 더해져 J 상무의 표정이 어두

워져 가고 있었다. 이런 J 상무의 기분을 알 리가 없는 딸아이가 "이 노래 아빠가 좋아하는 것 맞지?"라고 하면서 일본의 인기 싱어송라이터 '아이미욘'의 '하루노히(春の日)'를 들려주었다. 좋아하는 일본 노래를 들으면서 '이것도 일본에서 듣는 마지막 노래구나'라는 생각이 들었다. 노래를 들으니 갑자기 아쉽고 울적한 기분이 증폭되면서 눈물과 콧물이 왈칵 쏟아지는 것이다. J 상무는 온 기를 다해서 참으려고 노력하면서 흘린 눈물을 들키지 않도록 손과 소매로 닦아내려고 했다. 눈치를 챘는지 어땠는지 잘 모르겠지만 딸아이는 조용히 노래의 볼륨을 줄였고 집사람은 차창 밖을 유심히 바라본다. 이렇게 일본 주재원 생활에서의 마지막 운전을 마쳤다.

아파트에 돌아와 한국으로 수화물로 가져갈 짐을 챙기고 5년 동안 잘 살았던 아파트에 그동안 같이 있어 줘서 고마웠다는 인사를 하고 나서 하네다 공항으로 향했다. 김포공항에 도착한 시간이 2022년 12월 31일 저녁 10시 반을 조금 넘었다. 늦은 시간이라서 택시를 타고 귀가한 시간이 정확히 밤 12시. 새해의 시작을 알리는 제야의 종소리가 울려 퍼지고 있는 시각이었다. J 상무의 새로운 한국 생활의 시작이다.

"자, 이제는 한국에서 멋진 생활을 해야지!"

제3장

귀환 그리고 준비

한국 생활

2023년 1월 1일, J 상무의 한국 생활이 시작되었고 임원 생활 11년차에 접어든다. 2022년 초에 있었던 불미스러운 일로 퇴임을 각오하고 있었으나 여러 분들의 배려로 2022년 말 정기 연말인사에서 J 상무는 본사 복귀 발령을 받아 회사 생활을 계속할 수 있었다. 모든 분들에게 감사한 마음밖에 없다. 회사와 주위의 배려로 본인의 능력보다 여분의 회사 생활이 덤으로 주어졌기에 이제부터 더욱 열심히 해서 어려운 상황이지만 강한 조직, 이익을 꾸준히 창출할 수 있는 회사를 만드는 데 일조하여야겠다고 생각하고 회사와 조직의 경쟁력을 향상시키는 데 힘을 쏟기로 마음먹는다.

2023년 1월, 본사에서 업무를 개시하자마자 주위로부터 걱정 어린 목소리가 들려왔다. 동료 임원들과 다른 본부에서 가장 어려운 시장 상황에 본사로 돌아와서 고생 좀 할 것이라고 위로 아닌 위로의 말을 많이 해 주었다. J 상무의 대답은 항상 같았다.

"내려올 만큼 내려왔으니, 이제 올라갈 일만 있을 겁니다."

실제로 부임 직후인 2023년 1월 영업 성적은 최악이었다. 많은 적자를 낸 것이다. 2022년 하반기부터 적자가 연이어 발생하고 있었던 상황으로 조직 전체의 분위기가 가라앉아 있었고 팀장들을 비롯하여 조직 전체가 수동적으로 움직이는 것처럼 보였다. J 상무는 영업 마케팅 팀장들을 소집하여 간결하지만 강하게 메시지를 전달했다.

"영업에서 적자를 내는 것은 있을 수 없습니다. 발전이 없는 조직은 존재의 가치가 없습니다. 시장 상황이 좋지 않다는 것으로 자기 위안을 삼는 것도 안 됩니다. 우리는 경쟁업체 대비하여 빠른 대응력과 좋은 제품군을 갖고 있습니다. 큰 그림을 그리고 거기에 맞춰 한 방향으로 움직입시다. 조직 전체를 보고 팀장들은 각 팀이 어떻게 가야 할지 빠르게 판단하여 대응합시다. 무엇보다도 팀 분위기를 좋게 만들기 바랍니다. 조직 전체의 분위기는 제가 잘 유지하도록 하겠습니다. 팀원들을 채근하지 마시고 지원, 독려하세요. 분위기가 좋은 조직에서 좋은 실적이 나오기 마련입니다."

J 상무는 실적이 좋지 않거나 본인의 의중을 잘 알아듣지 못한다고 절대로 화를 내지 않았다. 성질 급한 J 상무였지만 속으로는 화가 많이 나도 참고 또 참고 가능한 한 영업 전략과 방향이 말단 조직원들까지 전달될 수 있도록 모든 방법을 동원하였다. 회의에서 틈이 날 때마다 J 상무는 적극적 사고(Positive Thinking)를 강조하였다. 말로만 하면 설득력이 떨어지기 때문에 J 상무 스스로 솔선수범의 자세를 보이려고 노력했고 뇌(Brain)를 예시로 들면서 지속적으로 강조하였다.

"여러분의 뇌에서 호르몬이 분비되는 것 아시죠? 호르몬 중에 도파민이라는 것이 있습니다. 도파민은 엔도르핀, 세로토닌과 함께 행복 호르몬이라고 불립니다. 건강한 뇌에서 건강한 호르몬이 분비됩니다. 뇌에서 가장 최근에 진화한 부위가 대뇌의 앞부분에 위치한 전두엽입니다 전두엽은 전략이나 계획을 세울 때 사용하는 부위로 적극적인 사고를 하게 되면 전두엽을 많이 사용할 수밖에 없습니다. 좋은 계획을 세우고 이를 달성했을 때의 기분을 상상만 하더라도 도파민이 분비되고 적극적인 행동으로 이어집니다. 적극적인 행동은 성공으로 이어질 수 있는 확률을 높이기 때문에 선순환 사이클을 탈 수 있습니다. 우리의 영업이나 개발도 마찬가지입니다. 할 수 있고 된다라는 적극적이고 긍정적인 사고를 하시기 바랍니다."

2023년 상반기는 조직원들에게 틈날 때마다 지속적으로 적극적인 사고를 강조하였다. 초기에는 회의를 하는 도중에, 이후에는 회식과 술자리에서 J 상무가 좋아하는 주제인 우주, 뇌, 철학 이야기를 곁들이면서 적극적이고 긍정적인 사고를 강조하였다.

어느 날 J 상무가 지나가는데 부하 직원이 목례를 하고 나서 이마를 쓰다듬는 것이었다. 처음에는 대수롭지 않게 생각했는데 여러 명이 비슷한 행동을 보여서 왜 그런지 물어보았다. 그중의 한 명이 대답하길 '적극적인 사고를 하기 위해 전두엽을 많이 써야지'라는 의미였다고 한다. J 상무는 '본인의 메시지가 많이 전달되었구나'라고 생각하면서 입가에 미소를 띠웠다.

분위기가 달라져서 조직원들이 열심히 재미있게 일하는 모습이 조금씩 보이기 시작했다. '잘 달리는 말에 채찍을'이라는 말이 있지만 J 상무는 가능한 한 채근하지 않았다. 지원은 계속했고 좋은 성과로 이어졌을 때 같이 기뻐하고 칭찬하는 것을 잊지 않았다.

2024년이 시작되면서는 R&D 부문의 체질 개선에 힘을 쏟았다. 개발 팀장들에게 과제의 시야를 넓혀 눈앞에만 집중하지 말고 길고 멀게 보고 자잘한 과제보다는 큰 과제를 기획하여 실행할 것을 강조하였다. 기술 포럼을 실시하여 개발의 방향을 보다 근본적인 원인 규명과 기본 경쟁력 개선으로 힘을 쏟을 수 있도록 했다. 3년, 5년 후를 내다보고 지금 우리가 무엇을 준비하여야 하는지 함께 고민해 보자고 여러 번 강조하였다.

"성공은 여러분들의 실적입니다, 실패해도 책망하지 않을 테니 도전하세요. 다만 같은 실수, 실패는 반복하지 않도록 노력합시다."

실적은 그야말로 꾸준히 개선되었다. 2023년 1월의 적자를 저점으로 해서 조금씩 조금씩 우상향 커브를 그리기 시작했다. 시장 상황이 개선되어 좋아진 것이 아니었다. 여전히 공급이 수요를 훨씬 앞지른 상황이 이어지고 있고 이는 앞으로도 개선될 조짐을 보이지 않았다. 하지만 J 상무가 담당하는 본부는 2023년 상반기만 월간 적자를 두 번 기록하고 그 이후로 퇴임하는 2024년 말까지 꾸준히 이익 규모를 조금씩 늘리는 성과를 기록하였다. 조직 전체가 J 상무가 희망했던 선순환 구조에 몸을 실은 것이다.

J 상무의 회사 일상은 일정하였다. 출장을 제외하면 항상 6시 30분에 회사에 도착해서 회사에서 제공하는 아침을 먹고 잠깐 휴식을 취한 후 7시에 업무를 시작하였다. 실적이 좋지 않았던 2023년 상반기 초기에는 7시부터 바로 업무를 시작하여 새로 주어진 업무 파악을 제대로 하는 것도 필요했고 그날의 할 일을 정하고 앞으로 무엇을 어떻게 할지 고민하는 것의 연속이었다. 2023년 상반기에 조직 분위기를 정비하고 하반기에 새로운 체제도 도입하면서 실적은 눈에 띄게 향상되었고 선순환의 바퀴는 방향을 잘 잡고 굴러가기 시작하였다. 팀장들과 조직원들이 알아서 잘 움직여 주니 J 상무는 특별히 할 일이 없었다. 진도 점검과 지원과 독려, 방향

성 확인만 하면 되니 시간에 여유가 있었다.

　업무 시간은 가능한 한 업무를 했지만 시간에 여유가 있으니 인터넷 신문 보는 시간, 멍하게 있는 시간, 잡담을 하는 시간도 많이 늘어나 스스로 시간 관리가 필요하다는 것을 느꼈다. 그렇다고 업무 점검을 한다고 불필요한 회의 소집을 하는 것도 아닌 것 같고 한 명 한 명 불러서 이야기하는 것도 아니어서 업무 시간 이외의 여분의 시간을 어떻게 보내야 할지 고민하다가 철학사를 공부해 보기로 하였다. 언젠가 부서원들에게 J 상무의 생각과 철학을 공유할 목적으로 7시부터 8시까지의 아침시간과 점심시간, 퇴근 직전은 공부하는 시간을 가졌다.

　"우주, 뇌, 철학 관련 스토리를 만들어 보자."

멋대로의 우주, 뇌, 철학사 요약

우주의 방대함, 뇌의 잠재성, 철학의 심오함에 대하여 J 상무는 관련 서적과 문헌 등 자료들을 읽어 보면서 나름의 스토리를 머릿속으로 정리해 본다.

뇌(腦)를 '소우주(小宇宙)'라고도 한다. 뇌를 작은 우주에 비유한 것으로 예로부터 전해 내려온 말이다. 대단히 적절한 비유라고 생각한다. 우주는 137억 년 전에 빅뱅(우주 탄생을 이끈 대폭발)을 거쳐 탄생했다. 이 거대한 에너지 덩어리는 팽창의 팽창을 하게 되고 동시에 생성된 우주 먼지와 수소, 헬륨 등이 상호 인력으로 뭉침을 거듭하여 거대한 별이 형성된다.

거대한 별의 엄청난 중력과 초고온의 환경에서 수소, 헬륨과 같은 가벼운 원소가 핵융합을 거치면서 철, 니켈 등의 무거운 원소들까지 생성된다. 별 주위의 물질을 방대한 중력으로 끌어당기면서 받아들이고 내부에서는 핵융합에 의하여 무거운 원소들이 생성되며 별의 중력은 지속적으로 증가하게 된다.

엄청나게 증가된 중력이 자체적으로 붕괴되면서 거대한 별은 폭발을 일으키게 되는데 이를 초신성(Supernova) 폭발이라고 일컫는다. 바로 이

초신성 폭발에 의해 금속과 같은 무거운 원소들이 방출되면서 현재 우리 주변을 구성하는 각종 원소들이 공급되었다. 지금도 우주는 팽창을 거듭하고 있고 그 팽창 속도는 빅뱅 이래로 계속 증가하고 있으며 초신성 폭발은 거듭하여 이어지고 있다.

우리가 속해 있는 태양계는 50억 년 전에, 지구는 46억 년 전에 우주 먼지(Star Dust)로부터 생성되었다. 50억 년 전 태양계 주변에 산재해 있던 우주 먼지가 중력에 의해 합체를 거듭하여 태양이 탄생하고 태양에서 적당한 거리에 있는 것들도 자체적인 인력으로 뭉치기를 거듭하면서 수성, 금성, 지구, 화성, 목성, 토성, 천왕성, 해왕성의 행성이 생성되었고 태양계에는 수많은 소행성들이 태양의 중력에 이끌려 궤도를 돌고 있다.

현재까지 밝혀진 바로는 태양계에는 지구 이외의 다른 행성이나 위성에는 생물이 없다. 목성의 위성 중에 생물이 있을 가능성이 있다고 추측하고 있을 뿐이다. 그야말로 지구는 특별하고 소중한 행성이다. 정말로 확률적으로 우연히 지구에 생물이 번창하는 환경이 조성되었다면 정말로 너무나도 많은 우연이 겹쳐져야 가능하다.

첫째로 에너지를 공급하는 태양과 같은 별이 있어야 한다. 태양의 수명은 100억 년이라고 하니 생성된 지 50억 년인 태양은 정확히 한창 시절인 중간 시간대에 있는 젊은 별이다. 끊임없이 태양계에 에너지를 공급하는 별 즉 태양이 없다면 현재의 지구는 존재하지 않는다. 태양이 1초 동안 방출하는 에너지는 인류가 100만 년 동안 쓰고도 남는 양이라고 한다. 태양에서 방출하는 에너지의 극히 일부분만 지구에 도달하지만 그 에너지가 지구에 활력을 부여하는 원동력이며 밝은 낮을 지구에 제공한다.

둘째로 태양에서 너무 멀지도 너무 가깝지도 않은 위치에 있어야 하며 이 위치를 골디락스 존(Goldilocks Zone)이라고 부른다. 별의 크기에 따라 골디락스 존이 달라지는데 우리 태양계에서는 태양에서 1.5억 킬로미터 떨어져 있는 지구의 위치가 최적의 거리이다. 이보다 가까우면 너무 뜨거워서, 멀다면 너무 차가워서 생물이 존재하는 환경이 되지 못한다.

셋째로 지구 만한 크기이어야 한다. 만약 지구보다 작아 자체 중력이 충분하지 못하면 우리가 숨 쉬는 공기와 같은 질량이 가벼운 기체 물질들을 우주공간으로 유실할 가능성이 높아 생존 확률이 낮고, 너무 크다면 중력이 너무 강해져서 생물이 진화할 가능성은 있지만 현재의 인류와 같은 직립 보행이 가능한 종까지 진화할 가능성이 낮아진다. 금성의 경우 지구와 유사한 크기이기 때문에 적당한 중력을 갖고 있지만 골디락스 존을 벗어나서 태양으로부터 가깝기 때문에 너무 뜨거워서 생물이 존재하기 어렵다.

넷째로 유기 생물이 생존하기 위해서는 물이 필수적으로 존재하여야 한다. 지구는 정말로 물이 풍부하다. 초기 지구는 매우 뜨거운 불덩어리였다. 물은 수소 원자 2개와 산소 원자 1개로 구성되어 있는 작은 분자로 화학반응에 의해 비교적 간단히 생성이 가능해서 지구 자체적으로 보유한 원소들의 반응으로 만들어질 수는 있지만 현재 지구가 보유한 물의 양은 실로 어마어마하다. 따라서 여전히 가설이기는 하지만 물이 풍부한 소행성들과 충돌하면서 물을 추가로 얻었다는 이론이 설득력을 얻고 있다.

이와 같이 지구는 여러 가지 적합한 조건이 겹쳐져서 생물이 살 수 있는 행성이 되었는데 천혜의 요소를 또 갖고 있다. 바로 달이라는 위성을 보유하고 있다는 것이다. 지구만 한 크기에 화성 크기의 절반 정도 되는 큰 크기의 위성을 갖고 있다는 것은 가까운 천체들을 들여다봐도 아주 드문 경우이다. 달의 생성 이론은 지구가 생성되어 얼마 지나지 않은 초기 지구가 화성 크기만 한 행성과 충돌하면서 금속과 같은 무거운 물질은 지구에 상당 부분을 남기면서 떨어져 나간 파편이 뭉치고 모여 달이 만들어졌다는 가설이 힘을 받고 있다. 여러 뒷받침되는 증거가 있는데 그중의 하나가 달 표면의 암석 구성 성분이 지구의 표면과 아주 유사하다는 점이다.

달이 존재함으로써 달의 중력에 의해 바닷물의 조수 간만의 차가 발생하고 끊임없이 바닷물을 움직이는 동력원으로 작용하면서 암석 및 토양으로부터 유기성분 이외에 생명력의 필수 성분인 미네랄이 대량으로 바닷물에 녹아들었다. 지금은 달과 지구와의 거리가 38만 킬로미터인데 초기 지구 시절의 달과의 거리는 현재 거리의 절반 정도인 20만 킬로미터로 달과의 중력의 영향이 지금보다 몇 배 컸다. 즉 조석 간만의 차가 지금보다 상당히 컸기 때문에 바닷물의 활동이 매우 왕성해서 단시간에 유기물과 미네랄이 바닷물로 충분히 공급되었다. 바다에서 초기 생물이 형성될 때 바닷물 속의 미네랄이 없었다면 풍부한 생물 자원을 보유하기는 어려웠을 것이다.

또 다른 혜택은 지구의 축, 즉 지축이 다른 천체와의 충돌로 인한 달의 형성될 때의 충격으로 23.5도 기울었다는 것도 정말로 큰 행운이 아닐 수 없다. 계절이 있다는 것은 생물학적인 측면이나 문화적인 측면에서 다양성을 제공하는 하나의 기반이 된다. 계절이 있기 때문에 얼마나 많은 다양성이 추구될 수 있는지 상상하는 것은 어렵지 않다. 만약 지축이 수직이나 수평으로 있었다면 항상 같은 계절이거나 낮과 밤이 각각 매우 긴 행성이 되었을 수도 있다. 일례로 금성은 지축이 수직이기 때문에 계절의 변화가 있을 수 없다. 지구의 자전 시간이 24시간인 것도 축복이다.

천혜의 조건은 여기서 그치지 않는다. 대규모 천체 충돌로 달이 생성될 때 초기 지구는 전체적으로 용암이 들끓고 있는 시점이어서 철, 니켈과 같은 무거운 원소는 지구 내부로 가라 앉고 지각 표면은 상대적으로 가벼운 암석의 성분으로 형성되어 있었는데 당시 충돌로 인해 지구와 부딪친 천체가 뒤섞이면서 추가의 무거운 원소가 지구로 공급되었다. 이는 지구의 자기장 형성에 큰 역할을 하고 지구에 추가의 자원을 공급하였다. 더 강력한 자기장을 지구는 보유할 수 있게 됨에 따라 태양에서 오는 감마선, X선과 같은 유해 방사선을 거의 완벽하게 차단할 수 있게 되었다. 유기결합을 파괴할 수 있는 에너지를 갖는 감마선 등이 지구에 직접 조사될 경우 생물이 번식할 환경이 조성되기 어려운 것은 당연하다. 지구와 다른 천체와의 충돌로 인하여 완벽한 생물 번식 조건이 마련된 것이다.

위 모든 조건이 조화를 이루며 지구는 생물이 번식할 수 있는 행성이 되었다. 탄소, 수소, 산소, 질소 등의 원소들은 빅뱅과 초신성 폭발의 산물이고 유기물로 구성된 생물은 대부분 위의 원소들로 구성되어 있으니 인간뿐만 아니라 자연을 구성하는 모든 물질과 원소가 우주의 탄생과 더불어 생성되었기에 출발 시점이 같다고 생각할 수 있다. 따라서 이와 같은 측면에서 변화를 거듭하고 있는 우주와 진화를 거듭한 뇌의 나이는 다르지 않다고 말할 수 있다.

우주의 정확한 구조를 현대 물리학으로 밝힌 부분은 5% 정도라고 하고 뇌의 구조를 의과학적으로 이해한 부분도 5% 정도라고 하니 놀랄 정도로 유사하다. 우주는 1,000억 개의 은하(Galaxy)로 구성되어 있고 뇌는 1,000억 개의 신경 세포인 뉴런(Neuron)으로 구성되어 있다. 은하 내에서는 별(Star)이 생성되었다 소멸되고 뉴런과 뉴런 사이에서는 시냅스가 생성, 소멸하면서 신경물질을 전달한다.

  우주와 뇌가 유사한 부분이 많이 있고 아직 잘 모른다는 점, 무한하다는 관점에서 뇌가 소우주라고 불리는 이유 중의 하나일 것이다. 재미있는 것은 과거 우주와 뇌를 잘못 이해하고 있던 부분도 시기적으로 유사하다. 먼 옛날에는 지구가 우주의 중심이라고 여겼었다. 즉 천동설이 상당히 오랫동안 인정되어 왔는데 이를 부정하여 17세기에 지동설을 주장한 갈릴레오는 종교적으로 심한 고초를 겪었고 교단으로부터의 압박을 못 견디어 본인이 잘못 판단하였다고 사죄까지 하였다. 그가 지동설을 주장한 지 400년 가까이 되는 시점인 2018년, 교황청이 천동설을 부정한 갈릴레오와 관련한 당시의 잘못된 상황에 대하여 사과문을 발표한 일화도 있다.

  인간의 경우 인간의 중심이 심장(Heart)이라고 믿는 시기가 오래전부터 이어 내려왔다. 3,000년 전의 이집트의 미라를 보면 환생을 위하여 심장은 가능한 한 잘 보존하려고 하였으나 뇌는 제거하였다고 한다. 뇌보다 심장을 훨씬 중요하게 여긴 것이다. 동양의 경우도 마찬가지이다. 심장(心臟)의 심(心)은 마음이라는 뜻으로, 심장을 마음을 담고 있는 곳으로 생각한 것이다. 고대 동양에서도 인간의 중심이 심장이라고 여긴 것이다. 우리도 은연중에 마음이라고 하면 심장을 가리키곤 한다. 오랜 세월이 지나 뇌가 인간의 중심이라고 주장한 사람은 갈릴레오와 같은 시기인 17세기의 철학자이며 과학자인 데카르트이다. 우주와 뇌를 잘못 이해한 것이 밝혀진 시기도 유사한 시기인 만큼 우주와 뇌의 이해도도 거의 비슷하게 높아졌다.

  갈릴레오가 언급한 태양이 우주의 중심이라고 여겼던 것도 잘못이라고 밝혀지는데 다시 수백 년이 경과되었지만 아직도 우주의 중심이 어딘지 모르고 있고 인간의 경우도 뇌의 어느 부위가 중심인지, 즉 어느 곳이 정신세계를 관장하는지 명확하게 규명되어 있지 않은 점도 우주와 뇌가 유사하다.

뇌의 진화가 곧 생물의 진화와 직결된다. 원시 단세포 생물로부터 시작하여 자의적으로 움직이는 동물로 진화하면서 어류, 양서류, 파충류, 조류, 포유류의 고등동물로 발전하였고. 가장 원시적인 뇌인 척수로부터 시작하여 진화를 거듭하여 공룡과 같은 파충류부터 대뇌의 일부를 포함하게 되어 두려움과 분노 등의 감정이 생기기 시작했고, 포유류로 진화하면서 특히 대뇌가 더욱 커지면서 지능도 좋아졌다. 인간의 조상인 영장류는 약 800만 년 전에 등장하였고 진화를 거듭하면서 대뇌가 점진적으로 커지면서 지능이 좋아진다. 보고 듣고 기억하는 것이 생존하는 데 있어 필수이기 때문에 후두엽과 측두엽이 발달하게 되고 판단과 계획을 관장하는 전두엽은 진화의 최종 산물이다.

초기 영장류 대비 뇌의 크기가 600g 정도까지 커진 호모 사피엔스의 조상은 300만 년 전에 등장하였다. 이 시기부터 영장류는 도구를 사용하기 시작하였다. 아주 원시적이지만 전두엽이 작용하기 시작한 것이다. 조금씩 뇌의 크기가 커지면서 지능도 비례하여 좋아지게 되고 다시 300만 년이 지나면서 시기적으로 비교적 최근인 1만 2,000년 전에 호모 에렉투스가 등장하면서 뇌의 무게가 1,200g까지 증가한다. 네안데르탈인의 등장 시기도 유사하다.

이 시기부터 수렵과 더불어 농작물을 재배하는 농경 사회가 시작된다. 뇌 무게가 현재의 우리와 같은 1,400g을 갖는 인류가 본격적으로 활동을 시작한 것은 대략 5,000년 전이다. 즉 전두엽이 커져서 현생 인류와 같은 지능을 갖춘 인류가 이 시기부터 활동한 것이다. 전두엽은 앞으로 할 일, 즉 계획하는 것을 관장한다. 내일 뭐 하지? 다음 달은 뭘 할까? 내년에는? 10년 후에는 어떻게 되어 있을까? 등의 생각을 하게 된 것이다. 생각을 한다는 것은 철학을 할 수 있다는 것을 의미한다. 전두엽이 발달하지 못하여 오늘만 보고 눈앞만 보다가 진화된 전두엽을 갖게 된 인류는 더 큰 그림을 그릴 수 있게 되어 지구를 완전히 장악하게 된다.

인류의 뇌의 무게가 1,400g이 되어 미래를 체계적으로 생각할 수 있게 된 시점인 약 5,000년 전에 인류의 4대 문명이 등장하여 문화가 융성하게 된다. 이집트 나일강을 중심으로 한 이집트 문명, 티그리스 유프라테스강을 중심으로 한 메소포타미아 문명, 인도 인더스강 유역의 인더스 문명, 중국 황하강을 중심으로 한 황하 문명이 발생하여 문화가 꽃을 피운다. 이시기에 언어와 문자가 체계화되면서 역사 시대의 장을 열게 된다.

철학은 인류가 생각하는 습관을 갖게 되면서 줄곧 삶의 한 부분을 차지하고 있다. 고대의 성인이라고 하면 서양의 소크라테스, 예수 그리스도 그리고 동양에서는 공자, 노자, 석가모니를 일컫는다. 이중 예수 그리스도(BC4~AD30)를 제외하고 소크라테스(BC470~399), 공자(BC552~479), 노자(BC571~470), 석가모니(BC563~483)는 모두 기원전 550~400년경에 활약하였고, 소크라테스를 제외하고 각각 그리스도교, 유교, 도교, 불교의 기원이 된 분들이다. 이분들의 공통된 특징이 있다. 직접 저술한 책이 없다는 것이다. 모두들 훌륭한 제자들을 슬하에 두었고 그 제자들의 기록 덕분에 인류의 성인으로 불리고 있다. 이분들의 사상이 후세로 연결되면서 철학은 인류의 삶의 방향을 제시하는 학문이 되었다.

철학은 진리를 추구하는 학문으로 어느 분야라도 깊게 파고 연구했다면 철학을 추구하였다고 할 수 있다. 예를 들어 박사 학위를 취득했다고 하면 PhD, 즉 철학박사 학위를 받는다. 이는 그 분야에서 깊이 들여다보고 진실을 추구했다는 의미에서 철학박사 학위를 수여하는 것으로 생각된다.

철학은 크게 두 가지에 대한 진실을 추구한다. 세상(世上)과 인간이다. 첫째, '세상은 어떻게 창조되었고 무엇으로 이루어졌는가?'에 대한 진리이며, 둘째, '인간은 어디서 왔고 어디로 가고 어떻게 살아야 하는가?'에 대한 진실이다.

첫 번째 의문인 세상과 관련한 철학은 동양 철학과 서양 철학의 사상이 매우 비슷하다. 엠페도클레스의 4원소론은 흙, 물, 불, 공기로 세상이 구성되었다고 했고 동양 철학의 경우도 아주 유사하다. 불교에서는 공기를 바람으로 표현하거나 인도 철학에서는 4개의 원소 이외에 공간을 집어넣어 5개의 원소라고 표현하였다. 중국의 추연(鄒衍, BC305~240)에 의해 정리된 음양오행설은 태양(日)과 달(月), 그리고 나무(木), 불(火), 흙(土), 철(金), 물(水)로 세상은 이루어졌다고 했다. 음양오행설은 동양 사상에 있어 오랫동안 지속적으로 영향을 미치게 된다. 동양, 즉 한국, 중국, 일본에서 가장 많이 연구된 분야이며 생활 속에 뿌리를 깊게 내리고 있다. 한국의 국기인 태극기가 음양오행설에 기초하여 만들어졌다는 것은 익히 알려진 사실이다. 종교에서도 세상은 어떻게 창조되었는지 서술되어 있지만 현대 과학의 발전으로 세상, 즉 우주가 어떻게 생성되었는지 많은 부분이 규명되었으며 무엇으로 이루어졌는지에 대해서도 역시 궁금증이 상당 부분 해소되었다. 따라서 철학의 기본 진리 추구의 두개의 축 중 세상(世上)에 대해서는 이제는 크게 다루지 않는 것 같다.

인간(人間)에 대한 진리 추구는 현재 진행형이다. 동양 철학이 추구했던 영역과 서양 철학이 밝히려고 했던 부분은 좀 차이가 있다. 간략하게 동양과 서양의 대표 철학자들을 중심으로 그들의 중심 사상을 요약하며 동양 철학과 서양 철학의 차이점을 언급하고자 한다.

공자는 유교의 근간을 구성한 분으로 인의예지신(仁義禮智信)을 기본으로 인(仁)의 정치를 하여야 한다고 주장하며 본인의 뜻을 펼치기 위하여 관직을 얻으려고 많은 노력을 하였으나 결국은 벼슬은 얻지 못해서 본인의 관점에서는 아쉽게 삶을 마감하지만 이후 공자의 사상이 제자들에 의해 펼쳐지면서 현세에 이르기까지 공자의 사상이 동양 철학의 중심이 되었다. 맹자는 성선설을 주장하며 근본적으로 인간은 선하니 선을 발휘하기 위해서는 배움이 주요하다고 주장하며 교육의 중요성을 강조하였다. 맹자의 성선설은 지배 계급에게 배우고 공부하라고 주장한 측면이 강하였다. 한편 순자는 성악설을 주장하였는데 혹자는 성선설과 성악설이 대립되는 이론이라고 하는데 제목만 보면 그렇게 볼 수도 있다. 그러나 출발점은 대립적이지만 결론은 결국 유사한 개념이다. 순자는 인간의 본성은 개인적인 욕망을 추구하고 충동적이니 배움을 통하여 선을 구현할 수 있다고 한 것이다. 결국은 배워야 한다는 것인데 성선설과 차이가 있는 점은 지배 계층뿐만 아니라 평민으로 배움의 대상을 확대한 측면이 있다는 것이다.

노자와 장자는 유사한 사상으로 무위자연(無爲自然)을 강조하였으며 도(道)로 회귀하여야 한다는 사상이다. 도는 우주로 통하는 것으로 여겨진다. 노자의 도(道) 사상은 불교의 사상과도 유사한 점이 많아 일설에 의하면 노자와 석가모니는 비슷한 시기에 활약하였기에 아마도 동일 인물이 아닐까 주장하는 이들도 있다. 다른 이야기이지만 장자의 유명한 일화 호접지몽(胡蝶之夢)은 장자가 꿈에 나비가 되었는데 나비가 장자의 꿈을 꾸는 것인지 알지 못하겠다라는 이야기로 현대 과학의 양자역학의 개념과 유사하여 현대 물리학에서 인용되기도 한다.

석가모니의 철학은 불교의 사상으로 이어졌고 해탈과 깨달음을 추구하였다. 동양 철학의 흐름에서 한 획을 차지하는 묵자의 사상은 실용주의를 추구하며 묵자는 공자의 철학을 상류층을 위한 사상이라고 비판하며 예식의 간소화를 추구하다가 당시 주류 계층의 반감을 받아 배척되었다. 만약 묵자의 사상이 이후 주류를 이루었다면 세상은 달라졌을 것이다. 한비자는 법가 사상을 집대성하였고 법치주의를 주장한 인물로 심각한 말더듬이였다는 것으로 알려져 있는데 글솜씨는 아주 출중하였다고 한다. 그러나 주위의 모함을 받아 불행하게 삶을 마친다.

간략하게 서술하였지만 이제까지 인용한 대표 철학자들은 모두 기원전의 인물들이기 때문에 동양 철학의 기본 사상은 기원전에 완성되었다고 볼 수 있다. 마지막으로 성리학의 창시자 주자인데 주자는 앞에 말한 철학자들과 1,400년 이상 시차를 갖는 12세기에 활약한 인물로, 동양 철학을 집대성한 분으로 너무나 완전하게 정리하였다. 이후 주자의 학문은 교과서처럼 다루어지게 되면서 동양 철학은 성리학 연구가 주류를 이루며 이후로는 한 획을 그을 만한 새로운 개념은 등장하지 않은 것으로 보인다.

마찬가지로 서양 철학을 J 상무의 시각에서 대표 철학자들의 사상을 중심으로 요약하고자 한다. 직각삼각형의 피타고라스의 정리로 잘 알려진 피타고라스는 기원전 570년경에 태어난 인물로, 만물은 수(Number)로 이루어졌다고 주장했다. 그의 철학은 후에 플라톤에게 큰 영향을 주었다고 알려져 있다. 철학의 아버지라고 불리우는 소크라테스는 '너 자신을 알라'와 '악법도 법이다'라는 명언을 남기면서 독배를 마시고 일생을 마친다. 제자인 플라톤의 저서 『소크라테스의 변명』을 보면 그는 당시 재판 과정에서 재판에 영향을 미치는 발언에서 합리적이면서 정의롭게 자신을 변론하였지만 결국 결정권자들의 반감을 자극하는 발언을 하며 자신의 죽음을 자초함에 따라 사형이 구형된다. 그의 대표적인 명언 '너 자신을 알라'는 목적어를 더욱 명확하게 하면 '너 자신의 무지(無知)를 알라'라는 뜻이다. 즉 외적인 세계로부터 내면적인 세계로 의식의 방향을 전환시킨 명언이다.

명문가에서 태어난 플라톤은 스승의 죽음을 목격하면서 정치에는 뜻을 두지 않고 아카데미아 학파를 설립하여 제자 양성과 학문 연구에 몰두하며 수많은 저서를 남겼다. 그의 대표적인 이데아(Idea)론의 '이데아'는 생각, 관념이라는 해석보다 그리스어로 참모습, 참형상이라는 뜻이 더 적합하다. 인간은 본래 부족하기 때문에 피상적인 겉모양이 아닌 본질적인 형상을 알기 위하여 노력하여야 한다는 것이다. 플라톤의 이데아론을 동굴에서 그림자만 보아 왔던 사람들에게 동굴 밖의 참세상을 보고 온 자들이 아무리 그림자의 진실을 설명해도 이해하지 못한다는 일화로 설명하기도 한다.

플라톤의 제자 아리스토텔레스는 20년간 공부했던 아카데미아 학파를 떠나 알렉산더 대왕의 어린 시절의 스승이 된 이후 플라톤의 학원과 유사한 리케이온 학원을 설립하여 제자들과 학문을 연구하였다. 다루는 분야의 다양함과 방대함으로 아리스토텔레스는 만학의 아버지라고 불리운다.

플라톤이 이데아, 즉 참형상을 추구하는 관념론으로 분류한다면 아리스토텔레스는 현실적, 실재적인 부분에 집중하여 실증론, 경험론으로 대별할 수 있다.

고대 그리스 시대에 철학을 왕성하게 발전시킨 4대 학파는 플라톤의 아카데미아, 아리스토텔레스의 리케이온, 에피쿠로스 학파, 스토아 학파이다. 에피쿠로스의 철학은 은둔적 쾌락주의로 대별되는데 일시적, 충동적 쾌락이 아닌 마음의 평정, 즉 아타락시아(Ataraxia)를 추구한다. 에피쿠로스는 데모크리토스의 만물의 근원은 원자에 있다는 원자론적 유물론의 신봉자이기도 했다. 그의 철학은 르네상스 시대에 알려지면서 당시의 사상 형성에 큰 영향을 미쳤다. 제논의 스토아 학파는 금욕주의를 표방하였으며 지혜, 용기, 정의, 절제의 덕을 실천하면서 마음의 평정, 즉 아파테이아(Apatheia)를 추구하는 것이었다. 자연의 섭리에 맞춰 운명에 순응하며 덕을 실천하는 스토아 학파의 사상은 추후 로마 시대의 지도자의 철학으로 자리 잡는다.

수백 년이 지나 예수 그리스도가 탄생하면서 기독교가 세상에 퍼지기 시작하였으며 초기에는 기독교도에 대한 박해가 있었으나 313년 콘스탄티누스 황제에 의해 기독교가 인정되면서 신자들이 더욱 확대되었다. 392년에 마침내 기독교가 로마의 국교로 지정된다. 아우구스티누스가 5세기 초 기독교의 체계를 집대성하면서 이후 철학은 신학이 주류를 이루면서 다양성을 발휘하지 못하게 된다. 공존하던 철학과 신학은 13세기 토마스 아퀴나스가 등장하면서 위치가 바뀌게 된다. 토마스 아퀴나스는 아리스토텔레스의 철학과 기독교 신학의 조화를 도모하면서 기독교의 교리의 심화에 공헌한다. 그는 특히 '철학은 신학의 시녀다'라는 말을 남기며 철학의 위치를 신학의 아래에 놓으면서 사상적으로 더 이상 철학의 발전을 도모하기가 어렵게 된다.

고대 동양 철학과 고대 서양 철학의 흐름을 간략하게 정리하였는데 차이점을 보면 동양 철학은 중요시하는 부분이 관념적인 부분이 강하고 깨달음과 예절 등의 행실에 더 중점을 두고 있는 반면에 서양 철학은 논리와 지식을 추구한 측면이 강하지 않았나 생각된다. 즉 유물론적인 측면에서는 서양 철학이 더 강하여 이와 같은 기조가 이후 유럽에서 과학 기술의 발전을 이루게 되는 토대 중의 하나로 작용했을 것이다.

동양 철학과 서양 철학은 시기적으로도 유사한 점이 많다. 동양 서양 모두 기원전 600년 전부터 이후 500여 년에 걸쳐 철학이 융성하고 다양하게 발전하였으며 기원 이후에는 양쪽 지역 모두 획을 그을 만한 새로운 철학 사상은 나타나지 않고 기존 철학이 심화·발전하는 과정이 이어졌으며 동양 철학의 경우 12세기에 주자가 성리학으로 유교를 집대성한 이후에는 새로운 개념의 철학이 등장하지 않았다. 서양 철학은 13세기에 토마스 아퀴나스가 기독교 교리를 정리한 이후 이렇다 할 철학이 등장하지 않다가 서양에서는 르네상스 시대를 기점으로 철학이 재융성하는 시기가 도래하였다.

14세기 중반에 흑사병이 유럽을 휩쓸게 된다. 당시 유럽 인구의 3분의 1 가량인 수천만 명이 흑사병으로 사망하게 된다. 대부분 기독교 신도인 그들이 무서운 흑사병으로부터 벗어나길 간절히 기도했을 것인데 흑사병은 기세를 떨구지 않고 유럽 전역으로 퍼지게 되면서 새로운 기조가 형성되기 시작하였다.

'메멘토모리(Memento mori; 죽음을 기억하라)'와 '카르페디엠(Carpe diem; 오늘에 충실하라)'이라는 것이 유행처럼 당시 유럽 사회에 작용하였다. 이 흐름은 새로운 풍조를 자아내면서 그리스 철학의 부흥과 예술과 자연과학의 비약적 발전이라는 세태를 만들어 냈다. 바로 르네상스 시대가 도래한 것이다.

르네상스 시대는 이태리를 중심으로 한 문화 예술의 부흥기로서 레오나르도 다빈치, 미켈란젤로, 라파엘로 등 위대한 예술가들이 대거 배출되었다. 고대 그리스 철학이 재조명되면서 그리스도교의 신본주의로부터 벗어나 인간을 중심으로 보는 인본주의 사상이 도래하게 된다. 16세기 초반에 교단에서 면죄부를 발부한 것이 계기가 되어 마르틴 루터와 장 캘빈의 종교 혁명으로 이어져 개신교가 탄생하였다.

그리스 철학에 대한 연구가 활발해지고 철학적인 지식이 쌓이면서 17세기에는 영국 베이컨의 경험론과 프랑스 데카르트의 합리론의 두 축이 형성되면서 발전하게 된다. 철학의 융성이 다시 도래한 것이다. 특히 '나는 생각한다 고로 나는 존재한다'라는 명언으로 유명한 데카르트는 인간을 처음으로 신으로부터 개념적으로 독립시킨 철학자로 이름을 남긴다. 데카르트가 스웨덴의 어린 여왕의 간곡한 초청을 수락하여 방문한 스웨덴의 혹독한 겨울에 적응하지 못하여 수개월 만에 감기로 인한 폐렴으로 어이없게도 53세의 나이에 사망한다. 역사상 가장 위대한 철학자 중 한 명이 한창 나이에 세상을 떠났다.

경험론과 합리론은 각각의 사상을 심화하면서 발전을 거듭하였고 칸트는 경험론과 합리론의 각각에 대하여 맹점인 부분을 비판하며 경험론과 합리론의 종합을 시도하였던 철학자이다. 이후 헤겔의 정반합 변증법론,

마르크스의 사회주의로 새로운 개념의 사상이 등장하면서 현대 철학으로 연결된다.

이상이 J 상무가 우주와 뇌, 철학에 대하여 나름대로 요약 정리한 내용이다. 우주와 뇌가 서로 유사한 부분을 많이 갖고 있고 뇌가 진화하면서 얻어진 생각할 수 있는 능력의 산물이 철학인 것이다. 따라서 우리가 생각하는 이상 우리의 생활은 철학과 밀접할 수밖에 없을 것이다.

J 상무는 본인 인생의 철학은 무엇일까 생각해 본다.

"인생은 마음먹은 것을 실행함의 연속이다."

W 박사님과의 만남

 2023년 10월 1일 J 상무는 시카고행 비행기에 몸을 실었다. 출장은 아니고 2001년 8월부터 2005년 5월까지의 위스콘신주 밀워키에 위치한 M 대학 재학 시절의 지도 교수였던 W 박사님을 만나기 위해서다. 더 정확히 이야기하자면 그와 골프를 함께 하기 위해서이다. 그가 올해 이미 80세의 노령으로 더 이상 늦추게 되면 나중을 기약할 수 없을지도 모르기 때문이었다.
 좀 거슬러 올라가서 그와는 2005년 4월에 골프라운드를 한 번 같이 한 적이 있었다. J 상무가 5월 말에 졸업하는 것으로 확정 짓고, 여유 있게 실험실에서 논문을 정리하고 있던 어느 날 W 박사가 다가와 이런저런 얘기를 하다가 골프가 화제로 나왔다. 그가 J 상무에게 골프 하냐고 물어보아서 거짓말을 하는 것은 아닌 것 같아 그냥 좋아한다고 말했다. "학생이 무슨 골프?"라고 말씀하실까 살짝 걱정했는데 그가 잘 됐다고 말하며 다른 친구들에게는 비밀로 해 달라는 부탁을 하면서 다음 날 오후에 둘이서 한 게임 하자는 것이었다. 학생이 평일 오후에 지도 교수님과 골프를 하게 되다니 J 상무는 상상도 하지 못했는데 교수님이 하자고 해서 신나게 함께 운동했던 추억이 있다.

J 상무는 W 박사님의 인품과 학식에 존경심을 갖고 있다. 하루는 W 박사 실험실 구성원 중 타인에 대한 배려가 부족한 친구가 한 명 있었는데 공동으로 사용하는 실험실에서 따돌림을 받게 된 그녀가 W 박사에게 엉엉 울면서 직접 호소한 일이 있었다. 그때 그는 실험실 학생 8명을 한 명씩 불러서 면담한 후 전체를 모아서 다음과 같이 말씀하시는 것이었다.

"여러분들 침대 커버에 조그마한 나무 가시가 꽂혀 있다고 가정해 봅시다. 그 위에 눕게 되면 피부를 자극하여 누워 있기가 불편하겠죠? 그럼 그것을 발견한 사람이 제거하면 해결됩니다. 아주 작고 사소한 것이라도 그냥 방치하면 불편함이 없어지지 않아요. 문제가 있으면 소통하고 이야기하세요."

이게 전부였다. J 상무는 W 박사와 그녀와의 면담에서 무슨 이야기가 오갔는지는 알 수 없지만 그 사건 이후 실험실 분위기는 이전과 확연히 달라졌다. 누구에게도 상처를 주지도 않고 문제를 깔끔히 해결한 것에 대하여 J 상무는 큰 감명을 받았다. J 상무는 이 점은 꼭 배워야겠다고 마음먹은 적이 있었다.

W 박사와는 매년 이메일로 안부를 주고받았다. 그가 2008년에 중국에 갈 일이 있다고 해서 J 상무는 기회다 싶어서 그를 한국으로 초청해서 J 상무의 가족과 함께 용인 민속촌을 같이 갔던 기억이 있다. 그 이후에는 이메일로만 안부를 주고받았고 2013년에는 그가 은퇴를 하여 명예교수가 되었다는 연락을 받았다. 매년 크리스마스가 이메일을 교환하는 시기였다. 2019년 J 상무가 분주히 일본 47개 도도부현을 돌아다니던 시절에 그에게서 메일이 왔다. J 상무와 골프를 함께 했던 이야기를 하면서 지금도

본인은 골프를 자주 한다고 하였다. 그가 J 상무에게 미국 출장을 오게 되면 하루 정도 시간 내서 같이 골프라운드를 하면 좋겠다는 말을 한다. J 상무는 당시 일본에서 근무하고 있었기 때문에 미국 출장은 기회가 없고 본사로 복귀한다면 미국 출장이 간혹 있을 것이니 그때 기회를 만들어 보겠다고 답장을 했다.

본사로 귀임한 지 5개월이 지나 미국으로의 출장 일정이 생겼다. W 박사님과 약속한 것도 있어 시간을 내서 밀워키로 가 볼 생각에 일정을 이리저리 맞춰 보았지만 도저히 시간이 맞지 않았다. 하루 정도 시간을 낸다고 해서 될 일이 아니었다. 개인 휴가로 갈 수밖에 없어서 가족들에게 같이 밀워키에 가 볼 것을 제안해 보니 집사람과 딸아이 모두 즉석에서 좋다고 한다. 일정을 추석 연휴인 2023년 9월 28일부터 10월 3일로 하여 미국으로 가족여행을 가 볼까 싶어 비행기 좌석을 알아본 결과 초성수기이기 때문에 이코노미석 비행기표라고 해도 엄청 비싸고 그나마 현재는 좌석이 없고 예약해 놓고 기다리면 취소표가 나올 수 있기 때문에 해당 일정으로 웨이팅을 걸어 놓겠냐고 여행사가 문의한다.

계산기를 두드려 보다 J 상무는 미국으로의 가족여행은 다음 기회로 미루기로 하고 J 상무 혼자 다녀오는 것으로 계획을 바꾼다. 일정을 다시 잡기 위해 여행사에 연락하여 J 상무 혼자 4일의 일정으로 비행기값이 저렴한 여정을 골라 달라고 부탁하였다. 그래서 나온 여정이 10월 1일 출발, 10월 4일 귀국하는 2박 4일의 일정이다. W 박사님께는 10월 2일에 골프가 가능하다고 미리 확인을 받아 놓았다.

연휴 중의 한가운데 날짜를 골라서 출발하고 평일인 10월 4일에 돌아오니 비행기 가격도 생각한 것보다 저렴했고 쌓아 놓았던 마일리지를 사용하여 비즈니스석으로 업그레이드도 가능하였다. 10월 4일 하루 휴가 신청을 하고 렌터카와 호텔을 예약하면서 필요한 여행 준비를 완료하였다.

J 상무의 시차 적응 방법은 간단하다. 현지 도착시간으로부터 역으로 계산하여 비행기에서 미리 시간에 맞춰 잠을 자서 몸이 적응할 수 있도록 하는 방법이었다. J 상무는 평상시에도 5시간 정도만 깊게 자면 컨디션 조절에 문제는 없었다. 도착하는 시간이 현지 시간으로 오전 9시경이다. 착륙 준비하는 시간 포함하여 도착 예정 시간 6시간 전에 맞춰 잠을 자게 되면 시차 적응에는 큰 문제 없다.

비행기 올라 15년 만에 뵙는 W 박사님을 보면 무슨 이야기를 하여야 할까 생각해 두었다. J 상무는 책을 꺼내 읽기 시작하였다. 공부하고 있던 철학 분야 책이었다. 일본어 실력이 여전히 부족하다고 생각해서 가급적이면 일본어로 쓰인 책을 읽고 있던 참이었다. 객실 승무원이 지나가면서 J 상무를 힐끗 보는 것이 느껴졌다. 2시간 가까이 연속해서 책을 읽고 나서 영화나 한 편 볼까 생각하고 책을 덮으려고 하는데 조금 전 그 승무원이 다가와 말을 건다.

"일본 사람은 아니신 것 같은데 일본어로 쓰인 책을 보시네요. 고객님 일본어가 능숙하신가 봐요."

"일본어를 잘 못하기 때문에 익숙해지려고 일부러 보는 겁니다."

이륙 후 간간이 잠이 오는 것을 참고 견디어 착륙 예정 시간이 7시간 정도 남았다. 승무원을 불러 와인을 좀 많이 줄 것을 부탁하여 연거푸 4잔을 마신 후 승무원에게 이후 식사나 음료 제공 등으로 깨우지 말아 달라고 부탁하고 잠이 들었다.

시카고에 착륙한 후 J 상무는 예약한 렌터카를 받기 위하여 렌터카 사무실로 가서 예약 확인증을 보여 주고 차량을 인도받기 위해 직원을 따라갔다. 2박 3일의 짧은 일정이고 J 상무 혼자이기 때문에 가장 저렴한, 네비게이션이 붙어 있지 않은 콤팩트 차량을 예약했었다. 그런데 직원이 SUV 차량을 가리키면서 열쇠를 주는 것이었다. J 상무가 콤팩트 차량을 예약했는데 왜 SUV를 주는지 물어보니 콤팩트 차량에 네비게이션이 부착되지 않은 차량이 없어서 조건에 가장 잘 맞는 차량을 골라 주는 것이라고 한다. J 상무는 그럼 같은 가격으로 네비게이션이 붙어 있는 콤팩트 차량을 대여해 주는 것이 회사로서 더 이익이 아닌가라는 생각이 들었지만 어쨌든 좋은 차를 저렴한 가격에 이용할 수 있게 되어 기분이 나쁘지 않았다.

밀워키에 있는 호텔의 체크인 시간이 오후 3시, 현재 시간 오전 10시로 시간이 많이 남는다. 점심을 해결할 겸 예전 미국에 있었을 때 자주 이용했던 시카고 한인 슈퍼로 향하였다. 그 슈퍼의 구석에 조그만 식당을 같이 운영하고 있는 것을 잘 기억하고 있었다. 슈퍼에서 밀워키에 있는 2박 3일 동안 필요한 식료품과 음료를 구매하고 간단히 이른 점심을 해결한 후 밀워키로 출발하였다.

예전에 자주 다녔던 94번 고속도로를 타고 북쪽으로 향하였다. 20년 전에 많이 다녀 보았던 94번 고속도로가 오랜만인지 많이 낯설어 보였다. 도로 관리를 제대로 하지 않아 도로가 패인 곳이 너무 많아서 차가 자주 쿵쾅거린다. 1시간 30분 정도면 호텔에 도착하기에 여전히 시간이 1시간 정도 여유가 있어 학업 시절 가족들과 피크닉으로 종종 놀러 갔던 휘트놀(Whitnall) 공원에 들러 돌아보았다. 당시에는 먹을 것을 준비해 가서 함께 먹는 것이 주요 목적이었고 딸아이가 유치원생이었기에 같이 놀기에 바빠서 산책을 했던 기억이 거의 없다. 공원 중앙에 있는 아름다운 호수와 피크닉 테이블이 있던 잔디광장만 기억나고 모든 산책로가 새로워 보였다. 공원 구석구석을 열심히 돌아다녔다. 10월 1일 날씨 쾌청한 일요일임에도 불구하고 사람들이 많지 않아 여유로웠다. 어린 자녀들과 함께 피크닉을 나온 가족들 몇 그룹만 지나쳤을 뿐이다.

위스콘신주 밀워키 휘트놀 공원

호텔 체크인 후 짐을 풀고 나서 바로 예전에 살았던 아파트와 학교를 보러 나갔다. 3층 건물의 아파트는 하나도 변한 것 없이 똑같았다. 당시 J 상무가 주거했던 2층 중앙에 있던 아파트와 현관 사진을 찍어 가족들에게 전송한 후 바로 추억의 학교로 향하였다. M 대학은 J 상무가 공부했던 당시보다 규모가 많이 커졌지만 화학과 건물은 그대로였다. 당시 시간 날 때마다 들러서 참고 서적을 뒤적였던 책 냄새가 가득했던 도서관도 변함이 없었다. 화학과 건물 앞 광장에서 시간 여유가 있을 때 함께 프리스비를 날리던 것이 기억났다. 일요일이어서 학생들을 거의 보지 못한 것이 아쉬웠다.

10월 2일 아침, W 박사께서 굳이 본인 차를 타고 같이 가자고 해서 그러겠다고 하였다. 골프장에서 썰렁하게 만나는 것보다는 호텔로 와서 픽업하는 것이 그래도 제자가 멀리서 왔는데 대접하고 싶었을 수도 있을 것 같다. 15년 만에 그를 만났다. 깊은 악수와 포옹을 하고 '서로 하나도 변하지 않고 그대로'라고 공치사를 교환하였다. J 상무가 W 박사의 차에 올라타자마자 그가 "이 차 기억나는지?"라고 물어본다. J 상무가 기억하고 있을 리가 없었다. 그는 J가 재학 중에 골프 동반 플레이를 했던 유일한 제자였으며 J와 골프를 친 그날 처음으로 이 차로 골프장에 갔었고 줄곧 이 차는 지금까지 골프 용도로만 사용하고 있다고 말하면서, 아마도 뒤에 있는 본인의 골프 클럽도 18년간 그대로 저 자리에 있었을 것이라고 했다. 그러고 보니 차량이 매우 낡아 보였다.

W 박사님과 골프라운드가 시작되었다. 그가 시니어 티에서 플레이를 하겠다고 하여 굳이 다른 장소에서 티오프를 할 필요가 없어서 J 상무도 시니어 티에서 티오프를 하기로 하였다. 대신 드라이버를 사용하지 않는 조건이었다. 사실은 J 상무의 드라이버가 최근 영 방향성이 좋지 않았고 빌린 골프클럽을 사용해서 '스코어가 엉망이면 어떡하지'라고 걱정했는데 오히려 다행이었다. 스코어는 W 박사가 90, J 상무는 93을 기록하였다. 전반에 그가 버디 1개, 후반에는 J 상무가 버디 1개를 사이좋게 나눠서 했다. 오랫동안 이야기되었던 골프라운드를 같이 하게 되어 그도 행복해했고 J 상무는 더할 나위 없이 좋았다.

W 박사께서 점심은 본인이 낼 테니 클럽하우스 식당에서 간단히 해결할 것을 제안하였다. 그가 여기 샌드위치가 맛있다고 하며 클럽하우스에 골프카트를 반환하고 식당을 갔는데 공교롭게도 그날은 영업을 하지 않

는다고 했다. 그가 J 상무에게 먹고 싶은 것을 물어봐서 J 상무는 오랜만에 본 고장의 '빅맥'을 먹고 싶다고 하였다. 둘은 바로 돌아오는 고속도로변 맥도날드 매장으로 차를 몰고 가서 '빅맥'을 맛있게 먹었다. 그가 햄버거값을 지불하면서 저녁은 J 상무한테 사라고 해서 J 상무는 고급 요리를 먹자고 하였다. 그가 저녁은 W 박사와 부인 Ms. W와 J 상무 셋으로 중국 식당을 예약해 놓았다고 했다.

W 박사께서 맥도날드에서 호텔로 J 상무를 데려다주려고 차에 시동을 거는데 시동이 걸리는 듯하다가 이내 꺼진다. 몇 번을 반복했는데 이제는 아예 반응조차 하지 않는다. 그가 "이 차를 언젠가 폐차해야겠다고 생각했는데 오늘이 그날인가?"라는 말을 한다. "그러고 보니 J와 18년 전 골프를 처음 했을 때도 바로 이 차를 이용했는데 J와 두 번째의 골프라운드를 마치고 이 차가 수명을 다한 셈이 되나?" 하면서 너털웃음을 짓는다. J 상무는 골프하우스 식당이 문을 닫아 오히려 다행이었지 아니었으면 고속도로에서 운전 도중에 시동이 꺼졌으면 어쩔 뻔했냐고 말하면서 가슴을 쓸어내렸다.

W 박사는 레커차를 부르고 동시에 부인을 부른다. 둘 다 1시간 이내에 맥도날드 주차장에 도착할 수 있다고 한다. 맥도날드 주차장에서 차량을 기다리면서 J 상무는 W 박사와 옛날 J 상무가 공부하던 시절 이야기를 하다가 W 박사가 들려주었던 '침대 커버 위에 자그마한 나무 가시가 박힌 이야기'를 듣고 감명받았었다고 말하니 그는 "전혀 기억에 없다"라고 말하며 웃는다. 스트레스 관리를 어떻게 하냐고 J 상무가 물어보았다. W 박사는 모든 것을 내려놓지 않으면 스트레스는 있을 수밖에 없다고 말하면서 "즐겨라"라고 충고해 준다.

레커차가 고장 난 차를 견인하고 얼마 지나지 않아 W 부인이 도착한다. 원래는 저녁 장소로 가기 전에 호텔에서 인사를 하려고 했는데 차가 고장이 나는 바람에 맥도날드에서 반갑게 인사를 하였다. 그녀와는 18년 만의 만남이었다. W 박사와는 달리 W 부인은 세월의 흔적이 여실히 보였다. 귀도 살짝 어두운 것처럼 느껴졌다. 그녀가 J 상무를 똑똑히 기억한다고 하며 하나도 변하지 않았다고 여러 번 이야기한다. 그녀가 J 상무를 호텔까지 데려다주고 W 박사와 함께 다시 호텔로 오후 6시에 올 것이니 식당으로 같이 가자고 하면서 잠시 헤어졌다.

그들이 근사한 식당을 예약한 줄 예상했는데 가서 보니 실속 있는 중국식 음식점이었다. W 부인이 J 상무의 아내와 딸아이 사진이 있으면 보여 달라고 해서 보여 주었더니 집사람은 기억하겠는데 딸아이는 너무 변해서 잘 모르겠다고 한다. 식사를 다 하고 헤어질 즈음에 J 상무는 W 부인한테 조금은 큰 소리로 말한다.

"그거 아세요? W 박사님으로부터 배운 것은 화학뿐만 아니라 삶의 태도와 자세도 같이 배웠습니다."

W 부인이 W 박사를 보면서 "당신이 그랬어요?"라고 물어보니 W 박사는 손바닥을 위로 하고 어깨를 으쓱 올리면서 고개를 갸우뚱할 뿐이었다. 행복한 시간을 같이 보내고 J 상무가 준비한 조그만 선물을 그들에게 드리면서 "언젠가 다시 만날 수 있겠죠"라고 말하며 헤어졌다.

2박 3일의 짧은 일정을 끝내고 10월 3일 오후 시카고 출발 인천행 비행기를 탔다. 승무원들이 분주히 이륙 준비를 하고 비행기는 정시에 출발하여 상공에 도달하고 나서 좌석 벨트 등이 꺼졌다. J 상무는 다시 책을 집어

들고 읽기 시작했다. 등 뒤에서 승무원들이 수군거리는 소리가 들려 J 상무가 뒤를 돌아보니 몰래 보다 들켰다고 느꼈는지 고개를 서로 살짝 돌린다. 얼마 지나지 않아 승무원 두 분이 J 상무에게 다가와 말을 건다.

"저~ 혹시 3일 전 시카고에 도착하는 비행기 타셨던 분 맞으시죠?"

"네. 맞아요."

"어머! 그때 시카고 도착 비행기 승무원들이 저희들이에요. 그때도 책을 읽고 계셔서 인상 깊었는데 다시 뵙게 되니 너무 반갑습니다. 승무원 생활 꽤 했는데 오가는 비행기에서 같은 분을 뵙기는 처음입니다. 혹시 학자이신가요?"

"아뇨. 평범한 회사원입니다."

"학자 같아 보이십니다. 시카고에서의 일정은 잘 보내셨습니까?"

J 상무는 미소를 지으며 만족한 목소리로 대답한다.

"예! 오랫동안 미뤄 왔던 숙제를 잘 마치고 돌아갑니다."

퇴임 준비

    일본에서 귀임한 이후로 J 상무는 줄곧 언제 퇴장해도 괜찮도록 퇴임 준비를 하기로 마음을 정리하였다. 30년 이상 직장생활을 하고 있는 것도 본인의 행운이라고 생각했고 갑자기 퇴임하게 되면 다들 충격을 받는다고 전해 들어서 미리 준비하는 것도 나쁘지 않을 것 같다고 생각했다. 가족은 물론 동료나 지인에게도 농담조로 언제 잘려도 문제가 없도록 마음의 준비를 하고 있다고 종종 말하곤 했었다.

    돌이켜 보면 J 상무는 일본에서의 주재원 시절에도 시간적으로 여유가 있어 일부러 스케줄을 촘촘하게 만들어 결국은 항상 바쁘게 생활했었다. 마찬가지로 비슷하게 하면 되겠다고 생각하니 너무나 간단했다. 평일과 주말로 나뉘어서 구분되었던 것이 매일매일이 주말로 바뀔 뿐이니 평일을 주말처럼 보낼 수 있도록 하면 그만이었다.

    통상 연말에 임원 인사가 결정되니 '올해가 마지막일 수 있겠구나'라고 생각할 때마다 J 상무는 더욱 긴장감이 느껴졌다. 후배들에게 좋은 사업 환경을 물려주고 싶었다. 당장 올해 1년 내에 실적을 올리는 것도 중요하지만 J 상무의 조직을 장기적 근본적으로 건강하게 조성하고 싶었다.

　J 상무는 본인이 마음에 담고 있던 메시지 전달을 위해서 회의나 회식에서 이야깃거리 삼아 종종 이야기했던 우주, 뇌 이야기를 조직원 전체를 모아 놓고 전달하기로 마음먹고 부하 임원들과 팀장들에게 의견을 물어보니 모두들 좋다고 한다. J 상무는 우주에 대하여 발표 자료를 준비하고 참석 가능한 본부 직원이 모두 모인 자리에서 우주와 지구의 역사와 소멸에 대하여 설명하고 결론에서 "여러분들이 하고 있는 일이 우주와 지구를 위한 일이니 지금 하시고 있는 일을 제대로 열심히 하는 것이 최선입니다."라고 강조하고 마무리하였다.

　강의 후 반응은 반반이었다. 우주에 대하여 전혀 관심이 없던 친구들은 내용이 너무 어려웠고 생소했다는 얘기도 있었고 아주 재미있었다는 반응도 있었다. 각자의 취향이 다르니 그럴 수 있겠다 생각했다. J 상무는 무엇보다도 본인의 마지막 메시지가 잘 전달되었는지 궁금하여 몇 명의 부서원들에게 마지막에 전달한 내용이 무엇이었는지 물어보았지만 대답을 거의 듣지 못했다. 일방적인 강의나 교육이라는 것이 항상 수동적이라는 것을 잘 알고는 있지만 조금은 실망감을 느꼈다. 전달하고자 하는 메시지는 줄기차게 말하고 반복 전달하여야겠다고 생각할 수밖에 없었다.

　몇 개월 후 뇌에 대한 이야기를 전달하였다. 뇌의 진화와 뇌의 구성과 작용 및 역할을 설명하고 뇌를 건강하게 유지하는 5가지 방법, 즉 숙면, 잘 먹기, 명상, 독서, 산책을 잘 하는 것이 좋다고 강조하였다. 뇌가 건강하면 신체도 건강해지기 때문에 우선 뇌를 건강하게 유지하여야 한다고 부연 설명하였다. 숙면과 잘 먹기를 기본으로 하고 명상을 잘 할 수 있으면 더할 나위 없이 좋기는 한데 명상은 성격에 따라 잘 안 되는 경우가 많아 시도는 해 보되 안 된다고 스트레스 받지 말라고 하였다. J 상무 본인도 잡념이 너무 많아서 명상은 못 하였다. 대신 독서와 산책은 약간의 의지만 있다면 할 수 있을 것이라고 강조하고 또 강조하였다. 뇌 이야기에서 마지막 전달 메세지는 대뇌의 전두엽을 충분히 활용하여 도전할 만한 목표를 설정하고 적극적인 사고와 행동으로 업무에 임해 줄 것을 힘주어 당부하였다.

일반적으로 우주보다 뇌를 상대적으로 많이 알고 있고 관심도가 높았기 때문에 이번 강의에 대한 반응은 우주보다 괜찮았다. 거기에 건강 유지 비결까지 곁들였으니 반응이 좋을 수밖에 없었다.

이어서 철학 이야기를 조직원들에게 해 주고 싶었지만 J 상무는 제대로 잘 전달할 자신이 없었다. J 상무는 이공계 출신이고 철학 관련하여 지식을 접한 것은 코로나 시절 이후의 짧은 기간이었고 그것도 깊게 공부한 것도 아니고 상식 정도의 표면만 접했기 때문이었다. 하지만 평소에 회식 자리에서 철학 이야기를 간혹 해서 그런지 이번에는 철학 관련 이야기를 해 달라고 요청이 들어온다. 우주와 뇌의 강의 내용이 나쁘지 않았던 모양이다. 이것도 후배들을 위해서 해 보기로 마음먹고 철학에 대하여 이야기를 해 보면 어떨까라고 말하니 임원들과 팀장들이 적극 환영하였다.

우주와 뇌 관련하여 발표 자료를 준비하는 시간은 그렇게 오래 걸리지 않았으나 철학 관련 자료를 준비하는 데는 시간이 좀 많이 소요되었다. 아이디어를 얻어 보려고 유튜브에서 철학 강의를 몇 개 시청해 보았지만 J 상무가 생각하는 스타일과 많이 달라 참고하지 않고 J 상무 멋대로 만들어 보기로 한다.

읽어 보았던 철학 관련 책을 정리하고 철학을 뇌의 진화와 연관 지어서 대표되는 철학자들을 중심으로 시계열로 철학의 흐름을 발표 자료에 담았다. 물론 J 상무가 전달하고자 하는 메시지인 '사업의 기본은 성장이다'를 결론으로 끼워 넣은 것은 필수였다. 우주, 뇌 강의 대비하여 청중이 가장 많았고 강의 후 반응도 훨씬 괜찮았다. 영감을 얻었다는 반응도 있었고 익숙한 이름들이 등장하고 조각조각 알던 지식이 연결되었다는 얘기도 들었다. 심지어는 '철학 이야기 2'를 기대한다는 반응도 있었다. J 상무는 뿌듯했지만 마지막 메시지가 잘 전달되었기를 더 바랐다.

2023년 초에 한국에 귀임하여 두 번째 맞는 가을이다. 임원이 되고 나서 특히 그런 것 같은데 J 상무에게는 가을이 언제나 연말 같은 느낌이다. 여름이 지나면 당해 년도의 영업 전망이 나오고 차기 년도의 계획 수립이 완료되는 시점이기 때문에 더 그런 것 같다.

J 상무 조직의 2024년 말 기준 예상 영업 이익이 기존 목표 대비 상회할 것으로 전망되었다. 더욱 바람직한 것은 차기 년도의 영업 전망도 괜찮을 것이라는 것을 부서원 전체가 같이 보고 있다는 것이었다. J 상무는 조직이 조금은 건강해진 것 같아 내심 만족하였다. 영업과 마케팅이 힘을 발휘하고 있고 개발은 눈에 드러나는 실적은 아직 미흡하지만 방향을 잘 잡고 순항하고 있었다.

이제는 언제 퇴임하더라도 우리 조직은 지속적으로 잘 해낼 것이라는 믿음이 들었다. 퇴임 준비는 완료된 것 같다. 주말 시간만 채워 놓으면 모든 것이 준비된다. 주말에는 대외 일정이나 여행, 골프 약속, 결혼식 등을 우선적으로 넣고 나머지 시간을 본인만의 일정으로 채워 넣었다. 코로나 시절처럼 골프 연습, 산책, 독서, 게임 하는 시간을 배정하고 가족들의 요청에 따라 유연하게 시간을 활용하였다. 그러다 보니 2023년과 2024년의 주말이 금방금방 지나가고 시간이 정말 빠르다는 것을 더욱 실감하였다. 언제 퇴임하더라도 평일이 주말과 같아도 시간을 잘 보낼 수 있을 것 같은 자신감을 갖게 되었다.

"자! 이제 준비 끝."

퇴임, 송별회 그리고 가족여행

　퇴임 통보를 받고 한편으로 홀가분했지만 한편으로는 1년만 더 있었으면 정말로 좋았을 걸이라는 아쉬움도 있었다. 2023년 초부터 J 상무는 잘 돌아가는 조직을 만들어 놓고 퇴장하고 싶다고 무의식적으로 퇴임 얘기를 간혹 하였던 모양이다. 팀장들이 사적인 자리에서 J 상무로부터 퇴임이란 얘기를 여러 번 들어서 그런지, 특히 마케팅 팀장이 J 상무에게 앞으로 퇴임이란 말은 제발 하지 말아 달라고 부탁까지 했던 적이 있다. 앞으로 말하지 않겠다고 약속하고도 간혹 내뱉게 되는 것은 어쩔 수 없었다. 가족들에게도 마찬가지였는데 여지없이 잔소리로 돌아왔다.
　2024년의 영업실적이 나쁘지 않아 J 상무는 내심 내년에도 근무할 수 있게 될 것을 조금은 기대하고 있었고 아마도 우리 조직원들의 생각도 J 상무와 같았던 모양이었다. 임원, 팀장들 모두 J 상무가 유임될 가능성이 높다고 생각했는지 11월 27일 인사 발표 이후인 12월 2일에 팀장 회식을 잡아 놓은 상황이었다. 상황이 어찌 되었든 J 상무의 퇴임 소식이 전해진 이후 여기저기서 아쉬움의 소리가 들려왔다.
　인사 발표 다음 날, 사무실에서 집으로 가져갈 개인 사물을 정리하여 포장을 완료하고 마지막 퇴근을 하면서 근무 중인 직원들과 일일이 악수를 하였다. 팀장들은 "12월 2일 회식은 예정대로 하겠습니다"라고 이구동성으로 말하는 것이었다. 회식을 좋아하는 J 상무는 고마울 따름이었다. 울음을 터트리는 직원도 있어 J 상무도 동화되어 같이 눈시울이 뜨거워지는 것을 느꼈다.

　J 상무가 사무실 정리를 마친 후 다음 날인 11월 29일 오전에 회사로부터 연락이 왔다. 12월 2일 팀장 회식을 J 상무의 송별회로 전환하기로 했다는 내용이었다. 당일 J 상무는 가벼운 마음으로 회식 장소로 향했다. 중간에 회식 장소가 바뀌었는데 정작 당사자인 J 상무만 연락을 못 받아서 우왕좌왕한 약간의 우여곡절은 있었지만 송별회 장소에 들어가니 J 상무의 입장을 너무나 많은 동료 부하들이 준비한 큰 박수와 함성이 함께 기다리고 있었다.

　이별은 언제나 아쉬운 법이다. J 상무에게 한마디 해 달라는 요청이 여러 번 있어 이런저런 얘기를 많이 했지만 기본 줄기는 하나였다. 여러분들과 같이 해서 행복했고 감사하다는 것이었다. J 상무는 떠나지만 여기 있는 여러분들이 지금과 같이 열심히 해 주셔서 더욱 좋은 회사로 만들어 달라고 여러 번 당부하였다. 송별회가 환영회처럼 왁자지껄하게 마무리되어서 J 상무는 너무 좋았다. 헤어지는 자리에서 참석인 전원이 웃으면서 기쁘게 배웅해 주는 모습을 뒤로하면서 눈시울이 다시 뜨거워짐을 느꼈다.

　송별회를 마지막으로 J 상무는 공식적인 회사 일정을 모두 끝낸 느낌이었다. 33년의 회사 생활에서 여러 가지 상황과 핑계로 J 상무는 나흘 이상의 가족여행을 다녀온 적이 없었다. 이번이 기회였다. 가족들에게 일주일 여행을 다녀오자고 제안하니 모두들 흔쾌히 승낙한다. 다만 시차가 많이 나는 곳은 가능한 한 가지 말자고 한다. 곧바로 J 상무는 여행 장소로 일본 가고시마현의 야쿠시마에 다녀오기로 결정한다. 야쿠시마를 선택한 이유는 오래전 인기 있었던 일본 애니메이션 영화 〈원령공주〉의 배경이 될 정도로 자연이 아름다운 곳이라고 알려져 있고, J 상무의 일본인 친구 U씨가 가족들과 야쿠시마를 다녀와서 특별한 곳이라고 말한 것을 기억하고 있어 언젠가는 가 보고 싶다고 줄곧 머리에 담아 두고 있었기 때문이었다. 일정은 1월 중순에 가기로 하였다. 위도상으로 제주도보다 몇백 킬로미터 남쪽이기 때문에 따뜻할 것으로 기대하여 가장 추운 계절에 남쪽으로 가서 멋진 경치를 보면서 쉬고 오는 것이 좋을 것으로 생각했다. 일정은 가능한 한 여유 있게 준비하여 가고시마에 도착하여 1박 후에 오전 비행기로 야쿠시마로 가서 4박을 하고 다시 가고시마로 돌아와서 1박 후 한국으로 돌아오는 총 6박 7일의 일정이다.

미국 유학을 끝내고 돌아온 2005년 이후 가족들과 일주일간 여행을 하는 것은 처음이었다. 그것도 일정을 타이트하게 하지 않고 느슨하게 가는 것으로 그야말로 재충전의 의미로 가는 여행이다. 가고시마에 도착하여 맛집에서 맛있게 식사를 하고 간단한 시내 둘러보기를 하고 다시 맛집에 들른 후 호텔에 숙박하였다.

다음 날 여유 있게 일어나서 야쿠시마행 경비행기를 타기 위하여 공항에 도착하였다. 공항 대기실에서도, 비행기 내 안내방송에서도 금일 바람이 심하여 비행기가 출발지인 가고시마 공항으로 회항할 수 있다는 안내방송이 여러 번 나온다. J 상무도 고소공포증이 있는데 딸아이는 고소공

포증이 더 심한 모양이다. 딸아이가 비행 시간 40분 내내 긴장하는 모습이 보였다. 비행기가 강풍으로 엄청나게 흔들리기는 했지만 다행히 일정대로 정시에 야쿠시마 공항에 도착했다. 내리자마자 딸아이가 다시는 경비행기 타고 싶지 않다고 투덜거리며 5일 후 가고시마로 돌아갈 때는 배편을 이용하자고 한다.

예약한 렌터카를 집어 타면서 야쿠시마 섬 관광을 시작하였다. 유명한 관광 명소 몇 곳만 정해 놓고 나머지는 그때그때 결정하는 일정이고 제주도의 4분의 1만 한 크기의 섬에서 4박씩이나 하니 정말로 여유 있는 일정이었다. 그런데 날씨가 문제였다. 야쿠시마 첫째 날도 바람이 거셌는데 둘째 날은 더 센 바람과 함께 산간 지역은 강한 눈보라가 간간이 내렸다. 이런 날씨에는 야쿠시마 공항에 비행기가 착륙할 수 없을 것 같았다. 바람은 좀 있었지만 전날 도착한 것이 다행이라고 생각했다. 지대가 높은 웬만한 등산로는 눈으로 폐쇄되고 섬 안쪽의 산간 도로에는 자동차 주행이 안 되는 지역이 꽤 있었다. 온도는 5도에서 10도 사이를 오르내리며 해안가에는 비가 내렸지만 조금만 산 방향으로 올라서면 바로 진눈깨비로 변했다.

J 상무는 날씨가 별로 좋지 않아서 섬 해안가 일주도로를 차로 한바퀴 돌아보기로 결정하고 가족들과 드라이브를 시작하였다. 야쿠시마 서북부 해안도로는 왕복 1차선 도로로 차량이 거의 다니지 않아 원숭이와 사슴이 많이 나온다고 알려진 도로이다. 진눈깨비가 오락가락하는 날씨여서 주차장에서 멀지 않은 관광 명소를 주로 방문하면서 해안도로 일주를 시작하였다. 오코노타키 폭포를 방문하여 멋진 풍광과 함께 가족들과 인증 사진을 찍고 있는데 여기저기 푯말이 세워진 것이 보이고 진행 요원들이 분

주히 오가는 모습이 보였다. 표지판 내용은 '야쿠시마 일주 마라톤 대회'라는 것이었고 개최 일자는 오늘이다.

별로 대수롭지 않게 생각하고 J 상무 일행은 차를 몰고 서북부 해안도로인 서부임도, 즉 원숭이와 사슴들이 출몰하는 도로로 향하였다. 세계유산인 서부임도(西部林道)에 들어서니 좌우 경관이 아주 멋졌다. 왼쪽은 바다 풍경이, 오른쪽은 산악과 계곡 경관이 펼쳐져 있었다. 날씨는 거센 바람과 함께 진눈깨비가 간간이 출몰하는 날씨여서 관광을 하는 차량도 거의 다니지 않아 구불구불 왕복 1차선 도로를 운전하는 데 있어 방해물은 거의 없을 것으로 생각했다.

그런데⋯ 마라톤 주자들이 하나둘씩 보이기 시작했다. 누구나 참여할 수 있는 야쿠시마 일주 마라톤 대회에 지금 J 상무의 차가 달리고 있는 서부임도가 코스에 포함되어 있었던 것이다. 처음에 보였던 선수급의 선두 그룹이 지나가니 중장년 그룹, 아이들까지 참여한 가족 그룹들까지 족히 1,000명은 될 듯한 마라톤 주자들을 서부임도를 운전하는 동안 줄곧 마주하면서 달렸다. 원숭이와 사슴은커녕 실컷 사람 구경만 한 셈이다. 복장도 다양해서 가면을 쓰고 달리는 사람, 곰 등의 동물 복장으로 달리는 마라톤 주자들을 보면서 지루함은 없었지만 이 상황에 원숭이와 사슴들이 도로에 나올 리가 없었다.

야쿠시마 등대를 추가로 돌아보고 쇼핑을 하기로 한다. 조그만 섬이지만 있을 것은 다 있고 쇼핑몰 규모도 작지 않다. 쇼핑에는 별로 관심이 없는 J 상무는 가족들이 쇼핑하는 동안 카트를 끌고 따라다니든지 아니면 벤치에 앉아 휴대폰으로 검색을 하였다.

J 상무는 2019년 5월에 가고시마를 방문했던 것을 기억해 냈다. 그때도 날씨가 좋지 않았다. 가고시마의 대표적 관광지인 '사쿠라지마'를 갔었지만 하루 종일 짙은 안개로 백 미터 앞도 제대로 보이지 않아 경관을 보지 못하고 발길을 돌렸었다. 가고시마는 47개 도도후현(都道府縣) 돌아보기의 초창기 시절 돌아본 곳이었다. 멈추어 서 있던 47개 도도후현 돌아보기의 기억과 열정이 가슴속에서 불현듯 되살아나는 기분이 들었다. 지도를 검색하며 돌아보지 못한 13개 현의 위치를 확인해 본다. 후쿠오카, 사가, 나가사키, 구마모토, 미야자키… 하나하나 짚어 보면서 손가락으로 동선을 그려 보았다.

큐슈 지역 중에서 가고시마만 유일하게 방문한 지역이었다. 가고시마를 방문한 이유도 도쿄 사무실에서 화산 관련 이야기를 하다가 한 직원의 활화산인 가고시마의 '사쿠라지마'가 유명하다는 이야기를 듣고 나서 바로 결정하여 방문한 것이었다. 가고시마를 제외하고 미방문지를 손으로 따라가 보니 하나의 동선으로 연결할 수 있을 것 같았다. 교통이 상대적으로 불편하여 나중으로 미루어 놓았던 지역들이었기 때문에 방문하지 못한 곳들이 주위에 모여 있었다. 도쿄에 주재할 당시에는 남아 있던 13개 현을 방문하려면 여러 번 왔다 갔다 해야만 해서 주재원 5년차에 바쁜 상황도 있어 시간적으로 맞지 않아 다시 시작할 엄두를 내지 못했는데 이번 기회에 기간을 좀 길게 하면 단 한 번에 완주할 수 있을 것으로 보였다.

쇼핑을 끝내고 식당에서 저녁을 먹는 도중에 집사람과 딸아이한테 "못 돌아본 13개 현 돌아보기를 실행해 볼까 생각 중"이라고 하니 동시에 "안 돼!"라는 대답이 바로 돌아온다. 아마도 J 상무 혼자서 장기간 돌아다니는 것이 걱정되었던 모양이다.

3일째와 4일째는 바람은 좀 불었지만 날씨는 그런대로 괜찮았다. 4일째는 둘째 날 돌아보았던 서부임도를 다시 가 보았다. 마라톤 주자들이 많아서 나오지 않았던 원숭이들과 사슴들이 도로에 나와 어슬렁거리는 모습이 여기저기 보였다. 덩치가 커서 위협적이면 어쩌지? 하는 걱정이 있었는데 생각한 것보다 훨씬 작아서 오히려 귀여워 보였다. 혹시라도 못 보고 가는 명소가 있는지 확인까지 하고 남는 시간은 다시 쇼핑하는 것으로 시간을 보냈다. J 상무는 가족들이 쇼핑할 때는 여지없이 휴대폰 검색으로 동선을 확인하면서 남은 13개 현 돌아보기를 실행하기로 마음을 굳힌다.

가고시마현 야쿠시마 전경

4일째 밤하늘은 구름 한 점 없이 맑았다. 야쿠시마도 공기가 맑고 야간 조명이 많지 않아 2019년 토야마현 알펜루트에서 보았던 별이 쏟아지는 밤을 또 한번 볼 것을 기대했는데 이날은 커다란 보름달이 휘영청 밝은 밤이라서 달빛이 별빛을 가려 별이 총총한 밤하늘은 보지 못했다.

야쿠시마 5일째 마지막 날은 날씨가 아주 좋았다. 바람도 거의 불지 않고 쾌청했다. 가고시마로 돌아가는 마지막 날이 가장 날씨가 맑고 상쾌해서 아쉬움이 있어야 할 것 같은데 오히려 J 상무 포함 가족 모두가 아침에 일어나 날씨를 확인한 후 환호하며 크게 기뻐했다. 가고시마행 경비행기가 흔들릴 걱정이 없기 때문이었다. J 상무는 중간중간 가족들에게 남은 13개 현 돌아보기를 해야 할 것 같다고 작은 목소리로 몇 번 중얼거리듯 얘기한다.

　7일째, 가족여행 마지막 날이다. 가고시마에서 오후 비행기를 타고 한국으로 돌아오는 일정밖에 없다. 집사람과 딸아이는 마지막 날이니 늦게까지 자겠다고 한다. J 상무는 기회다 싶어 알았다고 하고 아침 일찍 호텔을 나서서 '사쿠라지마'로 향한다. 2019년에 한 번 돌아본 곳이었지만 당시는 안개가 너무 심해 아무 것도 안 보였는데 이번에는 날씨가 좋았다. 사쿠라지마를 빠르게 돌아보면서 당시 보지 못했던 풍광을 실컷 눈에 넣으면서 2019년 당시 제대로 보지 못했던 아쉬움을 완전히 날려 버릴 수 있었다. 오후 인천행 비행기로 귀국 후 집 근처 식당에서 저녁식사를 하면서 J 상무는 가족들에게 굳은 표정으로 다시 한번 얘기한다.

"못 돌아본 13개 현 돌아봐야 할 것 같아!"

미완의 47개 도도부현(都道府県) 돌아보기 재시동

47개 중 34개를 돌아보고 코로나 때문에 2020년 3월에 잠시 중단한 일본 돌아보기를, 당시에는 J 상무는 코로나 상황이 수습되면 곧 연이어서 계속할 수 있을 것으로 생각했었다. 그러나 코로나는 2년 이상 지속되어 2022년 상반기까지 영향을 미쳤다. 한번 동력을 받고 활기차게 진행하였던 일본 돌아보기는 미완의 13개 현을 남기고 34개 도도부현 돌아보기에 그치고 말았다.

2022년 하반기는 코로나 영향에서 완전히 벗어나서 해외여행도 제한 없이 개시되고 출장에도 제약이 없었지만 한번 잃어버린 동력과 열정을 되살릴 수는 없었다. 더구나 2022년은 J 상무의 일본 근무 5년차로 연말에 한국 본사로의 귀임이 예정되어 있어 마무리 차원에서 회사일에 더 충실하고자 한 측면도 있었고, 거래 고객과 골프, 회식, 출장이 잦은 편이어서 주말에 시간이 잘 만들어지지도 않아 다시 시작할 생각조차 할 수 없었다.

잊고 있었던 47개 도도부현 돌아보기의 열정이 금번 퇴임 후 일주일간의 야쿠시마 가족여행 도중에 되살아났다. 여러 번의 설득 끝에 가족들의 승낙을 얻은 J 상무는 머릿속에서 그렸던 동선을 현실화하기 위하여 열심히 계획을 세운다.

  13개 현을 한 번에 돌아보는 것은 체력도 필요하고 쉬운 일은 아니다. J 상무는 이제는 남는 게 시간인 만큼 열심히 동선을 그렸다. 가능한 한 짧고 동선이 중복되지 않고 너무 느슨하지도 않게 계획을 짰다. 다음 지도에 표시된 것과 같이 한국에서 출발, 후쿠오카 공항에 도착해서 후쿠오카를 돌아보고 다음은 사가현, 나가사키현, 구마모토현, 미야자키현, 오이타현, 야마구치현을 돌아보고 이와쿠니와 히로시마를 경유하여 배편으로 시코쿠에 들어가서 에히메현, 고치현, 도쿠시마현, 카가와현을 돌아보고 열차를 오카야마역에서 갈아타서 돗토리현 그리고 마지막으로 시마네현을 돌면 완료하게 된다. 부지런히 돌아다니면 정확히 13일 만에 완료할 수 있다. 동선 구성상 당연히 같은 호텔에서 2박 이상은 할 수 없다. 늦어도 7시에는 체크아웃하고 오후 3시 전후에 이동하여 오후 7시 이전에 체크인할 수 있도록 방문 장소에 맞춰 동선을 그렸다.

13개 현 돌아보기 동선

야마구치현의 이와쿠니市는 몇 년 전부터 한번 와 주었으면 하고 정기적으로 J 상무에게 안부 메일을 보냈던 지인에게 연락하여 저녁을 같이 먹기 위하여 방문하는 곳이다. 최종 목적지인 시마네현의 이즈모市에서 아침 비행기로 도쿄에 가서 점심과 저녁 각각 지인들을 만나고 돌아오는 일정으로 총 13박 14일의 여정이다. 헛된 시간이 발생하지 않도록 동선을 차근차근 점검하고 여러 번 시간 계산을 하여 첫날부터 13일째까지 호텔을 13곳 예약하였다. 마지막 이동편인 시마네현 이즈모 공항에서 도쿄 하네다 공항까지의 비행기 티켓 예약까지 완료하니 꼬박 3일이 걸렸다. 13개 현을 돌아다니는 이동편은 버스와 열차를 기본으로 하고 히로시마에서 에히메현까지는 배편을 이용하기로 한다.

2월 12일부터 2월 25일까지의 13박 14일의 일정에 대하여 구체적인 동선과 세부 일정을 엑셀파일로 정리하고 나서 J 상무는 잠시 눈을 감고 생각해 본다. 2024년 말 퇴임한 덕분에 47개 도도부현 돌아보기를 다시 실행하는 것은 좋은데 다 돌아본다고 해서 무슨 의미가 있을까? 아무리 생각해 봐도 큰 의미는 없을 것 같고 완수하였다는 성취감은 남을 것 같다. 그래도 '그때 해 볼 걸'이라고 생각하며 평생 아쉬움의 미완의 숙제로 가지고 가느니 이번 퇴임을 기념으로 13개 현을 한 번에 일주하면 묵혀 왔던 과제를 완료하는 것이고 나름 해냈다는 성취감은 충분히 느낄 수 있을 것 같았다. 체력은 여전히 젊은 사람 못지않다고 생각하는 J 상무는 다시 열정이 달아올랐다. 의미는 부여하면 되는 것이니 즐겁게 돌아보자고 마음먹는다.

"다시 시작이다. 고~ 고~"

13개 현 돌아보기 실행

2025년 2월 12일 J 상무는 후쿠오카행 비행기에 몸을 실었다. 이로써 2019년 초에 시작한 47개 도도부현 돌아보기가 코로나 바이러스로 인해 2020년 2월 34번째 현에서 멈춰 서 있던 바퀴를 다시 굴리기 시작했다. 후쿠오카를 시작으로 큐슈 지역을 돌아보고 야마구치를 거쳐 배편으로 시코쿠 지역에 들어가서 시코쿠 4개 현을 돌아보고 카가와현에서 기차를 타고 돗토리로 가서 둘러본 후 서남쪽으로 이동하여 47번째 현인 시마네를 돌아보면 완수하는 일정이다.

다음 날 아침 J 상무는 식사를 일찍 해결하고 후쿠오카성 유적을 방문한다. 일본의 각 중심 거점 도시에는 거의 예외 없이 성을 보유하고 있다. 지자체에서는 성 유적을 중심으로 공원을 조성하는 것이 일반화되어 성 주변에는 공원이나 박물관이 함께 있는 곳이 많다. 그 지역의 대표적인 장소를 상징하는 성, 후쿠오카성은 소실된 지 꽤 오랜 시간이 지났지만 지금 한창 복원을 진행하고 있다. 후쿠오카 성터만 있는 것이 아쉬웠던 모양이다. 온전한 모습으로 우뚝 서있어야 그 지역의 자존심도 세워진다고 생각하는 것 같다. 성이 소실된 지 400년이 지났고 관련 자료도 남은 것이 없어서 복원 반대의 의견도 많았지만 최근 관련 자료가 조금씩 발견되면서 복원에 속도를 내고 있다. 후코오카 지역 주민들의 전폭적인 찬성 분위기에 힘입어 2028년 완공을 목표로 하고 있다고 한다.

복원 공사 중인 후쿠오카성

J 상무는 박물관과 후쿠오카의 대표적인 아름다운 호수공원인 오호리공원을 돌아보고 후쿠오카타워의 인증 사진을 찍고 사가현으로 향한다. 사가市는 후쿠오카市에서 열차로 1시간이 채 걸리지 않는 거리에 위치해 있다.

사가현 사가市는 평범한 곳이다. 사가 성터를 돌아보고 사가 지역 지도자(藩主)를 기리는 사가 신사에서 인증 사진을 찍고 나서 사가현립삼림공원(佐賀県立森林公園)에서 천천히 산책한다. 날씨가 좋다. 풍경도 아름답고 아담하게 잘 꾸며진 공원이다. 필수 코스인 사가 역사박물관을 돌아보면서 특별히 흥미로운 것을 발견하지 못하고 있었는데 마지막 출구 방향 코너를 돌아보니 히나인형(雛人形)을 전시한 방이 나타난다. 3월 3일에 히나인형 축제가 있다고 하는데 이것과 연관이 있는지 지역 학생들이 최근 만든 인형을 전시하고 있었다. 하나하나를 들여다보면 정교하게 잘 만들었다고는 할 수 없으나 배열이 잘 되어 있는 모양이 특이해 보인다.

사가역사박물관의 히나인형(雛人形) 전시관

큐슈 지역 음식이 J 상무의 입맛에 맞는 것 같다. 도쿄 지역에서는 대체로 짜고 국물이 진해서 쉽게 질리고 먹기 어려웠는데, 큐슈 지역은 음식이 담백하고 간이 잘 맞았다. 점심으로 하카타 라멘과 저녁으로 쇼유가야키(돼지고기 생강 볶음) 정식을 시원한 생맥주와 함께 먹었다. 입맛에 맞아 아주 맛있었다.

이제 막 13개 현 돌기를 시작했는데 오전은 후쿠오카市를 오후에는 사가市를 오랜만에 하루 종일 쉴 새 없이 돌아다녔더니 피곤하였다. 성취감을 느낄 한순간을 위하여 몸을 너무 혹사하는 것은 아닌지 부정적인 생각도 든다. 다음부터는 여행은 아주 여유 있게 리프레시하는 개념으로 다녀야지, 뭔가를 달성하기 위해 다니는 것은 아닌 것 같다는 생각도 든다. '객지에서 사서 고생은 이번 한 번으로 끝내는 것이 좋겠다'라고 J 상무는 마음먹었다.

사가에서 하룻밤 묵고 난 다음 날 아침 8시 열차를 타고 나가사키에 9시에 도착했다. 날씨는 쾌청했지만 아직 쌀쌀하였다. J 상무는 본래 방문하고자 했던 일정을 부지런히 소화했다. 나가사키는 일본에 천주교가 처음 전파된 도시라고 한다. 에도시대에는 천주교 신도들을 박해하여 신도들은 비밀리에 종교생활을 이어 갈 수밖에 없었는데, 서양 문물의 유입과 함께 서양 국가들의 지속적인 항의를 받아들여, 1871년 일본의 천주교 금지령 철폐를 가속화시키는 촉매제가 된 것이 1865년에 완성된 일본 최초의 성당인 오우라 성당이며 유적으로 관리되고 있다.

바로 옆에 위치한 나가사키의 유명 관광지인 글로바 가든도 둘러보았다. 잘 꾸며진 공원으로 글로바 가든은 일본의 근대화에 공헌한 '토마스 글로바'라는 인물의 저택과 정원을 중심으로 꾸며진 공원이었다. 나가사키市가 일본 열도에서 서양 문물을 받아들이는 중심지 역할을 한 도시라는 것을 강조하면서 공원안에는 '일본의 서양 요리 발상지'라는 기념비도 있었다.

나가사키 역사문화 박물관은 다른 곳과는 달리 나가사키의 특성을 잘 살려 보여 주도록 노력한 흔적이 엿보였다. 둘러본 관광지가 최대 20분 정도만 걸으면 모두 볼 수 있는 거리에 위치하고 있어 아주 좋았다. J 상무가 가 보려고 했던 곳들이 대부분이 지근거리에 있어서 수변공원, 흥복사, 나가사키 공원, 스와신사까지 돌아보는 일정을 열심히 다녀서 예정했던 것보다 훨씬 더 많은 곳을 돌아보았고 예상보다 일찍 마쳤다.

오후 4시경에 구마모토로 출발하는 열차를 예매해 놓았는데 시간이 한 시간 반이 남아서 역에 미리 가서 커피나 한잔 할까 망설이고 있는데 세워 놓은 계획 이상으로 나가사키市 돌아보기는 완료했지만 무언가 빠진 것 같다는 느낌이 들었다.

나가사키는 히로시마와 함께 1945년 8월 원자폭탄이 투하된 장소이다. 당연히 원폭 관련된 유적이 있을 것인데 여기를 필수 코스에 넣지 않은 것이다. 원폭 관련 기념 공원은 평화공원으로, 검색해 보니 걸어갈 만한 거리는 아니고 버스를 타면 20분 만에 갈 수 있다. 서둘러서 버스 정류장을 찾아 버스를 타고 평화공원에 가서 상징물인 평화기념상을 돌아보았다.

나가사키의 평화기념상

남신상(男神像)으로 하늘 방향을 지목하는 오른손은 원자폭탄의 위험성을 상징하고, 수평으로 뻗은 왼손은 안정적인 평화를 표현한다고 한다. 강건해 보이는 체격과 얼굴 표정부터 앉은 자세까지 모든 부분에 의미가 부여되어 있었는데 원폭 투하 10주년을 기념하여 1955년 제작 완료된 청동상으로 나가사키의 상징이 되었다. 평화공원은 원폭이 투하된 폭심지를 중심으로 조성되어 있으며 당시의 처참함을 그대로 보여 주고자 하는 노력이 엿보였다. 나가사키 돌아보기 계획이 잘못 구성되어서 하마터면 가장 대표적인 것을 못 보고 지나칠 뻔했다. 여분의 한 시간 반을 의미 있게 활용하고 서둘러 나가사키역에 가서 구마모토행 기차에 올랐다.

구마모토에서의 아침은 무척이나 피곤했다. 통상 휴대폰 알람이 없어도 5시 55분에는 눈이 떠지는데 이날은 전날 나가사키에서 너무 많이 걸었는지 몸이 무거워져서 6시 반이 지나서 일어났다. 서둘러 아침을 먹고 호텔을 나선다. 항상 느끼는 것이지만 일본의 공기는 깨끗하고 상쾌하다. 가까운 공원과 스이젠지조주엔(水前寺成就園)이라는 구마모토에서 가장 유명한 정원에 가서 좋은 경치를 구경하고 구마모토성으로 향한다.

구마모토市 스이젠지조주엔(水前寺成就園)

각 현청 소재지는 기본적으로 어디나 성(城)이 있다. 현재의 현(県)이 에도시대에는 당시 번(藩)이라 불리었고 300개의 번이 있었다고 한다. 번주(藩主)가 권력자로 당시 번주의 권력의 상징으로 정원을 멋지게 조성하는 경우가 많았다. 구마모토市의 대표적인 정원인 스이젠지조주엔은 에도시대 초기 권력자가 조성한 것이라고 한다.

항상 전쟁에 대비하여야 하는 상황이기에 각 번(藩)에는 기본적으로 성이 조성되어 있다. 전국시대에는 무수히 많은 성이 있었다고 하는데 전국시대를 거쳐 통일이 되고 에도시대로 전환되는 시점에서 불필요한 성은 폐쇄하라는 칙령에 따라 작은 규모의 성은 많이 소실되었다. 에도시대가 시작되는 1600년대에 들어서면서 각 번에 위치한 대표적인 성 위주로 새롭게 조성되었다. 산술적으로는 최소 300개 정도는 있을 것으로 계산된다 '일본 전국 100대 성'이라는 제목으로 성 소개 서적이 있는 것을 보면 수백 곳은 있을 것 같다.

언제나 느끼는 것이지만 J 상무도 왜 성을 빼놓지 않고 보는지 모르겠다. 모두 그 성이 그 성 같은데, 어쨌든 관람객은 줄을 서서 들어갈 정도로 사람들이 많았다. 구마모토성은 2016년 구마모토市를 직격한 지진으로 13개 동이 큰 피해를 입었지만 즉시 복구 계획을 수립하고 중심 건물인 천수각부터 복구를 시작하여 2021년 5월 완료하여 일반에 공개하기 시작하였다. 아직도 여전히 일부 피해 건물의 복구 공사가 진행되고 있고 2036년까지 완료할 것을 목표로 하고 있다고 한다.

구마모토 역사박물관은 다른 박물관과는 달리 46억 년 전 지구의 탄생부터 시작하여 구마모토의 지역을 중심으로 역사를 전개하고 시계열로 보여 주고자 하는 의도는 이해하였으나 실제 내용은 그렇게 특화되어 보이지는 않았다. 박물관을 끝으로 구마모토현 돌아보기를 완료하였다.

시간에 여유가 있어 한 군데 더 보고 갈까 하다가 구마모토에서 미야자키까지 교통편이 불편하여 서둘러 미야자키로 향하기로 한다. 일본에서 인접한 현과 현이 서로 다른 섬에 위치하지 않으며 철도로 연결되어 있지 않은 예외적인 경우이다. 구마모토역에서 버스로 가는 방법이 있기는 하지만 정차하는 정류장이 너무 많아 4시간 가까이 걸리기 때문에 시간을 절약하기 위하여 전철로 남쪽 방향으로 30km 내려와 '신야츠시로'라는 도시에서 버스를 타면 2시간 10분 정도면 도착할 수 있어 이를 이용하여 미야자키로 향한다. 버스 창밖을 보니 일본도 참 산이 많다. 고속도로는 많은 부분이 터널로 구성되어 있었다. 구마모토와 미야자키 사이에는 왕래 수요도 많지 않고 험악한 지형이라서 철도를 건설할 생각을 하지 않은 것 같다.

오후 4시경 미야자키에 도착하자마자 바로 미야자키 임해공원으로 향하여 한 바퀴 돌아본다. 미야자키가 1980년대 이전에는 당시 일본에서 신혼여행지로 각광받은 지역이라는 이야기를 예전에 들어서 기대를 조금은 했는데 야자수가 많이 보인다는 점을 제외하면 해안가도 평범했고 조용했다. 겨울철 기후가 온화하여 지금은 프로야구 구단들이 동계훈련을 위해 자주 이용하는 도시라고 한다. 여유 있는 휴양도시 같은 느낌이다.

전날 미야자키역에 도착했을 때 구름이 꾸물꾸물 몰려왔었는데 그 영향인지 아침에 일어나서 창밖을 보니 부슬부슬 비가 내리고 있다. 비가 오든 눈이 오든 굴하지 않고 외출하는 데 익숙한 J 상무는 7시 조금 넘어 체크아웃을 하고 '헤이와다이 공원(平和台公園)'으로 향한다. 교통편이 많이 불편하고 버스 시간이 맞지 않아서 호텔로부터의 5km 거리 중에 2.5km는 전철로 가고 나머지는 도보로 헤이와다이 공원에 도착하여 공원의 상징 평화의 탑을 둘러보았다. 높이 37m의 대형 석탑으로 1930년에 조성되었다고 하는데 세월 탓인지 외벽이 검은 곰팡이 등으로 덮여져 있어 웅장함이 잘 드러나지 않았다.

일본 전역에서 출토되는 5세기경 사람과 말 모양의 토기의 총칭을 '하니와'라고 하는데 헤이와다이 공원에는 모조품이긴 하지만 실물 크기로 하니와 400여 점이 정원에 전시되어 있는 것이 특이하다. 비가 계속 와서 당연히 공원에는 아무도 없고 또 J 상무 혼자다. 공원 관리원이 지나가면서 다가와 J 상무에게 "혼자서 오셨나"라고 물어본다. J 상무가 쓸쓸해 보였던 모양이다. 그녀가 오후에는 날씨가 좋아질 것이라고 위안의 말을 전해 주었다. 부슬부슬 오는 가랑비이지만 아무리 조심해도 신발이 조금씩 젖기 마련이어서 양말이 축축해지는 듯한 느낌이 들었다.

미야자키 헤이와다이 공원 하니와 야외 전시물

계획을 바꿔 비가 와도 관람에는 지장이 없는 역사 박물관으로 가서 전시물을 둘러본다. 어느 박물관을 보더라도 뭔가 부족한 느낌은 어쩔 수 없다. 어쩌면 J 상무가 박물관을 많이 돌아보는 사이 어느새 눈이 높아져 있는지도 모르겠다. 미야자키 신궁까지 돌아보았는데 가랑비는 계속해서 내렸다.

 오전 내내 비가 내리면서 한 군데 더 둘러보기로 한 공원은 가지 않기로 하고 미야자키역으로 향한다. 일정 하나를 빼니 두 시간 넘게 시간이 남았다. 미야자키역 근처에서 갈 만한 곳을 검색해 보니 역 건너편에 과학 박물관이 있어 계획에는 없었지만 한번 가 볼까 하는 생각에 과학 박물관 입구에 들어섰다. 입구 간판에 '세계 최대 규모의 플라네타리움(천체투영관)'이라고 쓰인 글자가 눈에 들어왔다. 과거에 엄청 창피했던 기억이 새록새록 떠올랐다.

 2019년 봄 도쿄都 타마市에 있는 과학 박물관을 둘러본 적이 있었는데 주로 아이들 동반한 가족들이 많이 왔다. 일본 과학 박물관은 어떻게 생겼나 궁금하여 들어가 보았다. 관내방송에서 플라네타리움에서 별자리 관련 영상이 곧 방영된다고 하는 안내방송을 듣고 한 번도 천체투영관에서 영상을 본 적이 없었던 J 상무는 표를 구매하여 시간에 맞춰 줄을 섰다. J 상무의 앞에는 젊은 부부와 아이 1명, 뒤에는 할머니와 아이들 2명이 있었다. 검표원이 앞 가족에게 "3명입니까?"라고 물어보는 것이 들렸다. 그리고 나서 J 상무와 뒤를 한번 흘끔 보더니 "4명입니까?"라고 물어보는 것이다. J 상무는 "아니요. 1명입니다."라고 대답했더니 검표원이 J 상무를 한 번 더 쳐다보았다. 당시에는 J 상무의 호기심 때문에 들어갔는데 당연하겠지만 어른 혼자 오는 것은 드문 모양이다. 들어가보니 전부 가족들 일색이고 연인으로 보이는 젊은 커플이 간혹 보일 뿐이었다. 어른 혼자는 J 상무만 있었다. 별자리를 실제 직접 보는 것처럼 보여 주어서 내용은 아주 좋았지만 별자리 영상이 끝나고 나올 때 많이 창피한 느낌을 받은 기억이 있다.

6년이 지나 2025년 2월 미야자키 과학 박물관 입구에서 비 때문에 남는 시간을 과학 박물관에 들어가서 보낼까 망설이다가 발길을 돌렸다. 입구에서 입장하는 사람들을 보니 역시 아이들을 동반한 가족이 대부분이었다. 또다시 창피한 경험을 하고 싶지 않았다. 미야자키역의 커피숍에서 부슬부슬 내리는 비를 보면서 남는 시간을 보내고 열차를 타고 오이타현으로 향한다.

　전날 푹 잤는지 아니면 미야자키에서 일정 하나를 생략한 것이 도움이 됐는지 J 상무는 오이타市에서 컨디션이 완전하게 회복되었다. 몸이 가뿐했다. 호텔에 묵었던 투숙객 중에 가장 먼저 아침식사를 하고 바로 호텔을 나선다. 오이타市는 현청 소재지이기는 하지만 볼거리가 별로 없다. 성이 화재로 소실되어 흔적만 있는 오이타 성터를 둘러보고 예쁘게 꾸며진 오이타 평화시민공원을 둘러보았다. 어딜 가도 평화라는 이름이 붙은 공원이 많다. 나가사키, 미야자키도 가장 큰 공원에 평화라는 단어가 들어간다. 그러고 보니 일본 전역에 평화라는 이름이 들어간 공원이 참 많은 것 같다. 전쟁을 겪고 원폭을 맞은 세계 유일의 나라이기 때문에 유독 평화라는 이름이 많이 들어가 있는 것이 아닐까 생각된다.

　월요일이어서 오이타 박물관이 휴관이다. 박물관 앞에서 인증 사진만 찍고 오이타현에서 가장 유명하다고 하는 '벳푸 지옥순례' 코스를 돌아보기 위하여 벳푸로 향한다. 버스와 열차, 다시 버스를 갈아타는 조금은 복잡한 대중교통편으로 순조롭게 J 상무는 시간 차질 없이 정확한 시간에 '벳푸 지옥순례'를 시작한다. 총 7개의 온천 코스를 돌아보는 것인데 각 온천 코스를 '온천지옥'이라고 명명하여 전체 패키지를 구매하는 데 2,400엔을 지불하였다. 티켓을 구매할 때 안내원이 하는 말이 5개의 온천지옥은 가까이 모여 있는데 나머지 2개는 3km 떨어져 있다고 한다.

첫 번째 온천지옥인 바다지옥(海地獄)에 입장하니 '건강 온천수 한 잔 마시고 10년 젊어지세요!'라는 안내판이 눈에 들어왔다. J 상무는 줄을 서서 한 잔 마셔 본다. 소금기가 약간 있는 따뜻한 이온수 같은 느낌이다. 한 잔 더 하면 20년 젊어질까 싶어 두 잔을 마셔 볼까 하다가 너무 젊어지면 곤란할 것 같아서 한 잔만 마셨다.

빨간 온천, 파란 온천, 하얀 온천, 흙탕물 온천, 끓는 온천, 간헐천, 증기온천… 별의별 온천이 참 많다. 가히 온천 박물관이라고도 할 만하다. 5개의 온천지옥을 부지런히 모두 돌아보고 3km 떨어진 나머지 두 개의 온천지옥을 가기 위하여 J 상무는 걷기 시작하였다.

오이타 벳푸 지옥순례의 바다지옥(海地獄)

각 온천지옥에 사람들이 참 많았다. 말소리를 들어 보면 한국인, 중국인, 일본인이 각각 삼분의 일씩 차지하는 것 같다. 그렇게 사람들이 많았는데 남은 2개의 온천지옥 코스를 보려고 3km를 열심히 걸어가는데 앞을 봐도 뒤를 봐도 걷는 사람은 J 상무 혼자였다. 사람들이 엄청 많았는데 다른 사람들은 나머지 두 개를 보기 위해 어떻게 가는지 궁금했다. 사람들이 너무 안 보여서 J 상무는 길을 잘못 들었나 은근히 걱정되어 표지판과 지도를 살펴보니 맞다. 남은 두 개의 코스에서는 사람들이 그렇게 많지는 않았다. 아마도 5개를 돌아보고 그냥 가는 사람들이 꽤 있는 모양이다.

벳푸는 온천의 도시라고 할 만하다. 어디든 땅만 파면 온천이 나온다고 한다. 온천 순례만으로도 수입이 엄청날 것 같다. 관리비도 별로 안 들어갈 것 같고 수많은 사람들이 이를 보기 위해서 몰려오니 말이다. 계획대로 '벳푸 지옥순례'를 마친 J 상무는 벳푸역으로 돌아오는 길에 벳푸 공원에 들러 녹색 자연을 한 번 더 돌아본다.

식사를 하기 위하여 벳푸역 주변 맛집을 검색하여 생선 초밥집에 들어갔는데 테이블이 4개밖에 없는 조그만 식당이었다. J 상무는 1개 남은 테이블에 앉아 주문을 하려는 순간 깜짝 놀랐다. 다른 3개의 테이블에서 모두 한국말을 하는 것이었다. 모두 젊은이 커플이었는데 서로 다른 일행으로 J 상무처럼 따로 들어온 것 같다. J 상무도 한국인이니 전원이 한국인으로, 정말로 한국 사람들이 일본에 많이 방문하는 것 같다.

주인 할머니가 안 되는 영어로 메뉴의 사진을 가리키면서 열심히 주문을 받는다. J 상무는 초밥 정식 세트 메뉴를 주문하였다. 젊은이들이 저렴한 가격도 아닌 것 같은데 이것저것 주문하여 참 많이들 먹는다. 가장 늦게 들어가서 두 번째로 빨리 나왔다. 식사 끝내고 계산을 마치고 보니 밖에서 순번을 기다리는 팀도 있었다. 이제 다음 코스인 야마구치현에 가서 호텔 체크인만 마치면 이날의 일정은 완료이다.

벳푸에서 야마구치로 가려면 후쿠오카현의 코쿠라市를 경유하여야 하는데 코쿠라까지는 특급열차, 코쿠라부터 야마구치까지는 신칸센이다. 코쿠라에서 신야마구치역까지는 20분이면 도착한다. 열차 시간을 확인해 보니 야마구치에 예정보다 일찍 도착할 것 같아 J 상무는 중간 경유지인 코쿠라에서 내려서 코쿠라 성을 둘러보고 가기로 결정한다. 둘러보면서 다시 한번 느끼지만 일본인들은 정말 성을 사랑하는 것 같다. J 상무의 눈에는 그게 그거인 것 같은데 사람들이 필수 코스로 많이 보고 심지어는 '100대 성 돌아보기'를 여행의 목표로 전국을 여행하는 일본인들이 적지 않은 것을 보면 좀 별난 것 같다. J 상무도 이렇게 생각하면서 항상 성을 돌아보는 것을 필수 코스로 넣은 본인도 별나게 보이지 않을까 생각하면서 혼자 웃어 본다.

다음 날 아침 야마구치市에 있는 조에이지(常栄寺)에 가려고 신야마구치역에서 열차를 타고 야마구치역에서 내려 같은 플랫폼에서 열차를 갈아타고 정거장 3개를 지나 '미야노'라는 전철역에서 하차하였다. 내리는 승객이 J 상무 포함 2명밖에 없었다. J 상무는 교통카드를 터치하려고 역을 둘러보니 역무원도 없고 터치기가 아예 없었다. J 상무가 교통카드를 들고 두리번거리고 있으니 역에 앉아 있던 할아버지가 여기는 교통카드 터치기가 없으니 나중에 야마구치역에 가서 역무원에게 상황을 설명하면 처리해 줄 것이니 그냥 나가도 된다고 한다. 한쪽에서는 시속 300km 이상 달리는 신칸센과 최신 시스템, 다른 한쪽에서는 시속 30km로 달리는 재래열차로, 그것도 결제 시스템을 옛날 방식으로 고수하는 것이 공존하는 것에 있어 J 상무는 의아해했다. J 상무가 타고 왔던 열차는 족히 50년은 되어 보였다. 하여튼 일본은 잘 바꾸지 않으려는 성향이 강한 것 같다. 별로 불편한 거 없으니 그대로 사용하는 것 같다. J 상무는 '뭐 시골이니까 그럴 수 있겠지'라고 생각하며 미야노역에서 2km 정도 떨어진 조에이지로 걸어서 올라간다.

주위의 풍경을 보면서 걸어가는 도중에 '야마구치 현립대학'이라고 쓰여 있는 표지판이 눈에 들어온다. '야마구치 현립대학'이라면 야마구치현에서는 가장 크고 좋은 대학 중의 하나일 것인데 여기서 공부하는 젊은이들이 가까운 전철역 시스템이 정말로 구식이라는 것에 불편함을 호소하지 않나' 라는 생각이 들었다. 아무튼 이상했다.

조에이지에 도착해서 입장료를 내고 본당을 둘러보고 참배 후 조에이지에 온 목적인 정원을 둘러보고 나올 때까지 계속 혼자였다. 관리하는 분이 다가와 "오늘 새벽 눈이 오긴 왔는데 좀 더 내렸으면 더 운치가 있었을 텐데."라고 한마디 해 주고 간다. 정원을 한 바퀴 돌고 바로 루리코지(瑠璃光寺)로 향하였다.

야마구치역 방향으로 3km 남짓 걸어서 루리코지의 유명한 5층탑을 보려고 왔는데 분위기가 좀 이상하여 안내도를 보며 확인하고 있는 중에 경비 직원이 다가와 5층탑이 현재 보수 공사를 하고 있다고 한다. 보수한 지 70년이 넘어 기한이 되어 진행하고 있다고 한다. 2026년 5월에 끝나니 그때 다시 와서 보라는 것이다. J 상무는 웃으면서 언젠가 기회가 되면 다시 오겠다고 말하고 탑 전체를 둘러싼 철제 파이프 사이로 윤곽만 어슴푸레하게 보이는 5층탑 사진을 찍고 돌아섰다.

현청 소재지인 야마구치市가 대중교통이 이렇게 불편하다면 야마구치현의 다른 곳들은 어떨까라는 생각이 들었다. 하지만 도로는 넓어서 자동차들은 씽씽 달리고 있었다. 박물관을 둘러보고 난 후 야마구치역에 가서 역무원에게 아침에 미야노 전철역에서 교통카드 터치기가 없어서 처리

못 했다고 설명하자 "이 동네 처음인가요?"라고 물어보면서 태연히 비용을 정산해 주었다. 역무원에게 가까운 곳에 멋있는 관광지가 있는지 물어보니 야마구치역에서 3정거장만 동남쪽으로 가면 호후市라는 곳이 있는데 거기에 에도시대에 지배자였던 모리씨가 조성한 모리씨 정원(毛利氏 庭園)이 좋다고 한다. J 상무는 곧바로 호후(防府)역으로 향한다.

호후역에서 내려 지도 앱에서 위치를 확인해 보니 거리가 3km가 조금 넘는다. 버스편도 불편하고 버스를 이용한다고 할지라도 1km 이상은 걸어야 하고 시간도 맞지 않아 바로 걸어갔다. 관광지도 관광지이지만 교통이 불편하다고 생각하면서 40분 남짓 걸어 도착한 모리 공원은 정말 멋있었다. 안내원이 늦가을 단풍철에 오면 더욱 멋지다고 첨언한다.

야마구치 호후市의 모리氏 정원

나무 하나하나가 단정하게 단장되어 있고 연못을 끼고 있는 전형적인 일본 정원이지만 분위기가 많이 달랐다. 특히 정원 경계선을 그냥 울타리로 한 것이 아니라 뒤에 멀리 보이는 산 배경에 맞춰 꾸며서 마치 멀리 있는 산이 정원의 끝인 것처럼 보이게 꾸며졌다. 아름다웠다. 이런 시골에 이렇게 멋진 정원이 있으리라고 상상하기 어려웠다. 벚꽃이 피는 계절이나 단풍이 드는 계절에는 훨씬 더 멋진 풍광을 자아낼 것이다. 아직 쌀쌀한 2월 하순이지만 J 상무에게는 그래도 충분히 멋졌다.

가축과 애완동물을 기리는 신사 산포코진구(三宝荒神宮)

모리씨 정원에서 호후역으로 가는 길에 산 쪽으로 조금만 돌아가서 수호우코쿠분지(周防国分寺)라는 절과 호후텐만구(防府天満宮)라는 유적을 돌아보려고 걸어가는 도중에 J 상무는 재미있는 신사를 발견한다. 산포코진구(三宝荒神宮)라는 조그만 신사인데 개, 소와 말을 기리는 신사이다. 안내문을 읽어 보니 1640년에 이 지역에 많은 수의 가축들이 전염병으로 죽어 가서 사람들이 일할 의욕을 잃어 이에 신사를 건립하여 기리니 병을 앓던 가축들이 회복하여 평안하게 되었다는 내용이다. '애완동물의 수호신'이라는 표지판도 함께 있었다. J 상무가 많은 신사를 돌아봤는데 육십갑자에 나오는 동물을 각각 기리는 신사는 보아도 애완동물을 기리는 신사는 처음이었다. 일본에는 참으로 다양한 신사가 많다는 것을 새삼 느꼈다.

　호후역에서 2시간 정도 전철을 타고 이와쿠니역에 내려 호텔에 체크인을 하고 한숨 돌린 후 간단한 세면을 끝내고 지인과의 약속 시간에 맞춰 내려갈 준비를 하고 있는데 전화벨이 울렸다. 프론트로부터 로비에 누군가 기다리고 있다고 전화가 왔다. 7년 만에 만나는 지인이었다. 그가 보고 싶다고 하여 금번 여행 일정에 넣어 만나기로 약속했었다.

　3시간 이상 술잔을 기울이며 옛날 이야기, 인생 이야기를 하면서 회포를 풀었다. 그가 가능한 한 오래 일을 하는 것이 좋으니 J 상무에게 새로운 일자리를 찾아 보라고 충고하면서 선물로 고급 일본 술을 주었다. 고맙다고 말은 했지만 난감했다. 걸어서 돌아다니기 편하게 가능한 한 가볍게 짐을 유지하고 있는데 무거운 술병을 배낭에 넣고 다니기에는 곤란했다. 할 수 없이 호텔방에 돌아와 반은 마시고 나머지 반은 생수 페트병에 바꿔 넣어서 배낭에 넣었다. 술맛이 아주 좋았다.

　다음 날 이와쿠니역에서 히로시마항까지 전철을 타고 가서 히로시마항에서 시코쿠의 마츠야마항으로 가는 고속 페리의 표를 끊었다. 가격이 8,000엔이다. 66km 운항에 8,000엔이면 많이 비싼 것 같다. 우리나라 돈으로 80,000원 정도 하는 것이니 일본이 대체적으로 공공 교통요금이 한국 대비 많이 비싸다. 두 배 이상 비싼 것 같다.

　마츠야마항에 도착하니 오전 11시 30분. 지난 며칠보다 시간이 빠듯하여 마츠야마 항구의 식당에서 간단히 라멘이나 우동으로 해결하려고 했는데 식당이 보이지 않는다. 할 수 없이 전철역으로 향하여 바로 마츠야마 박물관을 먼저 보기로 한다. 에히메현 마츠야마市도 전철역에서 교통카드가 통하지 않았다. 큐슈 지역은 교통카드가 되는데 에히메현도 야마구치현처럼 교통카드가 통하지 않았다.

에히메 마츠야마 종합공원 전망대

　마츠야마 종합공원 내에 있는 마츠야마 박물관을 돌아보고 공원 정상에 있는 전망대로 향한다. 이번 여행에서 등산은 가능한 한 하지 않기로 했지만 거리가 멀지 않아서 올라갔다. 마츠야마 종합공원 전망대는 마츠야마 성에서 3km 정도 떨어진 곳에 거의 같은 높이로 마주한다. 마츠야마 시내에 높은 곳이 마츠야마 성과 종합공원 전망대 두 곳밖에 없기 때문에 서로 기념비 형태로 마주 보고 있어서 인상적이었다. 물론 차태현, 전지현이 주연한 〈엽기적인 그녀〉처럼 인접한 산봉우리 2개의 정상에서 서로가 확인되는 몇백 미터 거리가 아닌 3km 떨어져 있어 건물의 윤곽 정도가 확인되는 거리이긴 하지만 영화의 한 장면이 연상되었다.
　바로 마츠야마 성이 있는 마츠야마 공원으로 향하였다. 가는 도중 라멘으로 간단히 늦은 점심을 해결하고 3km 정도의 거리를 빠른 걸음으로 주파하였다. 마츠야마 공원은 마츠야마 성을 중심으로 조성된 공원이었다. 높이가 종합공원 전망대와 같은 수준이어서 천수각을 보려면 먼 거리는 아니지만 앞서 마츠야마 종합공원을 올라간 만큼 산길을 올라가야 했다. 아침 일찍부터 열차와 배, 전철, 버스를 갈아타고 많이 걸으면서 체력이 고갈되어 이번에는 천수각에 올라가지 않기로 하였다. 대신 니노마루 정원을 둘러보고 에히메현(愛媛県)에서의 일정을 마치기로 한다.

시코쿠의 에히메, 코치, 토쿠야마, 카가와는 상대적으로 다른 도시보다 교통이 낙후되어 있다. 4개의 현을 연결하는 고속도로가 2000년이 되어서야 완성되었다고 하니 일본 타 지역 대비 많이 늦은 편이다. 현청 소재지 간 연결 교통편도 자주 있지 않아서 J 상무는 서둘러서 마츠야마에서 코치현으로 향했다. 오전에는 가능한 한 열심히 둘러보고 다음 현에 해가 떨어지기 전에 도착하도록 시간을 조절하였다.

코치에서 눈을 뜬 J 상무는 호텔 체크아웃 후에 바로 '가츠라하마'로 가는 시내버스에 올라탔다. 카드 터치기가 보이길래 확인을 겸해서 교통카드를 리더기에 댔는데 신호음이 울리지 않는다. 코치현도 전국 교통카드가 통하지 않는다. 다른 사람들이 승차할 때 교통카드를 이용하는 것을 보니 교통카드를 쓰기는 하는 모양이다. 현금으로 계산하면 되니 승차 장소가 표시되는 정리권을 뽑아 들고 나서 종점인 카츠라하마 공원 정류소에 내리면서 기사한테 물어보니 아직 시코쿠는 교통카드 전국 일원화가 안 되어 있어 자체 교통카드를 쓰고 있다고 한다. 시스템을 바로 통일하면 될 것인데 요즘 같은 네트워크 시대에 뭐가 문제인지 모르겠다.

코치는 '사사키 료마'의 고향이라고 한다. 사사키 료마의 초상이 많이 전시되어 있고 카츠라하마 해변에는 동상과 기념관까지 있다. 개혁을 추진하다가 33살의 젊은 나이에 암살된 사사키 료마가 그렇게 훌륭한 사람인지는 잘 모르겠지만 일본인들에게는 존경을 많이 받는 모양이다.

코치市 카츠라하마 공원 해변

다음은 코치성으로 향한다. 일본인 친구들로부터 코치성이 예쁘다는 이야기를 들어 기대를 해 본다. 성과 주위의 경관이 잘 어울려서 예쁘다는 표현이 잘 맞는 것 같았다. 규모가 다른 성보다는 작았지만 성 안으로 들어가 보고 J 상무는 좋은 느낌을 받았다. 성의 내부를 가능하면 이렇게 전시하여야 한다고 생각이 들었다. 오사카성 나고야성 등 규모가 큰 성들은 외부만 옛날 모양이고 내부는 현대식으로 완전히 개조해 놓아서 이게 성 내부인지 아니면 현대식 박물관 내부인지 구별이 안 될 정도였는데 코치성은 외부뿐만 아니라 내부도 기존 구조를 가능한 한 활용한 것이 J 상무의 마음에 무척 들었다. 나무 바닥을 걸어 다닐 때 자연스럽게 들리는 목재 마루의 자그마한 삐걱거리는 소리가 좋았다. 입구에서 신발을 벗고 들어가라고 했던 것이 좀 의아했는데 이유가 여기에 있었다. 가능한 한

바닥을 원형으로 유지하여야 하기 때문에 훼손 방지를 위하여 신발을 벗고 다니게 한 것이다. 날씨가 쌀쌀한 편이라 바닥에서 차가운 기운이 느껴졌지만 오히려 기분은 상쾌하였다. 성 꼭대기까지 차근차근 살펴보고 내려오면서 보존과 전시를 하려면 이렇게 하여야 하는 것이 아닌가라는 생각을 했다.

코치 박물관을 둘러보는 것으로 코치현에서의 일정을 마치고 바로 다음 예정지인 도쿠시마로 향한다. 코치에서 도쿠시마로 가기 위해서는 오카야마행 특급을 타고 아와이케다역에서 하차한 후 다시 도쿠시마행 특급열차로 갈아타야 한다. 말이 특급 열차이지 대부분 두 칸의 철도 차량으로 구성된 열차이다. 코치에서 아와이케다역까지는 산세가 험한 지역이 많고 계곡을 따라 철도가 놓여 있어 경치가 멋지다. 열차 안내방송에서 이제 곧 8km 길이의 계곡을 따라 열차가 지나간다는 안내 멘트가 나온다. 빈자리가 많았기에 J 상무는 계곡이 잘 보이는 자리로 옮겨 바깥 경치를 감상하였다. J 상무 이외의 다른 승객들은 바깥 경관에는 관심이 없는지 모두들 휴대폰만 들여다보고 있다. 날씨는 쾌청하고 계곡은 끝없이 이어져 멋있었다. 반면 아와이케다 역부터 도쿠시마역까지의 구간은 거의 평지였다. 코치역에서 3시간 걸려 도쿠시마역에 도착했다.

도쿠시마역 바로 북쪽에 도쿠시마 중앙공원이 위치해 있는데 공원에 박물관과 성곽, 정원 모든 곳이 모여 있어 여기만 차분히 돌아보면 도쿠시마현은 완료 조건을 만족한다. 역시 현청 소재지에는 어디나 성을 중심으로 도시가 이루어져 있었다. 도쿠시마 성은 소실되어 없고 성곽과 주변 건물을 중심으로 공원이 형성되어 있었다. 도쿠시마 박물관 입장권을 구매할 때 검표원이 먼저 정원을 둘러보고 오라고 권유한다. 에도시대 당시

지도자인 번주(藩主)의 정원이 바로 성 옆에 위치해 있는 것은 많지 않은 경우이다. 통상은 규모가 제법 있는 연못이나 호수를 중심으로 조성하는데 도쿠시마는 성 바로 옆에 만들었다. 고텐정원(御殿庭園)이라는 정원으로 연못은 직경 몇십 미터 규모로 작지만 아름답게 꾸며졌다.

정원과 박물관을 돌아보고 중앙공원을 한 바퀴 돌아보고 나서 옛날 천수각이 있었다고 하는 성터를 보기 위하여 높이 61m의 작은 산길을 오른다. 구불구불 돌길을 오르는데 길 이외는 깊은 숲이라 아무것도 보이지 않았다. 걷다 보니 금방 성터가 있는 정상에 도착한다. 본성인 천수각이 있었다고 하는 성터는 아무것도 없는 광장이었다. 아름드리나무 한 그루가 경계석 안쪽에 우뚝 솟아 있을 뿐이었다. 안내판만 이곳이 성터였다고 알려 주고 있었다.

도쿠시마 성터

다음 날 아침 일찍 열차를 타고 타카마츠로 향하는 길에 시코쿠에서 가장 아름답다고 하는 릿츠린 공원(栗林公園)에 갔다. 명성만큼 넓고 멋있었다. 교통편도 좋은 위치에 있어서 사람들도 무척 많았다. 한국말과 중국말도 많이 들린다. 릿츠린 공원은 다른 아름다운 공원들과 마찬가지로 에도시대에 지배계급인 번주(藩主)를 위해 조성된 공원이다. 당시 번주였던 다이묘(大名)는 권력이 대단했던 모양이다. 규모가 엄청나다.

오전 8시에 입장했음에도 불구하고 사람들이 제법 있었다. 입구에 안내원이 있었는데 할아버지였다. 그분이 J 상무에게 다가와 무료 가이드를 해 주겠다고 제안했는데 J 상무는 설명을 받으며 여유 있게 돌아볼 형편은 아니라 정중하게 거절하고 혼자서 돌아본다. 잘 단장된 공원을 한 바퀴 돌면서 좋은 경치가 눈앞에 펼쳐지니 J 상무는 저절로 미소를 떠올리며 머릿속에서 '이런 여행도 재미있네'라는 생각이 든다. 한편으로는 할아버지 가이드와 이런저런 설명을 듣고 질문도 하면서 돌아봤으면 훨씬 좋았을 걸이라는 생각도 해본다. 언젠가 기회가 되면 가이드를 해 주는 분과 같이 돌아보는 것도 괜찮을 것 같다.

카가와현 타카마츠시 릿츠린 공원

카가와 현립 박물관과 타카마츠성 유적을 둘러보고 나서 우동으로 유명한 카가와에 왔으니 우동을 먹어야 할 것 같아서 근처의 우동 맛집을 찾아 우동을 먹었는데 J 상무의 입맛에 맞지 않았다. 비릿한 냄새가 살짝 올라와서 고춧가루를 요청하여 듬뿍 뿌렸더니 완전히 다른 맛이 되었다. 이로써 시코쿠 4개 현을 돌아보는 것을 마쳐 11개 현을 완료하였다. 이제 남은 현은 돗토리현과 시마네현이다.

타카마츠역에서 출발하여 오카야마에서 열차를 갈아타고 돗토리로 향하는 기차에서 창밖 풍경을 본다. 한국의 전원 풍경과 아주 유사했다. 전형적인 시골 풍경이 펼쳐지고 산이 정말 많다. 북서쪽을 향해서 질주하는 전철의 제일 앞쪽 창가 자리는 운전석의 앞 유리창을 통하여 전방 하늘도 볼 수 있었는데 전방의 구름이 심상치 않다. 아니나 다를까 눈이 오기 시작한다. 아침 뉴스에서 일본의 서북부 해안에 눈이 엄청 와서 눈사태를 조심하라고 주의를 준 것이 기억났다. 눈은 돗토리현에 진입하면서부터 조금씩 내리기 시작하더니 어느새 차창 밖 풍경은 설경으로 바뀌었다. 시골집 지붕에 쌓인 눈 두께를 보니 20cm는 족히 넘을 것 같다.

눈이 많으면 걷기가 어려워서 많이 못 돌아다니기 때문에 J 상무는 걱정되기 시작했다. 돗토리역에 도착하는 시간이 3시 54분, J 상무는 2km 떨어진 역사 박물관으로 빠른 걸음으로 가서 4시 20분 전에는 도착할 생각이었다. 보통 5시에 문을 닫으니 최종 입관 시간은 4시 30분이었다. 두텁게 쌓인 눈길 2km를 25분에 걷는 것은 무리라는 생각이 들었다. 버스도 시간이 맞지 않아 J 상무는 할 수 없이 역에서 택시를 탔다. 이번 여행에서 유일하게 택시를 타고 움직이며 목적지로 향한다. 박물관에 가자고 하니 할아버지 운전사가 "이 날씨에 웬 박물관"이라고 말하는 듯이 J 상무를 힐

꿋 돌아본다. 10분 만에 도착하여 여유 있게 박물관을 돌아보면서 택시를 이용한 것은 현명한 선택이었다고 생각했다. 눈은 그쳤다 내렸다를 반복하고 있었다. 조금만 걸으면 규쇼(久松) 공원으로, 돗토리 성터를 중심으로 조성되어 있는 공원이다. 조심스레 눈길을 걸어 성터에 도착한다. 눈이 너무 많이 내려 유적들이 완전히 눈으로 덮여 있었다. 새하얀 성터에서 인증 사진을 찍고 돗토리역 근처 호텔로 향하는 버스에 올랐다.

호텔 체크인을 하고 이날 저녁은 야키니꾸 식당에 가서 생맥주와 함께 소고기를 양껏 구워 먹으면서 체력 보충을 하였다. 그런데 눈이 와도 너무 많이 온다. 다음 날 아침 일찍 돗토리市의 상징인 모래사막, 즉 사구를 돌아보려고 했는데 모래밭이 아니라 눈밭을 볼까 걱정되었다. 눈이 이번 여행에서 유일한 장애물이 될 것 같았다.

돗토리도 교통카드가 통하지 않았다. 전부 현금으로 지불하여야 했다. 열차에서는 외국어 안내 방송도 잘 나오지 않고 일본어 안내만 나오는 경우도 많았다. 특히 돗토리에서는 특급 열차 티켓조차도 역무원들이 직접 손으로 접수하는 방식이 아직도 이루어지고 있다. 아마도 일본인들의 현금 사랑은 계속 이어질 수밖에 없을 것 같다.

다음 날 눈을 뜨니 예보대로 눈이 오고 있었다. 그것도 강풍과 함께 엄청 내리는 것이다. 그래도 돗토리의 대표 명소 사구(砂丘)를 보지 않으면 돗토리현을 돌아보지 않은 것 같은 기분이 들어 가 보기로 한다. 버스 출발 시각을 확인하니 8시 25분이 첫차이다. 아침 시간이 너무 많이 남는다. 호텔에서 할 일도 없고 해서 7시 반에 체크아웃을 하고 호텔 정문을 나서는 순간 강풍과 눈이 얼굴을 때린다. J 상무는 도쿄 주재원 생활 5년 동안 내리는 눈을 맞아 본 적이 한번도 없다. 도쿄는 거의 눈이 오지 않고 5년간의 주재원 생활 중에 단 한 번 2018년 1월 말 교통이 일부 마비될 정도로 많이 온 날은 공교롭게도 출장으로 다른 지역에 있었다.

처음 맞는 눈이 무거웠다. 가만 보니 눈 알갱이가 쌀알 크기로 무수히 내리는 것이었다. 우박도 아니고 쌀알 크기로 살짝 뭉쳐진 눈으로 내리는 것이다. 눈이 바람 때문에 공중에서 떠돌면서 자체적으로 뭉쳐진 듯한 느낌이었다. '돗토리는 눈도 특이하네'라고 생각하며 버스 터미널로 향한다. 40분이나 일찍 도착하여 버스 시간표를 다시 한번 확인해 보니 예정대로 첫차는 8시 25분에 출발하는 것으로 되어 있다. 그것도 주말인 토요일이기 때문에 8시 25분이지 평일이라면 9시 버스가 첫차이다. 눈은 계속 내리고 있고 이른 시간이라서 그런지 아무도 없다. J 상무는 '혹시 눈 때문에 버스가 취소되지 않을까? 그러면 택시라도 타고 가야 하는 것은 아닌가?'라고 걱정한다. 터미널 주위를 왔다 갔다 하면서 시간을 보내고 있었는데 8시 15분경에 버스가 왔다. J 상무는 안심했다. 행선지를 다시 한번 확인하고 제일 먼저 승차한다. 남녀 커플이 승차하고 한 명씩 탑승하더니 출발할 때는 어느새 12명의 승객이 있었다. 차림새를 보니 J 상무처럼 모두 사구로 향하는 것이 분명했다. 생각하는 것이 다들 비슷한 모양이다.

버스는 정확하게 25분에 출발하였고 30분 되는 거리를 눈길임에도 불구하고 거침없이 달린다. 버스 정류소 중에 종점이 사구이고 바로 전 정류장이 사구전망대이다. 사구전망대는 조망을 보기 위한 곳이기 때문에 당연히 언덕 위에 위치하고 있고 사구는 해안가이다. J 상무는 어디서 내릴까 고민하다가 같이 동승한 사람들 분위기 봐서 내리자고 생각한다. 눈이 정말 많이 내린다. 다음 정거장이 전망대라고 알림 방송이 나온다. 내릴까 고민하고 있는데 누군가 하차 버튼을 눌렀다. J 상무는 전망대에서 내려서 눈 오는 전망을 보는 것도 괜찮을 것 같아서 내리기로 마음먹는다. 그런데 막상 내리고 보니 내린 사람이 나이 지긋한 아주머니 한 명과 J 상무뿐이었다. J 상무는 뭔가 잘못되었다는 것을 느꼈다. 아주머니는 직원인지 전망대 상점가에 쏙 들어갔고 주위를 돌아보기 위해 내린 사람은 J 상무 혼자였다.

따스한 버스 안에서 창밖의 눈을 보는 것과 실제 맞는 눈은 너무 달랐다. 난감했다. 거기다 바람도 거세고 눈보라가 휘몰아쳐서 똑바로 걷기조차 힘들었다. 조망은커녕 백 미터 앞도 안 보였다. 좋지 않은 선택을 한 것이다. 잠시 바람이 잦아지는 것을 기다리다가 안되겠다 싶어 전망대 직원한테 문의한다. "눈 때문에 길이 하나도 안 보여서 그런데 사구로 내려가려면 어디로 가야 하나요?"라고 하니, "아니, 앞도 잘 보이지 않는 상황에 여기서 왜 내렸어요? 다음 버스를 타든지, 눈보라가 잦아들면 내려가세요."라고 대답하는 것이다. 언제 잦아들지 몰라서 직원한테 다시 문의한다. "그러면 방향만이라도 알려 주세요."라고 하니 직원이 "금방 내려갈 수 있는 언덕길이 있기는 한데 지금 이 날씨에는 위험하니 버스 도로 따라 15분 정도 오른쪽을 따라서 걸어가면 된다"라고 알려 준다.

J 상무는 이 날씨에 무슨 전망을 보겠다고 전망대에 내린 것을 후회하면서 눈보라를 거의 정면으로 맞으며 경사 도로를 조심조심 내려간다. 온도는 3~5도 정도의 영상이라서 눈이 비교적 쉽게 녹아내렸지만 인도에는 눈이 10cm 이상 쌓여 있어 걷기가 어려워서 왕래하는 차가 없기에 차도를 따라 내려갔다. 도보 15분 거리를 20분 넘게 걸려 내려가니 사구(砂丘)라는 표지판이 나타난다. J 상무의 58년 평생 맞은 눈보다 20여 분간 맞은 눈이 훨씬 더 많은 것 같다. 사구 표지판 근처 입구를 보니 여러 발자국들

이 보인다. 12명 중 전망대에서 J 상무 포함 2명이 내렸으니 나머지 10명의 발자국이었다. 발자국을 따라가니 사구 안내센터로 향하고 있었다.

눈으로 뒤덮인 돗토리현 사구(砂丘)

이제서야 눈보라가 좀 잦아든다. 모래언덕(砂丘)이 아니라 완전한 눈언덕(雪丘)이었다. 비록 사구는 아니었지만 눈 덮인 경치도 괜찮았다. 열심히 풍경을 휴대폰에 담고 다음 버스편으로 돗토리역으로 돌아오니 오전 10시 30분쯤 되었다. 원래는 공원 하나를 더 돌아보려고 했는데 눈이 여전히 펑펑 내려서 이 날씨에 안 되겠다 싶어 바로 시마네현으로 가기로 계획을 바꾼다. 서남쪽으로 위도상 조금은 아래쪽이니 돗토리보다 따뜻해서 눈이 와도 금방 녹을 것이라고 기대하면서 마츠에(松江)행 11시 40분 열차표를 예매하고 숨을 돌리고 있는데 배가 고팠다. 10시 40분밖에 안 되었는데 눈길을 어렵게 걸어서 그런지 체력 소모가 많았나 보다. 역 구내 식당에서 허기를 면하고 마츠에행 기차를 탔다. 마츠에행 열차도 눈 때문에 늦어져서 예상 도착 시각보다 25분 정도 지연된 오후 1시 30분에 도착하였다. 배에 걸신이 들어가셨나 또 뭔가 먹고 싶다. 마츠에역에서 라멘 한 그릇 맛있게 먹고 창밖을 보니 여전히 눈발이 날렸다. 내리는 눈은 많았지만 마츠에市는 기온이 더 높아서 도로에 쌓이지는 않고 금방 녹았다.

원래는 걸어가려고 했던 마츠에성을 눈 때문에 버스를 타고 가능한 한 가까운 정류장에서 내려서 성으로 향한다. 성 근처 역에 도착하니 정말로 거짓말처럼 날씨가 맑아졌다. 눈이 많이 온 직후의 성은 설경과 더불어 더욱 아름다워 보였다. 마츠에성도 고치현의 고치성처럼 내부를 옛날 본래의 것을 가능한 한 활용하여 전시하고 있었다. J 상무의 마음에 들었다. 고치성은 아기자기했고 마츠에성은 예뻤다. 마츠에성은 화재 등으로 소실 없이 건립 당시의 상태가 잘 보존된 몇 안 되는 성 중의 하나라고 한다. 내려오는 길에 박물관을 돌아보고 나오니 맑았던 하늘이 다시 흐려지면서 눈이 온다. 정말 날씨 하나 변화무쌍하다. 다음 일정을 접고 성 주위를 한 바퀴 더 돌아보고 일찍 호텔로 향했다.

시마네현 마츠에성

돗토리에서 계획을 바꿔 당일 오후에 마츠에성과 박물관을 미리 둘러보았기 때문에 J 상무는 다음 날 아침에 바로 최종 목적지인 이즈모로 향한다. 관광 안내도를 보고 마츠에 포젤 공원과 이즈모타이샤, 현립 이즈모 박물관을 가 보기로 새로운 계획을 세웠다. 플러스 알파의 일정이기도 하고 시간도 남는 만큼 이날은 정말로 여유 있게 움직이기로 했다. 모든 목적지가 같은 전철 노선을 따라 위치해 있고 역에서 가까이 있기 때문에 거리상으로도 멀지 않고 많이 걸을 필요도 없었다. 특히 아침부터 내리는 눈에도 크게 장애 받을 일도 없어서 J 상무는 7시 40분경 체크아웃을 하고 마츠에역에서 버스를 타고 관광열차인 이치바타 전철의 출발역인 '마츠에신지온천' 역에 도착한다.

분위기를 보니 여기도 교통카드가 안 통할 것 같아 티켓을 자판기에서 구매하여 전철에 올라탄다. 전철 구내방송에서 하차할 때 맨 앞의 도어를 이용하라고 매번 방송한다. J 상무는 처음 듣는 방식이라서 "이건 또 뭔가?"라고 의아해했다. 이치바타 전철은 관광열차로, 유명 신사인 이즈모타이샤 때문에 운영된다고 해도 과언이 아니다. 이용객이 많고 대부분 내국인 관광객이다. 전철을 내릴 때 맨 앞 도어로 가서 전차 운전사에게 표를 직접 주어야 하는 것이었는데 J 상무는 의례껏 역을 나설 때 표를 내면 되겠지라고 생각해서 맨 앞 도어를 통해 내리는데 운전수가 밖까지 뛰어나오면서 "표 주세요" 하며 표를 받는 것이었다.

하차하고 보니 이유를 알 수 있었다. 이치바타 전철은 27개의 역 중 역무원이 있는 역은 4개밖에 안 되고 나머지는 무인 역으로 운영되고 있어 23개의 역은 열차 운전수가 직접 표까지 받는 시스템이었다. 그러다 보니 지연도 잦았다. J 상무만 실수했나 싶어서 다른 역을 지날 때 살펴보니 J

상무처럼 그냥 내리는 사람들이 종종 있었다. 그럴 때마다 운전수는 뛰어나와 표를 받아 갔다. 마츠에 포겔 공원을 둘러보았다. 잘 꾸며진 식물원과 희귀 조류 동물원을 갖추고 있었다. 다시 이치바타 전철을 타고 다음 목적지인 이즈모타이샤로 향한다.

　이즈모타이샤는 J 상무가 이제까지 본 신사와는 달리 매우 특별했다. 두 신(神)을 모시고 있는데 오쿠니누시노오카미(大国主大神)신은 눈에 보이지 않는 세계를 관할하는 신이고 텐테라스오미카미(天照大御神)신은 눈에 보이는 세계를 관할하는 신이다. 눈에 보이지 않는 세계와 눈에 보이는 세계를 관장한다고 하면 세상 전체를 관할한다는 것이 되니 우주 전체를 관장한다고도 말할 수 있다. 또한 이즈모타이샤는 800만이 넘는 신들이 모이는 장소라고도 한다. 일본의 고대 전설에 기반을 두고 조성되었고 1,400년 전에 건축되었다고 하는데 대형의 목조 건물로 잔존해 있다는 것 자체가 놀라울 정도였다.

시마네현 이즈모타이샤(出雲大社) 전경

모든 신들이 모이는 장소라고 하면 일본의 대표적인 신사 중의 신사라고 해도 과언이 아닐 것 같다. 전설도 재미있어서 옛날 옛적에 시마네현 이즈모市의 당시 규모가 작아서 신(神)이 근처 현과 심지어는 한반도에서도 육지를 끌어와서 규모를 크게 조성했다는 전설이 남아 있다.

일본인들이 가장 많이 방문하는 신사 중의 하나이며 엔무스비(縁結び), 즉 인연이 연결되는 곳으로 유명해서 전국 각지에서 연인들과 가족 단위로 특히 많이 방문하는 아주 특색이 있는 신사이다. 결혼을 관장하는 신사로도 알려져 있어 이즈모타이샤는 도쿄와 오사카 등 전국 각지에 분사까지 건립되어 많은 이들이 방문 참배하는 신사이다. 시마네현 이즈모市의 이즈모타이샤가 원조 신사이다.

이번 여행의 마지막 일정으로 방문한 현립 이즈모 역사 박물관은 J 상무가 돌아본 박물관 중에 가장 특색이 있었다. 이즈모市의 전설을 중심으로 다루었으며 이즈모타이샤의 건립 배경을 기본으로 전시 내용이 이루어졌다. 다른 현립 박물관들도 나름 해당 현을 중심으로 설명하려고 하였지만 특색 있게 구성한 곳은 많지 않았다. J 상무에게는 이즈모 역사 박물관이 가장 인상 깊었다.

시마네현을 마지막으로 금번 여행에서 13개 현을 한 번의 여행으로 모주 완주하였다. 돗토리현과 시마네현에서 많은 눈 때문에 조금 고생한 것만 제외하면 일정대로 진행되어 순조롭게 마칠 수 있었다. 규슈 지역 대비 야마구치와 시코쿠, 돗토리, 시마네가 상대적으로 외국인 관광객들이 적은 것 같다. 그도 그럴 것이 교통 시스템이 여전히 불편하다. 이전 결제 방식을 고수하고 있는 지역이 대부분으로, 교통카드가 통용되지 않고 외국인을 위한 배려가 아직은 부족한 것 같다.

코로나로 인해 34개 도도부현에서 멈춰 있던 일본 전국 돌아보기가 금번 13개 현 완주로 47개 전 지역 돌아보기를 완료하였다. 옛날 시스템을 고수하는 일부 지역 사람들. 이것도 일본인들의 특성 코다와리(拘り)의 일종이 아닐까 싶다. 많은 것을 잘 받아들이지만 잘 바꾸려고 하지 않는 민족성, 따라서 획일적인 듯이 보이지만 들여다보면 다양성도 존재하는 모습을 보면서 J 상무는 조금이나마 일본을 더 이해하게 된 것 같아 내심 뿌듯했다.

"47개 도도부현(都道府県) 돌아보기 완료!"

도쿄에서 지인과의 만남

 이즈모 호텔에서 이즈모 공항까지의 길도 눈이 두텁게 쌓여 있어서 비행기가 제대로 뜰지 걱정이 앞선다. 2월 24일 7시 40분 도쿄행 비행기를 탑승하려고 공항에서 수속을 기다리는 사이 안내방송으로 눈이 많이 와서 지연 출발이 예상된다고 알림을 준다. 탑승 수속을 마치고 게이트에서 창밖으로 활주로 방향을 바라보니 도쿄행 비행기가 출발 준비를 분주히 하고 있었다. 전날 저녁에 이즈모 공항에 도착하여 아침에 출발하는 것이기 때문에 반드시 도쿄로 돌아갈 것이기에 안심이었다. 활주로에서는 제설차가 열심히 눈을 치우고 있고 비행기는 날개에 쌓인 눈을 제거하기 위해 작업자들이 열심히 눈을 털어내고 있다. 비행기는 9시가 다 되고 나서야 이륙할 수 있었다.
 도쿄 하네다 공항에 도착하자마자 J 상무는 예전에 살았던 시바우라의 아파트로 향했다. 다시 한번 보고 싶었다. 아파트 건물 사진을 찍어 가족들에게 전송하고 기다리고 있던 직장 후배 둘을 만나 J 상무가 주재원 시절에 즐겨 먹었던 중화면을 같이 먹었다. 오랜만에 먹어 보니 정말 맛이 있었다. 후배들은 한결같이 J 상무의 표정이 퇴임 후 밝아졌다고 몇 번이고 이야기한다. 그들과 근처 커피숍에서 차를 같이 하고 헤어졌다. 일본의 공휴일에 일부러 나와 준 후배들이 고마웠다.

호텔에 체크인 후 일정이 맞지 않아 만날 수 없었던 일본인 친구 F씨에게 전화를 걸었다. 그가 반가운 목소리로 전화를 받으며 J 상무에게 "아직 젊으니 새로운 일을 반드시 찾아라"라고 이와쿠니에 살고 있는 지인이 했던 충고와 똑 같은 말을 한다. 다음 만남에서는 J 상무의 새로운 명함을 받을 수 있었으면 좋겠다는 말까지 하면서 그가 보기에는 "J 상무는 학자 타입이다"라는 이야기까지 하였다. 그와 전화를 마치고 J 상무는 아무리 생각해 봐도 본인은 영업 타입인 것 같다고 결론 내린다.

저녁식사는 가장 친한 일본인 친구 중의 한 명인 S씨를 아카사카에서 만나서 같이 하기로 하였다. 그와는 3년 만에 만나는 것이다. 당초 같은 회사 U씨도 함께 셋이서 만나려고 했는데 그가 해외 출장 일정으로 나오지 못하게 되어 둘만의 식사 약속이 되었다.

S씨와 너무나 반갑게 인사를 하고 그동안의 근황을 서로 확인하고 기뻐해 주고 옛날 기억들을 상기하면서 시간 가는 줄 모르고 술잔을 기울였다. J 상무는 그가 이렇게 술을 많이 마시는 것은 처음 보았다. 항상 마실 때는 소극적이었는데 이날은 달랐다. 그도 비슷한 충고를 했다. 그는 연봉의 많고 적음에 관계없이 오래할 수 있는 일을 찾으라고 하였다. 다음 만남은 S씨 본인이 일정을 준비하겠다고 하면서 금년 안에 U씨 포함 셋이서 만나자고 한다. J 상무는 "그러자"라고 화답하였다.

이번 여행에서 만난 지인들 모두 진심으로 J 상무의 미래를 걱정해 주고 축복해 주었다. 퇴임 후 최소한 6개월 정도는 쉬면서 하고 싶은 것을 하기로 했으니 차분히 앞으로의 일을 생각해 보기로 한다.

"J 상무 여전히 젊다. 뭔들 못 하겠어?"

후기

 2018년 1월부터 2025년 2월까지의 J 상무의 경험, 감상, 에피소드를 시간의 흐름에 맞춰 정리해 보았다. 졸필이기에 의도한 바를 매끄럽게 표현하지 못한 것 같다. 그래도 일본 생활 5년, 귀국 후 2년의 총 7년의 생활을 돌이켜 보면 J 상무 나름대로 부지런히 생활한 것 같고 운도 참 좋은 것 같다. 모든 분들에게 감사한 마음이다.
 연구에서 영업으로 직종이 전환되는 계기가 된 일본 생활에서 정말로 인생에 있어 많이 배우고 많은 여러 가지 경험을 함에 따라 개인적으로 조금은 성장할 수 있었던 기간을 갖게 되어 깊은 고마움의 말씀을 올린다.
 퇴임 이후 만나 본, 먼저 직장에서 퇴장한 선배님들의 한결같은 충고를 받아들여 이력서를 준비해 놓았지만 아직 어디에 제출하지는 않았다. 일단 책을 완성하고 싶었고 마음의 부담 없이 여행도 자유롭게 다니면서 최소한의 백수 생활은 만끽하고 싶었다.
 수필을 쓴다고 하니 한국에서 일하고 있는 일본인 지인 T씨가 이름 이니셜이라도 좋으니 꼭 자신의 이름을 책에 넣어 달라고 한다. 그도 하는 말이 J 상무가 퇴임하고 나서 오히려 얼굴 표정이 좋아졌다고 한다. 65세의 나이임에도 일본에 있는 가족과 떨어져 단신으로 여전히 한국에서 기술 자문으로 활발히 활약하고 있는 그를 보면 일의 즐거움은 인생에서 가장 중요한 요소 중의 하나임에는 틀림이 없는 것 같다.
 퇴임하면 현역들과 연결이 잘 안 되는 것이 보통이라고 하는데, J 상무가 퇴임했음에도 현역에 있는 고객사 관계자, 회사 동료, 후배들이 만남을 지속해 주고 있어서 너무 감사한 마음이다. 입장이 있으면 퇴장이 있듯 시기에 차이가 있을 뿐 언젠가는 현역에서 은퇴하는 것은 정해져 있는데 누구나 아쉬움이 남는 것은 완전하지 않기 때문일 것 같다. 열심히 현재를 즐기는 것이 최선이 아닌가 생각된다.

본문의 내용 중 일본, 우주, 뇌, 철학, 종교 관련하여 나름대로의 주관적인 관점으로 서술해 보았는데 잘 모르는 아마추어의 눈으로 본 해석이기에 어설픈 부분이 많이 있을 수밖에 없을 것 같다. 틀리고 다른 부분이 있더라도 너그럽게 보아 주셨으면 하는 바람이다.

옆에서 항상 지켜보고 있는 J 상무의 삶의 원동력인 가족, 툴툴거리지만 항상 묵묵히 지원해 주는 아내, 한번 시작하면 제대로 잘 할 능력을 가진 딸아이, 그들이 있기에 지금의 J 상무가 있는 것 같다. 모두에게 고마운 마음이다.

직장생활을 시작하면서 수립한 목표를 다행히도 무난히 달성하였고, 20년간 계획으로 다시 수립한 목표와 새로운 인생을 향하여 J 상무는 잘 준비하고 계획하면서 한 걸음 한 걸음 앞으로 내디딜 것을 다짐한다.

"하기로 마음먹은 것은 반드시 실행하자!"

2025년 6월 *장복남*

멋대로 세상공부

ⓒ 장복남, 2025

초판 1쇄 발행 2025년 7월 21일

지은이	장복남
펴낸이	이기봉
편집	좋은땅 편집팀
펴낸곳	도서출판 좋은땅
주소	서울특별시 마포구 양화로12길 26 지월드빌딩 (서교동 395-7)
전화	02)374-8616~7
팩스	02)374-8614
이메일	gworldbook@naver.com
홈페이지	www.g-world.co.kr

ISBN 979-11-388-4487-1 (03810)

- 가격은 뒤표지에 있습니다.
- 이 책은 저작권법에 의하여 보호를 받는 저작물이므로 무단 전재와 복제를 금합니다.
- 파본은 구입하신 서점에서 교환해 드립니다.